마야 루트

마야 전문가 송영복 교수와 떠나는 멕시코 기행
마야 루트

송영복 지음

들어가며

구석에 처박혀 있던 멕시코 지도책을 꺼내 보았습니다. 그간 지겹도록 멕시코 구석구석을 헤집고 다녔는데도, 책을 펼치는 것만으로도 다시 가슴이 부풀고 설레는군요. 그렇게 여전히 식지 않는 열정으로 이번 '마야 루트'를 시작하고 싶었습니다.

마야 문명은 인류의 기원에서부터 시작되었습니다. 이후 북아메리카 대륙의 남부 멕시코와 과테말라, 벨리스, 온두라스, 엘살바도르를 중심으로 발달했지요. 마야 문명은 우리에게 다양한 문화와 건축 유산을 남겼습니다. 많은 이가 혼동하는데, 마야는 국가가 아닙니다. 특정한 부족도 아닙니다. 하나의 문화적 유행입니다. 단 한 번도 통합된 단일 국가를 가져 본 적이 없을 정도로 자치와 분권이 강했던 문화, 그러나 다양한 집단이 함께 공유한 문화의 이름입니다. '르네상스'나 '불교 문화권' 같은 개념이지요. 그런 마야가 1500년대 소위 '신대륙 발견'이라는 이름으로 서양에 정복당합니다. 이때 공식적인 마야 문명은 끝이 납니다. 그러나 인간 삶의 방식이 하루아침에 바뀌거나 없어지는 것이 아니다 보니, 오늘날까지도 마야어를 포함한 그들의 문화와 전통이 이어져 옵니다. 고유의

독자성도 그대로고요. 예전에도 그랬고 지금도 그렇습니다.

마야는 독특합니다. 서양이 침략해 오기 전까지 마야는 동서양의 어떤 문명과도 교류가 없었습니다. 그래서 비교 없이, 스스로를 뽐내거나 다른 존재를 부러워하지 않고, 그들만의 무한한 상상의 세계를 펼쳤습니다. 그들의 자치와 독자성은 그것을 더욱 독특하게 만들었지요. 그러니 우리의 초라한 상상력으로 그들을 이해하는 것이 때론 버겁습니다. 한편으로 그것은 우리에게 축복입니다. 다른 생각을 할 수도 있다는 사실을 발견하는 것은 희망이니까요. 같은 인간으로서 우리 자신의 본질과 능력을 넓힐 수 있는 가능성을 알게 되는 것이니 말입니다.

이 책은 그런 마야 문명을 들여다보며 '인류의 가능성' 혹은 '또 다른 나'를 발견하려는 호기심에서 시작했습니다. 수천 년 동안 거대한 문화를 이루고 살던 인간들의 모습, 현대를 사는 우리들의 모습에 관해 이야기를 나누자고 쓴 책이지요. 그래서 이 책은 마야 유적을 따라가는 여행서이기도 하고, 마야 문명을 설명하는 교양서이기도 합니다. 내용과 형식에서는 답사 여행자를 위한 현장 가이드북 성격을 띠며, 마야 문명에 관한 기초적인 지식을 정리하고 중간중간 마야에 관한 저의 시각과 견해도 덧붙였습니다.

이제 책을 펼치면 우리는 멕시코시티에서 베라끄루스에 이르는 16일간의 루트를 함께하게 됩니다. 차를 타고 멕시코 남부와 동부를 거쳐 다시 멕시코시티로 되돌아오는 일정이지요. 첫날은 멕시코 국립인류학박물관에서 출발합니다. 이튿날은 메소아메리카 문명의 대표 유적지인 떼오띠우아깐을 방문하고 그다음 날은 오아하까로 여행을 떠납니다. 사실 멕시코시티와 떼오띠우아깐 그리고 오아하까까지는 엄밀히 따져 마야라고 할 수 없습니다만, 마야의 뿌리 격인 메소아메리카 문명의 한 부분이자 마야와도 상당히 유사하기 때문에 마야 문명을 이해하기 위한 친절한 가이드라인이 됩니다. 넷째 날에는 드디어 마야 땅에 들어섭니다. 이제 우리의 걸음은 차례로 치아빠 데 꼬르소, 산 끄리스또발 데 라스 까사스, 빨렝께, 체뚜말, 뚤룸, 깐꾼, 치첸 이차, 욱스말, 에드스나를 지나고, 유까딴반도의 북단을 거쳐 한층 고즈넉한 마야로 들어갑니다. 꼬말깔꼬와 라

벤따를 돌아보고 마침내 베라끄루스에 도착하면 우리의 마야 루트는 마무리됩니다.

다시 멕시코시티로 향하는 길. 이때쯤이면 저는 늘 멕시코라는 나라와 그들의 언어와 역사를 오래된 친구처럼 느낍니다. 아마 여러분에게도 그 기분을 온전히 전하고 싶어 안달이 날 겁니다. 저를 경망스럽다고 여겨도 좋습니다. 그게 그들의, 마야의 그리고 저의 진심이니까요. 사실 여정 중간중간에도 여러분은 저를 무척 수다스럽다고 생각할지 모르겠습니다. 그건 제가 친구와 함께 답사 여행을 다니며 대화하는 기분으로 이 책을 썼기 때문입니다. 제가 알게 된 재미난 이야기를 들려주고 싶고, 제가 느낀 감동을 같이하고 싶었습니다. 덥다고 투정도 부리고 무심코 사라져가는 것들에 울분도 토로하고 말이지요. 그러니 같이 웃어 주고 같이 울어 주시길 바랍니다. 몇몇 상념은 같이 고민해 주신다면 행복할 것 같습니다.

서두가 길었네요. 자, 준비가 되었다면 출발하겠습니다.

+ 덧붙이는 말

- 외래어 표기는 현지 발음에 가장 가깝게 했습니다. 학술적인 차원에서도 그렇지만, 외국을 여행하는 경우 현지인들이 알아들을 수 있는, 그리고 현지인들의 발음을 이해할 수 있는 표기가 중요합니다. 멕시코 사람들은 누구도 'Oaxaca'를 '오악사카'로 발음하지 않습니다. '오아하까'라고 하지요. 'Cancún' 역시 한국어 맞춤법 표기에 따른다면 '칸쿤'이라고 해야 한다는 군요. 그러나 멕시코 사람들은 '깐꾼'이라고 발음합니다. '오악사카'나 '칸쿤'은 국적도 없고 실용성도 없는 발음입니다. 현지 지명 등의 띄어쓰기도 그렇습니다. 'San Cristóbal'은 '산끄리스또발'이라고 쓰는 것보다 '산 끄리스또발'이라고 띄어서 쓰는 것이 발음을 정확히 하는 데 도움이 되고 이해도 빠릅니다. 따라서 일반적으로 통용되는 경우나 불가피한 경우를 빼고는 현지 발음에 가장 가깝게 표기하였음을 밝혀 둡니다.

- 지역 간 이동 거리와 소요 시간은 대략적인 참고 사항입니다. 이동 시간은 고속 도로를 기준으로 했습니다. 이 책을 읽고 마야 문명을 직접 만나러 가는 누군가를 떠올리며 최대한 실질적인 여정을 계획했으나, 현실에서는 각자의 상황에 따라 일정을 가감할 수도 있을 겁니다. 숙소와 식당 같은 세밀한 안내는 없지만 스스로 문제를 해결하며 능동적으로 여행하기를 좋아하는 분이라면 이 책 하나를 들고서도 훌륭하게 전 일정을 소화할 수 있도록 기본적인 여정 안내에 충실하려고 노력하였습니다.

- 다양한 언어로 쓰인 마야 문명에 관한 종합 안내 학술 서적은 셀 수 없을 정도로 많습니다. 이 책에서 설명하는 내용이 그들과 다른 지점도 있습니다. 수양 대군이 성군인지 폭군인지 여전히 논란이 있는 것처럼, 저의 다른 설명도 그런 시각으로 이해해 주시기 바랍니다.

- 이 책의 일정 부분은 제가 전에 썼던 책 『로스 마야 Los Maya』 내용과 유사합니다. 이 점 밝힙니다. 더 많은 정보를 원하시는 분은 참고해 주십시오.

- 끝으로 당부가 있습니다. 함께하는 여정에서 가능하면 천천히 걸으며 한두 번쯤 앉아 쉬기도 하면서 여유를 가지자는 겁니다. 저도 그렇지만 우리나라 사람들은 '빨리빨리'에 익숙합니다. 더군다나 유적지를 관람하다 보면 더 많이 보고 싶고 다시 보고 싶기도 해 마음이 더 바빠집니다. "10분만 보고 다음 장소로 이동해야지", "출출해지기 시작하니 빨리 보고 와서 점심 먹어야지", "하나라도 더 보려면 부지런히 움직여야지" 등이지요. 제가 자주 했던 말이기도 합니다.
그러나 차를 타고 스치던 곳을 자전거를 타고 지나가면 전혀 다른 느낌을 받습니다. 전에 보이지 않던 것이 눈에 들어오고 기분도 사뭇 달라지지요. 마야 루트도 마찬가지입니다. 나무 그늘에 앉아 옛날 마야 사람들이 신에게 제사 지내던 장면을 상상해 보십시오. 열대 밀림의 나무 숲 위로 삐죽 솟은 피라미드 정상에 서면 눈 아래 펼쳐지는 전경은 말로 표현하기 어렵습니다. 마야 루트에서 어떤 것들을 느낄지는 각자의 몫이지만, 이것 하나는 분명합니다. 천천히 걸으면 유적의 또 다른 느낌과 또 다른 감흥이 다가온다는 사실.

차례

들어가며 4

지도로 보는 마야 루트 14

1일 메히꼬 México

멕시코의 자긍심 국립인류학박물관 17 ● 멕시코 정통성을 보여 주는 메히까전시실 20 ● 마야와 마야인을 상상하다 23 ● 마야의 또 다른 흔적, 북부와 서부 문화 전시관 26 ● 격랑의 역사를 함께한 차풀떼뻭 성 27

2일 떼오띠우아깐 Teotihuacán

숨겨진 보석 떼오띠우아깐 35 ● 떼오띠우아깐의 형님 격인 꾸이꾸일꼬 37 ● 신들이 거닐던 떼오띠우아깐 40 ● '죽은 자의 길'을 따라 43 ● 깃털 달린 뱀 '퀘잘꼬아뜰' 신전 44 ● 왜 건물을 덧씌워 지었을까? 46 ● 해의 피라미드를 향하여 48 ● 너른 광장을 품은 달의 피라미드 50 ● 벽화가 흥미로운 떼띠뜰라와 떼빤띠뜰라 53 ● 1,500살 된 파편을 즈려밟고 56

3일 오아하까 Oaxaca

1800년대 정치 일번지 61 ● 종교 중심지 몬떼 알반의 시작 63 ● 오늘날의 모습을 완성하다 69 ● 산꼭대기에 만든 고대 도시 70 ● 몬떼 알반의 황금 보물 75 ● 울타리 밖으로 77

4일 뚝스뜰라 구띠에레스 Tuxtla Gutiérrez

남국을 지나는 배고픈 사람들 83 ● 치아빠스 주 최초의 도시, 차아빠 데 꼬르소 85 ● 1,000미터 높이의 수미데로 협곡 87

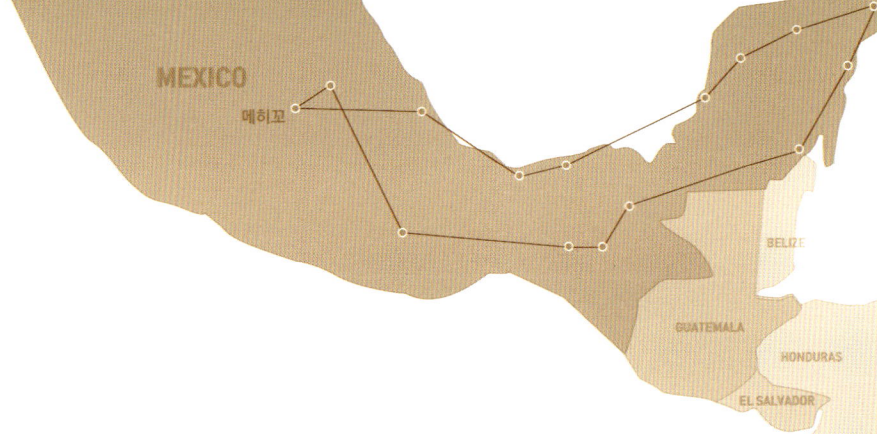

5일 산 끄리스또발 데 라스 까사스 San Cristóbal de las Casas

500년 식민지 시대의 증거 91 ● 시장에서 만나는 마야 원주민 문화 93 ● 민예품을 보며 드는 복잡한 생각들 95 ● 사빠따 민족 해방군 봉기하던 날 98

6일 빨렝께 Palenque

빨렝께, '발견'되다! 103 ● 장엄함과 아담함이 조화를 이루다 106 ● 빨렝께 관람은 무조건 느긋하게 110 ● 십자가 신전군에서 복원을 생각하다 114 ● 오똘롬 강을 건너 117 ● 지붕 무게는 어찌 감당할까 119

7일 리오 벡과 체뚜말 Río Bec, Chetumal

멕시코에서 식도락 즐기기 125 ● 한국 음식이 그리울 때 구두쇠 응급 처지 3단계 128 ● 마야 도시를 볼 때는 상상력을 동원하자 130 ● 인간이 오를 수 없는 계단 133 ● 일곱 색깔 호수의 기구한 운명 140

8일 뚤룸 Tulum

입장료 수입 1위 뚤룸의 비결 143 ● 거꾸로 내려오는 '금성의 신' 146 ● 성벽일까 담장일까 149 ● 말하는 신성한 십자가 153 ● 호수의 도시 꼬바 155

차례 _ 11

9일 / 10일 깐꾼 Cancún

멕시코 관광 일번지 깐꾼 159 ● 우리가 만나는 깐꾼의 두 얼굴 161 ● 마야를 사랑한 코쟁이 163 ● 마야 200년 항전의 역사 164 ● 마야의 기본을 다시 보다 166 ● 마야의 창조 신화 '뽀뽈 부' 167

11일 치첸 이차 Chichén Itzá

마야 문명에 한 걸음 더 가까이 171 ● 미국에 빼앗긴 치첸 이차 172 ● 구와 신, 무의미한 시대 구분 173 ● '천 개의 기둥'과 착몰 175 ● 인신 공양에 관한 오해와 이해 178 ● 제례 의식인 마야의 공놀이 181 ● 증기 목욕탕은 종교 시설이다 184 ● 커다란 연못 쎄노떼 186 ● 달팽이 신전에서 하늘을 바라보다 187 ● 마야인의 신념과 정성 그리고 기원 189

12일 욱스말 Uxmal

치첸 이차에서 메리다로 193 ● 시나브로 정겨워지는 욱스말 194 ● 체네스-뿌욱 양식 197 ● 하루 만에 피라미드를 만든 마법사 198 ● 흔적으로 유추하는 빨라시오의 용도 202 ● 마야의 고속 도로 '삭베' 204

13일 에드스나와 깜뻬체 Edzná, Campeche

고즈넉한 깜뻬체 211 ● 사람들로 북적이는 피라미드를 상상하다 212 ● '거짓 아치'가 아니라 '마야 아치' 215 ● 깜뻬체 성과 카리비안의 해적 216 ● 허세 작렬 침략자 꼬르또바 219 ● 물 반 땅 반의 도시 221

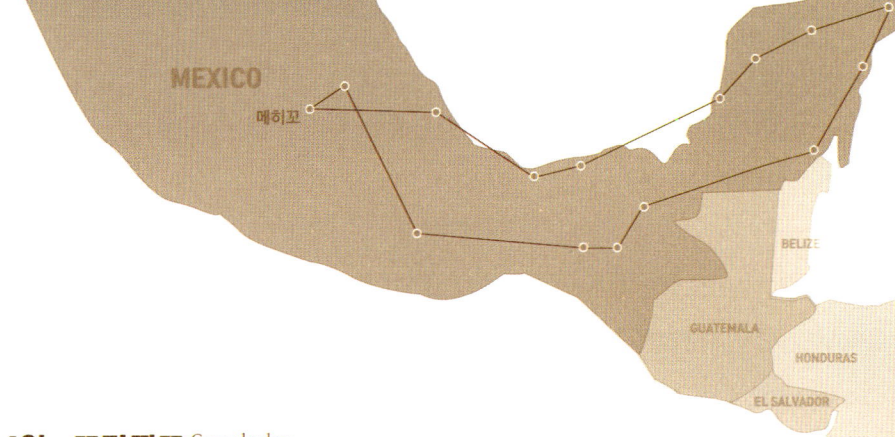

14일 꼬말깔꼬 Comalcalco

마야 문명의 서쪽 교두보 225 ● 아메리카 대륙 최고의 시장 226 ● 마야 시장을 움직이는 동력 230 ● 마야 유일의 벽돌 도시 232 ● 마야 도시에는 몇 명이나 살았을까? 234

15일 라 벤따 La Venta

하늘에 가까운 신전 237 ● 올메까 문명 길라잡이 239 ● 두 개의 올메까 240 ● 하늘을 바라보는 원숭이 241 ● 자유롭고 서민적이다 244 ● 올메까의 얼큰이 245 ● 올메까에 흔한 제단과 비석 246 ● 쇠보다는 돌 248

16일 베라끄루스 Veracruz

아메리카 대륙 최고의 항구 251 ● 신비의 도시 안띠구아 251 ● 아메리카 정복의 뒷담화 253 ● 세상의 폭탄을 다 받아 낸 도시 255 ● 희대의 탈옥범, 추초 엘 로또 256 ● 바다에서 돈을 건지는 아이들 258 ● 멕시코 커피의 종가 259

나오며 262

마야 문명 기초 지식 264

찾아보기 271

지도로 보는 마야 루트

떼오띠우아깐

메히꼬

베라끄루스

라 벤따   꼬말깔꼬

빨렝

MEXICO

오아하까   뚝스뜰라 구띠에레스   산 끄리스또발 데 라스 까사

1일 메히꼬
México

이동	한국에서 직항이 없다. 주로 미국의 주요 도시에서 비행기를 타고 멕시코시티에 도착한다.
주요 볼 곳	멕시코 국립인류학박물관 차풀떼뻭 성
자고 먹을 곳	수도인 멕시코시티에서 잘 수 있다.
더 가 볼 곳	소깔로 광장과 주변 지역

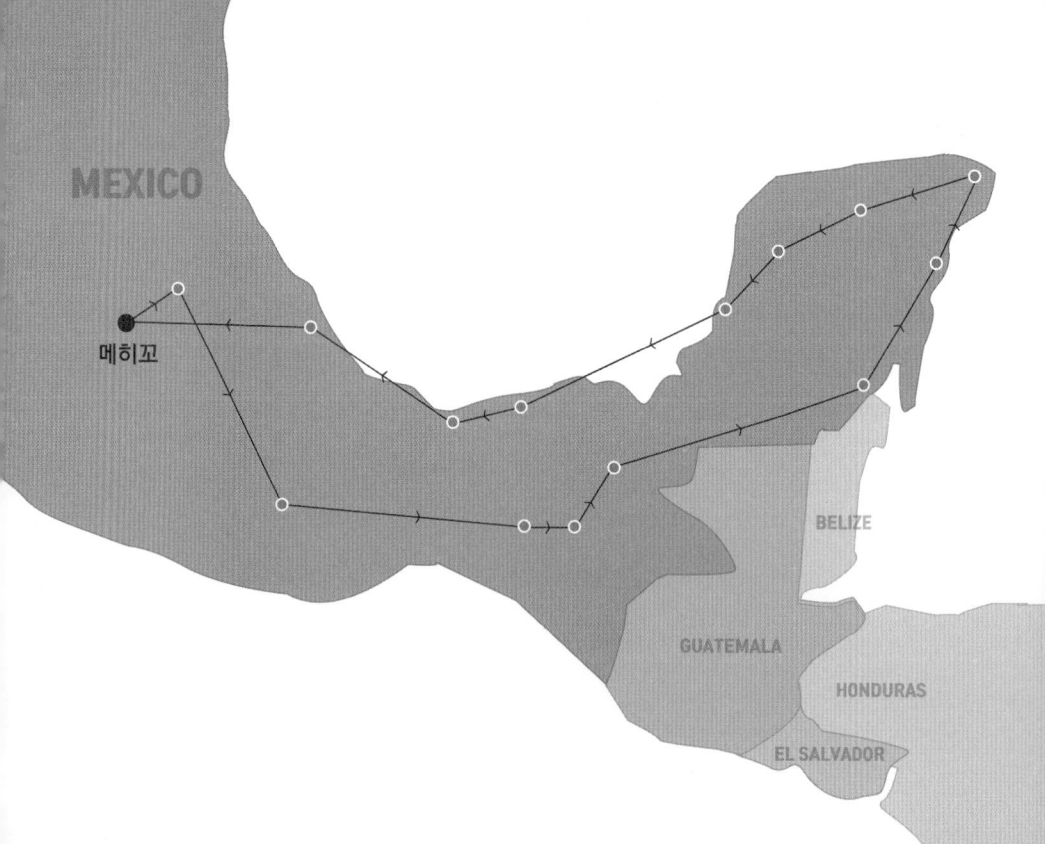

우리가 흔히 '멕시코시티'라 부르는 멕시코 수도의 공식 명칭은 '메히꼬 디스뜨리또 페데랄México Distrito Federal'이다. 한국어로 번역하면 '메히꼬 특별시' 정도 된다. 멕시코 사람들은 그냥 '디스뜨리또 페데랄'이나 멕시코시티라는 뜻의 '씨우닫 데 메히꼬Ciudad de México'라고 한다. 그러나 제일 많이 부르는 이름은 역시 '메히꼬México'다.

여정의 시작에 앞서 현지인 정서에 맞게 메히꼬를 발음해 보는 것도 의미 있겠다. 'e' 위에 악센트 표시가 있으니 그곳에 힘을 주면 된다. '메'를 강하게 발음한 다음 부드럽게 '히꼬'를 붙이자. 멕시코 사람들은 감수성이 풍부하다. 말을 할 때도 노래하듯 고조와 강세를 살리고 손짓 발짓까지 덧붙인다. 열정과 낭만과 해학이 있는 멕시코 사람들의 언어는 그들의 정서가 집약된 종합 선물 세트다. 나 역시 수도로 가는 길을 묻거나 버스가 수도로 가는지 확인할 때, 노래하듯 '메~히꼬'라고 외치고 나면 그들의 정서가 확 다가온다. 자, 이제 마야 루트를 따라 멕시코 여행을 시작해 보자. 메~히꼬!

멕시코의 자긍심 국립인류학박물관

멕시코는 '고대 문명'의 나라다. 마야Maya와 떼오띠우아깐Teotihuacán, 메시까Mexica(아즈떼까Azteca) 등으로 명성이 높은 메소아메리카 문명의 중심지였다. 그러다 1492년 에스빠냐 사람들이 아메리카 대륙에 발을 들여놓으면서 300여 년간 식민지로 살았다. 식민 기간 동안 멕시코 원주민 문화가 어떻게 취급받았을지는 뻔하다. 유럽 침략자들은 원주민 문화를 더럽고 열등한 것으로 죄악시하며, 자신들의 문화와 종교, 음식, 언어를 식민지 원주민들에게 이식했다. 이후 라틴 아메리카 국가들은 독립을 맞았지만 1800년대에 들어온 서구 열강들은 에스빠냐보다 더 지독하게 서양의

마야 루트

메히꼬

문화와 종교, 가치를 강요했다. 멕시코를 포함한 중남미 국가들이 고유의 정체성, 즉 서양과 다른 그들만의 문화에 관심을 갖기 시작한 것은 1900년대에 들어서면서부터다.

이때 멕시코는 서양 문화 일색인 분위기에서 '벽화 운동', 토지 근대화 사업, 고대 문화 유적지 복원, 전 국민 의무 교육 등을 펼치는 동시에, 그들의 화려했던 원주민 문화에 눈을 돌린다. 당시 인기가 높았던 대통령은 자신의 아들에게 '과우떼목'이라는 메시까 최후의 최고 지도자 이름을 붙이기까지 했다. 원주민 문화의 붐이 어땠는지 보여 주는 대목이다. 아무튼 멕시코는 국가 차원에서 막대한 자금을 들여 거대하고 아름다운 고대 도시들을 복원했다. 그리고 멕시코의 찬란한 유물들을 국민에게 알리고, 공부하고, 사랑하고, 나아가 세계에 자랑하려면 그럴듯한 박물관이 있어야겠기에, 1964년 세계 제일의 박물관인 '국립인류학박물관Museo Nacional de Antropología'을 개장한다. 우리의 여정은 이 박물에서 출발한다.

박물관에 들어가기에 앞서 입구의 조형물을 살펴보자. MUSEO NACIONAL DE ANTROPOLOGIA가 새겨진 받침대 위에 기괴하게 생긴 커다란 돌 조형물이 있다. 얼핏 보면 추상 조각품 같지만, 이것은 메시까 물의 신 '뜨랄록Tláloc'이다. 우리나라 마을 입구의 수호 장승처럼 메시까의 뜨랄록이 박물관을 지키고 서 있는 듯하다.

박물관에 입장하려면 삼엄한 검사를 통과해야 한다. 금속 탐지기 검사는 기본이고, 작은 핸드백부터 학생 가방까지 일일이 열어 보여야 한다. 박물관에 들어가는데 무슨 검사가 이렇게 삼엄하냐고? 그럴 만한 이유가 있다. 멕시코에서는 경찰이든 경비든 제복을 입은 이라면 권총은 기본이요, 기관총으로 중무장한 장면을 흔히 목격한다. 워낙 도둑이 많고 멕시코 전역에 걸쳐 은행 강도도 하루 한 건씩 발생하는

멕시코시티에 위치한 국립인류학박물관

형편이라 중요하고 비싼 물건이 있는 장소는 경비가 더욱 삼엄하다. 이 박물관도 도둑을 크게 맞은 적이 있다. 1985년 크리스마스, 문화재 유통 조직이 개입해 이곳의 유물들을 도둑질해 간 것이다. 일부는 국내외에서 찾아 원상 복귀했지만 많은 유물이 영원히 자취를 감추었다. 유물을 도둑 맞은 자리는 사진으로 대신해 절도 사건의 교훈을 되새기게 한다.

박물관은 두 개 층으로 되어 있다. 1층은 멕시코 고대 문화와 유물을 전시해 놓았고, 2층에는 오늘날 멕시코 원주민 모습을 재현한 민속 전시실이 있다. 1층 전시실은 다시 아래의 12개 전시실로 나뉜다.

● 인류학 개괄 Introducción a la Antropología   ● 메소아메리카 Mesoamérica

마야 루트
메히꼬

- 기원 Orígenes
- 떼오띠우아깐 Teotihuacán
- 메히까 Mexica
- 멕시코만 Golfo de México
- 북부 문화 Norte
- 전고전기 Preclásico
- 똘떼까 Tolteca
- 오아하까 Oaxaca
- 마야 Maya
- 서부 문화 Occidente

'인류학 개괄'과 '메소아메리카' 전시실은 아메리카 대륙의 고대 문명에 관한 기본 정보를 제공한다. 아메리카 대륙과 멕시코 고대 문화의 종류와 특징, 연표 등이 시각적으로 잘 정리되어 있다. '기원'에서는 구석기와 신석기 시대를 거치면서 고대 문화가 어떻게 변화해 왔는지 알 수 있다. '전고전기'는 멕시코 문화의 태동기로, 이 시기에 메소아메리카 문화의 특징들이 대부분 만들어진다. 종교와 문자가 생겨나고, 사회가 형성되고 도구가 발전하며, 인간의 자유로운 상상력과 표현력이 도드라진 예술 세계가 펼쳐진다. 다음 전시실인 '떼오떼우아깐'에서는 아메리카 대륙에서 가장 번성했던 교통과 상업의 중심지이자 최대 도시였던 떼오띠우아깐을 만난다. 이어 '똘떼까' 전시실은 떼오띠우아깐이 멸망한 뒤 같은 중앙 고원 지역에서 발달한 똘떼까에 관해 설명한다. 똘떼까 문명은 마야와 많은 부분에서 공통점을 보인다. 우리가 방문할 마야의 치첸 이차 Chichén Itzá 유적지와 그 유사성을 비교하기 위해서는 이곳에서 똘떼까 유물들을 미리 확인할 필요가 있다.

멕시코 정통성을 보여 주는 메히까 전시실

다음은 '메히까' 전시실이다. 이 전시실은 박물관 건물의 정가운데 위치해 있다. 오늘날 멕시코의 탄생과 직접 관련이 있는 문화가 바로 메시까이기 때문이다. 멕시코라는 이름도 메시까에서 나왔다. 박물관 외벽의 정면 가운데에 독수리가 뱀을 물고 선인장 위에 앉아 있는 모습이 있다. 메시까 기원 신화에 등장하는 전설의 내용으로, 멕시코 국기에도 이 문양이 들어간다. 멕시코의 정통성과 직접 연관되어서일까. 여러 전시실 중 이곳이 가장 화려하고 장엄하다.

전시실에 들어서면 정면으로 거대한 메시까 달력이 눈에 들어온다. '태양의 돌 Piedra del Sol'이라 이름 붙어 있지만, 보통 '아즈텍 캘린더'로 불린다. 멕시코 여행에서 웬만하면 하나쯤 사는 기념품 문양이기도 하다. 이 캘린더는 메시까의 우주관을 잘 보여 준다.

둥근 돌 가운데는 시간을 돌리는 신인 또나띠우 Tonatiuh가 인간의 피를 먹기 위해서 혀를 날름거리고 있다. 혀는 흑요석으로 된 칼이다. 그 주변으로 이 세상이 있기 전 네 개의 세상이 표시되어 있고 날짜들이 둥그런 원을 그리며 나열해 있다. 달 이름으로 '움직임', '사슴', '물', '원숭이' 같이 동물이나 추상적인 이름을 사용하는 점도 재미있다. '움직임의 달 2일', '물의 달 3일', 이렇게 날짜를 불렀다.

| 아즈텍 캘린더

다른 것도 놓쳐서는 안 된다. 메시까 창조 신화인 '메시까의 전설'을 표현한 사료와, 오늘날 멕시코시티의 정복 당시 모습을 재현한 모형도 볼거리다. 시장과 교역 관련 전시물도 눈여겨보자. 메시까는 교역의 중심지로, 마야뿐 아니라 전 메소아메리카 지역과 왕래가 빈번했다. 메시까의 전형적인 특징인 아름답고 정교한 돌조각들도 감상하자. 돌이라는 무겁고 단

단한 재료로 이렇게 입체감과 현실감이 뛰어난 작품을 만든 메시까 장인들의 작품을 보고 있노라면, 이것을 예술이라고 해야 할지 광기의 산물이라고 해야 할지 난감해진다.

여기서 '메시까의 전설'을 잠깐 살펴보고 가자. 이 전설은 아즈뜰란Aztlán에 살던 메시까족이 유랑을 시작해 지금의 멕시코시티에 도착하고 융성한 국가를 이루는 과정을 설명한다. 다른 많은 설화처럼 메시까의 전설 또한 역사적인 사실과 상당한 연관성을 지녔는데, 메시까족의 이주 과정을 미화해 자손들에게 자긍심을 심어 주려 한 의도가 엿보인다. 어찌되었거나 현재의 멕시코 사람들에게는 중요한 설화고, 민족주의적 성향이 강한 사람들이 특히 숭배한다. 멕시코 국기와 동전의 그림이 이 전설 내용을 바탕으로 한다.

| 메시까 기원 신화를 표현한 멕시코 국기

전설의 내용은 이렇다. 호수로 둘러싸인 섬 아즈뜰란에 사는 아즈떼까족은 그들의 수호신인 우이찔로뽀츠틀리Huitzilopochtli의 계시에 따라 섬을 버리고 새로운 행복을 약속하는 땅을 찾아 나선다. 이 신은 날아가는 독수리를 가리키며 저 독수리가 뱀을 물고 선인장 위에 앉는 곳에 정착하라고 지시했고, 아즈떼까 사람들은 그의 말을 좇아 우여곡절 끝에 지금의 멕시코 수도에 정착한다. 그러니까 멕시코시티의 중앙 광장이 바로 전설의 독수리가 뱀을 물고 선인장 위에 앉은 곳이라는 말이다. 대략 기원후 1325년의 일이다. 한편 수호신은 이들에게 아즈뜰란을 떠났으니 더 이상 아즈떼까라는 말을 사용하지 말고 '메시까'라 부르라 명하였고, 이들은 스스로를 '메시까족'이라 칭하기 시작했다.

마야와 마야인을 상상하다

다음 전시실은 '오아하까'다. 오아하까는 마야 문명에 속하지는 않지만 우리 여정에는 포함된다. 오아하까는 전고전기부터 초기 문화가 발전했다. 좀 오래된 문화라는 이야기다. 수준 높은 금속 문화를 완성한 오아하까답게 전시실에는 무덤 발굴 작업에서 나온 금은보화가 잘 재현되어 있다. 유적지 현장에서는 볼 수 없으니 박물관에서 진품을 봐 두자.

이쯤에서 잠깐 휴식을 취하면 좋다. 나는 유적지를 관람하거나 박물관을 볼 때 가급적 지키는 원칙이 있다. '힘들면 참지 말고 일단 앉아서 쉬자'는 것이다. 제아무리 의미 있고 중요한 볼거리도 몸이 힘들면 봐도 본 게 아니다. 느끼고 음미하는 것은 둘째 치고 중요한 것을 놓친다. 그러니 휴식을 통해 몸과 마음을 즐길 수 있는 상태로 만들어야 한다. 화장실에 가서 세수 한번 하고 벤치에 앉아 박물관 중앙 광장에 재현해 놓은 1500년대 멕시코시티 모습을 감상하시라. 멕시코의 쨍쨍한 햇빛과 함께 그늘과 양지의 온도 차를 생생히 느낄 수 있다. 멕시코 고원의 태양 빛은 우리나라의 한여름보다 강렬하다. 그래서 멕시코에 사는 한국인들은 아무리 선탠을 잘해도 별 수 없다고 한탄한다. 그런 자연환경이 멕시코인에게 어떤 문화와 정서를 만들었을지도 생각해 보자. 사계절이 뚜렷한 우리나라는 시기에 맞게 농사를 지어야 해서 '빨리빨리' 문화가 생겼다고 한다. 그렇다면 강렬한 태양 빛은 이들에게 무엇을 주었을까? 갤러리의 인공조명 아래 신비한 분위기를 풍기는 서양의 회화와 조각이 아닌, 강렬한 태양 아래서 더욱 멋과 맛이 살아나는 중남미 고대 문화의 예술 작품들이 이런 배경에서 탄생한 건 아닐까?

벤치에 앉아 멕시코식 선탠을 즐겼다면 다음 전시관으로 이동하자. '멕시코만' 전시실은 내가 개인적으로 좋아하는 곳이다. '루차도르 Luchador'라는 역사 力士를 보면 신바람이 난다. 그 앞에 서면 이야기가 하고 싶어진다. 루

마야 루트

메히꼬

| 루차도르

차도르는 근육의 역동성과 균형감이 뛰어나 멕시코 고대 예술의 백미로 꼽힌다. 구멍이 숭숭 뚫린 엉성한 화산암으로 어떻게 이렇게까지 균형 잡히고 힘이 느껴지게 만들었는지 놀라울 따름이다. 특히 어깨에서 팔뚝으로 이어지는 선은 그야말로 예술이다. 너무 둔탁해서 미련 맞지 않고, 너무 얇아 초라하지도 않다. 이두박근과 삼두박근으로 조화롭게 강조된 알통은 자연산 근육을 자랑한다. 팔을 들어 올린 각도 역시 더도 덜도 아니고 극적으로 맞추어졌으며, 다리를 비대칭으로 틀어서 역동성을 극대화했다. 앉은 자세가 불편할 듯도 한데 전혀 어색하지 않은 건 왤까? 헛기운만 잔뜩 쓰는 초보가 아니라 능수능란하게 힘을 조절할 줄 아는 프로의 꾀와 경륜이 보인다. 피라미드를 짓느라 열심히 돌을 날라 만들어진 근육인지도 모르겠다. 세련됨이 없

어 친근하지만 그 기세가 장난스럽거나 가볍게 느껴지지 않는다. 인위적인 터프함이 아니라, 리얼리티가 압도하는 그 힘 때문에 루차도르에 깊이 매료된다. 한편 얼굴에 난 수염이 특이하다. 원래 원주민들은 수염이 거의 없고, 있더라도 뜨거운 수건으로 지져서 제거하는 경우가 많다. 그런데 여기에는 수염이 있다! 인간이 아닌 신이나 특수한 사회 혹은 종교적 성격을 가진 사람일까? 이에 관해서는 상상력의 한계를 뛰어넘을 방법이 현재로서는 없다.

루차도르 옆에는 바퀴 달린 장난감이 있다. 마야를 비롯한 북중미 원주민들은 물건을 운반하고 수송하는 데 인간의 힘 외에 다른 어떤 도구나 동물을 사용하지 않았다. 평지로 이루어진 마야 북부 지방에서는 수레를 이용하면 훨씬 편했을 것이다. 바퀴 달린 장난감을 보면 그들은 이미 바퀴 개념을 알고 있었을 텐데, 왜 실생활에 이용하지 않았을까?

보다 근본적인 측면에서 생각해 보자. 기술의 발달은 인간에게 반드시 이로울까? 냉장고가 발명되지 않았다면 사람들은 마냥 굶주렸을까? 휴대폰이 없는 삶은 불행하기만 할까? 마찬가지로 이곳 원주민들은 우리가 그토록 갈망하는 발전의 한계와 허상을 알았기에 그것을 추구하지 않기로 합의한 것은 아닐까? 뚱딴지같은 공상이다. 더 편하고 좋은 것을 알고도 취하지 않기란 불가능에 가깝다. 그러나 인류의 문명들은 우리가 생각하는 하나의 방향으로만 발전하지 않았다. 모두가 똑같은 가치를 추구할 거란 생각은 돈과 권력을 가진 극히 일부 사람들의 착각일 수도 있다. 이런 근본적인 문제를 고민하는 것은 나름 의미가 있다. 최소한 바퀴 달린 장난감을 보면서는 말이다. 이유는 간단하다. 마야의 정치, 사회, 문화, 예술, 도시와 그곳에 살던 사람들 그리고 지금도 여기에서 살아가는 사람들이 지금 우리가 보고 있는 것들을 만들었기 때문이다. 앞으로의 여정에서도 하나의 문화를 만날 때, 우리의 고집스런 시각이 아니라 그들의 생각

마야 루트

메히꼬

으로 대상을 바라보는 연습은 흥미진진한 경험이 될 것이다.

드디어 '마야' 전시실에 도착했다. 이 방은 봐 둘 게 많다. 여기서 본 것을 머릿속에 잘 기억했다가 현지에 가서 실제 모습과 겹쳐 보면 감회가 남다르다. 예를 들어 이곳에서 빨렝께^{Palenque} 최고 지도자 빠깔^{Pakal}의 무덤과 그 안에서 발견된 부장품들을 보고, 빨렝께 유적지에 가서 무덤이 발견된 피라미드를 볼 때 이곳에서 본 무덤과 부장품을 떠올리면 생동감이 배가 된다. 마야 전시실에서 특히 눈여겨봐 두어야 할 것들이 있다.

먼저 빨렝께 유적의 벽면 장식이다. 마야 문자로 빼곡한데 상당히 많은 유적지의 벽면과 방 안에 이런 장식과 글자들이 쓰여 있었으리라 상상할 수 있다. 지하에 재현된 빠깔의 무덤 모형과 부장품도 유심히 살피자. 현지에서는 이 무덤을 보기 힘들다. 예약을 받고 하루에 한 번 보여 주기도 하지만, 상황에 따라 다르므로 여기서 여유롭게 감상하자. 보남빡^{Bonampak} 유적의 내부 벽화 모형도 빠뜨릴 수 없다. 마야 벽화 중 가장 크고 많으며 당시 생활상을 생생히 보여 준다. 보남빡 유적은 과테말라와의 국경 근방에 위치한 밀림 한가운데 있어 가기도 힘들고 가더라도 원본 훼손이 심해 벽화가 잘 보이지 않는다. 이 전시실에는 벽화가 있는 건물을 그대로 재현해 유적지의 분위기도 알 수 있고 화려한 벽화를 선명하게 볼 수 있다.

마야의 또 다른 흔적, 북부와 서부 문화 전시관

북부 문화나 서부 문화처럼 특별한 명칭이 없는 문화는 중요하지 않을까? 그렇지 않다. 오늘날 우리에게 크고 찬란해 보이는 것을 상대적으로 덜 남긴 것뿐이다. 북부 문화는 정착 농경 문화와 유목 채집 문화의 병행 혹은 그 중간쯤으로 요약된다. 문화적으로는 정주 생활을 한 메소아메리카의 특징이 나타나지만, 다양한 면에서 수렵과 채집의 특징을 보인다. 이 지역에서 북쪽으로 가면 미국 남부고, 더 올라가면 미국 본토다. 정착 생활을 하며 대단위 도시를 발전시킨 마야 문화와 메시까 문화가 북쪽으로 가면서 유목 생활에 따른 문화로 바뀌어 가는데, 그 모습이 북부 문화와 서부 문화 전시실에 잘 나타나 있다.

이들은 큰 피라미드보다는 필수 기능만 갖춘 제례 중심지로서 도시를 구성했고, 발견된 유물들도 더 자유분방하다. 특히 서부 문화 전시실에서는 메소아메리카 원주민들이 만든 도자기를 보는 것이 관건이다. 개, 새 등 동물을 형상화한 도자기들은 그 예술성을 높이 평가받는다. 이 작품들을 볼 때는 도공의 마음이 되자. 공을 가지고 노는 개를 만든 당대 최고 도공은 어떤 생각으로 이런 도자기를 만들었을까? 강보에 쌓인 어린아이를 쳐다보는 엄마의 눈빛은 어땠을까? 일상의 모습과 그 속에서 느끼는 감정을 아무런 제약 없이 표현할 수 있었던 세계는 과연 어땠을까? 수백 수천 년간 축적해 온 고노의 기술력을 특성한 사람이나 목석이 아니라 나와 우리 삶의 즐거움과 아픔을 표현하는 데 고스란히 사용한 그들의 사회와 정치는 어땠을까? 여기서 우리는 앞으로 만나게 될 마야의 또 다른 흔적을 미리 엿본다.

격랑의 역사를 함께한 차풀떼뻭 성

박물관을 나와 큰길을 건너면 차뽈떼뻭 공원 Bosque de Chapultepec이 펼쳐진다. 67만 평에 이르는 이 공원은 메시까 원주민들의 최초 정착지로, 고대부터 살아 숨 쉰 오래된 숲을 품고 있다. 지금은 주요 박물관과 전시장, 공연장, 호수, 놀이공원, 동물원 등을 두루 갖추어, 멕시코시티의 대표적인 서민 쉼터이자 청춘 남녀의 필수 데이트 코스가 되었다. 공원 한편에는 '소나무 집 Los Pinos'이라 불리는 대통령 관저가 자리한다. 주변 노점상들이 파는 잡다한 기념품과 음식을 구경하며 공원을 걷는 재미가 쏠쏠하다. 워낙 인건비가 싸서 손으로 가공해 파는 물건이 많은데, 민예품에 대한 혜안이 있다면 촌스러움의 극치 안에 숨은 중남미 문화의 정수와 애환을 발견할 수도 있다.

호수를 따라 공원을 천천히 가로지르면 언덕 꼭대기에 차뿔떼뻭 성 Castillo de Chapultepec이 보인다. 이 성은 국립역사박물관 Museo Nacional de Historia으로 관리되고 있어, 고대부터 오늘까지 멕시코 역사를 일별하기 좋다.

▎국립역사박물관이기도 한 차뿔떼뻭 성

차뿔떼뻭 성은 신고전주의 양식 건축물로, 에스빠냐 식민지 시대에 부왕들의 거처로 지어졌다. 19세기에 멕시코가 독립하면서 군사 학교가 되었는데, 이곳의 선생들과 학생들은 1848년 미군에 맞서 싸우다 목숨을 잃었다. 멕시코 사람들은 이들을 '어린 영웅들 Niños Héroes'이라 칭송하며, 차뿔떼뻭 성에 오면 이들을 기린다. 멕시코 사람들은 "하느님은 너무 멀고, 미국은 너무 가깝다 Tan lejos de Dios, tan cerca de Estados Unidos"고 말한다. 과거 미국은 때때로 멕시코시티를 점령했다. 그럴 때마다 멕시코는 울며 겨자 먹기로 싼값에 땅을 팔았고, 그 결과 당시 영토의 반을 미국에 빼앗겼다. 미국은 멕시코에게 샀다고 말하지만 수도를 점령하고 대통령을 끌어다가 도장을 찍게 한 것을 어찌 구매라 할 수 있을까. 그러니 오랜 열등감과 자괴감을 어린 영웅들 이야기로 달래는지 모른다. 언젠가 원수를 갚겠노라 벼르는지도 모른다. 이런 역사적 의미 외에도 차풀떼뻭 성은 멕시코시티를 조망하기에 더없이 훌륭한 곳이니 한번쯤 방문해 볼 만하다.

차풀떼뻭 성에는 기구한 이야기도 전해 온다. 19세기에 프랑스가 멕시코 내정을 집어삼킨다. 왕당파로 불리는 멕시코 보수주의자들은 멕시코에도 유럽 같은 정통 왕가의 정체성이 필요하다고 목소리를 높였고, 그 결과 프랑스의 지원 아래 보수파의 꼭두각시로 합스부르크 왕가의 막시밀리아노Maximiliano가 멕시코 황제에 오른다. 멕시코에 관심도 지식도 없던 그는 점차 멕시코 문화와 가난한 민초들에 연민을 느끼지만 역사는 얄궂게 흘러간다. 프랑스가 내정 간섭을 중단하고 멕시코 자유파가 승리하면서 막시밀리아노는 체포되었다. 아내 까를로따Carlota는 유럽의 영향력 있는 정치 세력들을 찾아가 남편 구명 활동에 전력을 다하지만, 막시밀리아노는 형장의 이슬로 사라지고 그녀는 정신병에 걸려 60여 년을 유폐되어 지내다 삶을 마감한다. 차풀떼뻭 성에는 이들이 생활했던 흔적을 구석구석에서 발견할 수 있다.

그 후로도 성은 통치자들의 거처로 쓰이다가 1939년 멕시코 민족주의 대통령으로 유명한 라자로 까르데나스Lázaro Cárdenas에 의해 역사박물관으로 재탄생한다. 박물관에는 멕시코 식민지 시대부터 독립 이후까지의 다양한 그림과 조각, 도구 등을 전시하고 있어 16~20세기 초 멕시코의 경제, 사회, 문화 등을 살펴보기에 최적의 장소다.

성 꼭대기까지 오르려면 조금 힘이 든다. 멕시코시티의 해발 고도가 2,000미터를 훌쩍 넘는 데다 구릉과 성 높이까지 더하면 민감한 사람은 고산병으로 고생할 수 있다. 그러니 산책 나온 멕시코 사람들처럼 걷다가 쉬다가 하며, 연신 키스를 해 대는 멕시코 연인들도 구경해 가며 천천히 올라 보자.

더 가 볼 곳

소깔로 광장

소깔로^{Zócalo}는 멕시코시티의 중심 광장이다. 흔히 '소깔로'라 부르지만 공식 명칭은 헌법 광장$^{Plaza\ de\ la\ Constitución}$이다. 수백 년간 멕시코의 중심지였던 만큼 국립궁전$^{Palacio\ Nacional}$과 대성당, 아즈텍 유적과 쇼핑 거리가 혼재해 있다. 웅장한 건축물들이 커다란 광장과 어우러져 환상적인 분위기를 연출하고, 한쪽에서는 아즈떼까의 후손을 자처하는 사람들이 향불을 피워 놓고 전통 원주민 춤을 춘다. 구경은 자유지만 사진을 찍으려면 돈을 내야 한다. 이곳엔 낮밤을 가리지 않고 수많은 사람으로 북적인다. 특히 9월 15일 '멕시코의 밤$^{Noche\ Mexicana}$'이라 불리는 독립 기념일에는 대통령이 국립궁전 발코니에 등장해 국민들에게 독립의 시작을 상기하는 국기를 흔들며 "멕시코 만세$^{Viva\ México}$!"를 외치는데, 멕시코의 민족성이 여과 없이 드러난다. 크리스마스 시즌에는 광장이 색색의 조명으로 빛난다. 한국 사람인 나는 반팔 티셔츠를 입고 춥지 않은 겨울의 크리스마스 장식을 보는 것이 어색하지만 분위기만큼은 근사하다.

대성당

대성당$^{Catedral\ Metropolitana}$은 소깔로 광장에서 단연 눈에 띈다. 회색 돌로 지은 크고 장엄한 건물을 흰색 대리석 부조가 장식하고 있어 시간에 따라 명암을 달리한다. 식민지 건축 양식인 콜로니얼 건축의 도시 구조에서는 중앙에 광장을 두고 근처에 성당과 정부 청사 같은 주요 건물을 배치하는데, 이곳 역시 그 전형을 보여 준다. 특히 대성당 건물은 식민지의 상징이다. 아메리카 대륙에서 최초로 정복된 지역에 최초로 지어진 대성당으로, 에스빠냐 사람들이 원주민의 수도 한복판에서 원주민에게 가장 중요한 건물인 피라미드를 부수고 그 위에 자신들의 유럽식 건물을 세웠기 때문이다.

처음부터 지금의 규모는 아니었다. 1573년 성당을 완성한 뒤 부속 건물들을 조금씩 더해 현재에 이르렀다. 대성당을 분해하고 피라미드를 복원해야 한다는 주장도 제기되지만, 성당 역시 500년 역사를 지닌 문화재로서 가치를 생각하지 않을 수 없다. 수 세기에 걸친 공사로 성당은 다양한 건축 유행을 반영하는데, 바로크 양식이 주를 이룬다. 잦은 지진으로 기울고 내려앉은 부분들을 보수하고 보강한 모습도 보인다.

소깔로 광장과 대성당

국립궁전

국립궁전Palacio Nacional은 소깔로 광장 동쪽에 위치해 있다. 이곳은 명실상부 아메리카 대륙의 '정치 일번지'다. 에스빠냐의 정복자 에르난 꼬르떼스Hernán Cortés에게 권력을 이양한 아즈떼까 통치자 목떼수마Moctezuma의 집이 있던 곳이며, 식민지가 시작되면서는 북아메리카 전체를 관할하는 누에바 에스빠냐 부왕청Virreinato de Nueva España이 들어선 자리다. 현재는 대통령궁과 내무부로 쓰이는데, 바로크식 식민지 스타일의 전형적인 건물 구조를 하고 있다. 또한 내부의 주 계단에는 화가 디에고 리베라Diego Rivera가 그린 고대부터 1929년까지 멕시코 역사를 비롯해 다양한 벽화가 즐비하다.

뗌쁠로 마요르

대성당 동쪽 옆에는 영욕의 시간을 품은 피라미드 뗌쁠로 마요르Templo Mayor를 복원해 놓아 묘한 대조를 이룬다. 뗌쁠로 마요르는 메시까 원주민 유적으로, 식민지 시대 건축물 중 그나마 덜 중요한 것을 걷어내고 간신히 복원한 피라미드의 일부분이다. 원래 피라미드는 높이 60미터에 아랫부분의 폭과 길이가 각각 80미터와 30미터로 추정되어, 당시의 거대한 규모를 상상할 수 있다. 피라미드 꼭대기는 두 개의 쌍둥이 사

피라미드 일부가 복원된 뗌쁠로 마요르

원이 있어 종교적인 제사와 의식을 행한 것으로 보인다. 뗌쁠로 마요르 내부는 엄청나게 복잡한 구조를 띠는데, 원래 건물에 일곱 번 덧씌우기 한 결과 처음 지어진 것과 나중 것이 복잡하게 얽혀 있기 때문이다.

근처에는 뗌쁠로 마요르 박물관 Museo del Templo Mayor이 있다. 박물관에서는 뗌쁠로 마요르 발굴 과정에서 나온 유물들과 아즈떼까에서 시작된 메시까의 역사를 볼 수 있다.

1978년 뗌쁠로 마요르 발굴 복원 작업 중 피라미드 하부 계단에서 커다란 타원형 돌조각이 발견되었다. 지름 3.05~3.25미터에 무게도 8톤에 달했다. 돌조각에는 메시까족 전설에 등장하는 달의 여신 꼬욜샤우끼 Coyolxauhqui의 비극적인 이야기가 새겨져 있는데, 돌조각에는 여신의 몸이 넷으로 잘려 있다. 자신의 어머니가 부정한 관계를 통해 아이를 임신했다고 생각한 꼬욜샤우끼가 배 속의 아이를 죽이려 하자 그 아이가 태어나 꼬욜샤우끼의 사지를 절단해 복수했다는 내용이다. 그 아이는 우이찔로뽀츠뜰리 Huitzilopochtli로, 후에 메시까 사람들이 숭상하는 가장 중요한 신 중 하나가 된다. 우이찔로뽀츠뜰리는 태어날 때부터 전사 복장을 입고 있었다고 전해진다. 한편 꼬욜샤우끼의 잘린 머리는 달이 되었고, 우이찔로뽀츠뜰리를 죽이려는 음모에 가담만 꼬욜샤우끼 동생들도 벌을 받아 별이 되었다고 한다.

산또 도밍고 광장

대성당의 북쪽 뒤에 있는 산또 도밍고 광장Plaza de Santo Domingo은 상가와 행인들 그리고 수많은 비둘기로 인해 발 디딜 틈이 없다. 멕시코 사람들이 숭상하는 원주민 최고 지도자 과우떼목Cuauhtémoc의 거처가 있었으나, 식민지 시대에 에스빠냐에서 온 도미니카수도회 사제들이 성당을 지으면서 지금의 모습을 갖추었다.

광장 한쪽에는 종교 재판소Antiguo Palacio de la Inquisición가 있었다. 1571년부터 멕시코 독립이 마무리 되는 1820년까지 멕시코에서는 종교 재판이 성행했다. 재판 결과 화형이 결정되면 산또 도밍고 광장에서 화형식을 거행했는데, 이것을 지켜보려 모여든 사람들로 인산인해를 이루었다고 한다. 그런데 부패한 식민지 정부가 장작을 떼어먹었고, 장작이 부족해 화형 당하는 사람이 불에 타 죽는 것이 아니라 연기 때문에 오랜 시간 고통스럽게 죽어 가는 상황이 벌어졌다. 화형 당하는 사람이 장작을 더 넣어서 고통 없이 죽여 달라고 소리를 질러 댔다는 이야기가 회자될 정도다. 현재 남아 있는 건물은 18세기에 다시 지어진 것이다. 식민지 시대가 끝나고 1854년에 국립의료학교Escuela Nacional de Medicina가 세워졌고, 오늘날에는 간호학교Escuela de Enfermería로 맥을 잇고 있다. 의료 기술의 역사를 다루는 조그만 박물관도 함께 있다.

산또 도밍고 광장과 주변을 보고 있으면 고풍스러운 건물들과 멕시코 서민들의 모습이 겹치면서 시간이 정지한 듯한 느낌을 받는다.

2일 | 떼오띠우아깐
Teotihuacán

이동	멕시코시티에서 50킬로미터 거리, 1시간 소요
주요 볼 곳	떼오띠우아깐 유적지
자고 먹을 곳	멕시코시티에서 자거나, 유적지 근처의 산후안 떼오띠우아깐에서 저렴한 숙소와 중급 호텔을 이용할 수 있다.
더 가 볼 곳	과달루뻬 사원

숨겨진 보석 떼오띠우아깐

떼오띠우아깐 유적은 숨겨진 보석이다. 여러 면에서 아메리카 대륙에서 만들어진 '문화의 총화'라 부를 만하다. 마치 서양 문명의 그리스나 로마와 유사하다. 그 이전의 문명과 문화들이 떼오띠우아깐으로 모이고, 또 여기에서 이후의 문명과 문화들이 파생되었으니 말이다. 떼오띠우아깐은 고전기 메소아메리카에서 가장 중요한 도시로, 멕시코 신화의 주축이다. 이곳은 신과 인간, 하늘과 땅이 만나는 장소였고, 당대 종교인들이 삶에 영감을 불어넣고 종교 의식을 행하던 중심지였다. 그래서 이곳은 시공을 초월한 의미를 갖는다.

현재 멕시코시티 주변에서 일찍부터 발달한 부족 국가들이 하나의 구심점을 가지고 뭉치기 시작한 것은 기원 원년을 지나면서부터다. 멕시코시티에서 불과 50여 킬로미터 거리에 당시 전 세계를 통틀어 가장 큰 규모의 도시가 생겨나는데, 이것이 떼오띠우아깐이다. 이미 농경 생활을 하며 수천 년간 사람이 거주했지만 기원전 200~150년에 떼오띠우아깐이 태동했고 기원후 200~500년에 걸쳐 전성기를 누렸다. 학자들마다 이견이

떼오띠우아깐 유적지 전경

마야 루트
떼오띠우아깐

있지만 보통 5만에서 전성기 때는 20만 명이 떼오띠우아깐에서 활동한 것으로 보인다. 후에 쇠퇴를 겪으며 메시까인들이 기도를 올리는 신화적 세계의 원천지로 사용되기도 했지만, 16세기 에스빠냐 정복자들이 발견했을 때 이곳은 이미 500년 이상 버려진 채였다.

떼오띠우아깐 문화를 대표하는 특징은 대규모 장거리 무역을 통한 왕성한 국제 교류다. 북으로는 현재의 미국 남부 지역과, 남으로는 과테말라와 온두라스를 연결하는 중미 지역에 이르기까지, 당시의 많은 도시가 떼오띠우아깐과 밀접하게 접촉했다. 이곳의 도자기류 중에서도 특히 '얇은 오렌지색 도자기 Anaranjado Delgado'는 흑요석과 함께 멕시코 중앙 고원에서 생산되는 중요 산물로, 각 지역으로 넓게 퍼져 나갔다. 그러나 이런 교류가 일방적이거나 우열 관계에서 이루어진 것은 아니다. 떼오띠우아깐 역시 다른 지방의 다양한 물품을 수입해 사용하였고 문화적으로 많은 영향을 받았다. 그것을 보여 주는 예가 있다. 떼오띠우아깐에서 가장 큰 피라미드인 '해의 피라미드' 한편의 주거 지역에서 다양한 특색과 전통을 간직한 도자기와 생활 용구들이 집단으로 발견되었는데, 각 지방에서 올라온 사람들이 이곳에 살았거나 그들의 영향을 받은 물건들을 이곳에서 만든 것으로 보인다. 전자든 후자

얇은 오렌지색 도자기

든 간에 지방마다 특징들이 존중되고 마찰 없이 공유된 것만은 사실이다. 이런 정황들로 미루어 볼 때 이 거대 도시 떼오띠우아깐은 정치, 경제, 사회, 문화 전반에 걸친 국제도시로, 당시 중미와 북미 지역들을 연결하는 중재자 역할을 수행했다고 할 수 있다. 따라서 떼오띠우아깐이 흑요석과 도자기 등의 무역품을 독점하려는 목적으로 다른 지방 도시를 정벌하고 식민지를 건설했다는, 이전까지만 해도 공공연하게 거론되던 설명에는 무리가 따른다. 전형적인 예로 현재 과테말라 수도 외곽 지대에 위치한 까미날후유Kaminaljuyu 유적이 있다. 이곳은 떼오띠우아깐의 축소판이라 할 정도로 떼오띠우아깐의 건축물과 유사한 건물이 많고, 도자기도 다량 출토되어서 '떼오띠우아깐의 식민지'로 불렸다. 하지만 이는 당시의 국제적 관계와 떼오띠우아깐의 역할을 오해한 데서 비롯된 잘못된 해석이다.

떼오띠우아깐의 형님 격인 꾸이꾸일꼬

우리가 일반적으로 '아즈텍'이라 알고 있는 고원 지역의 후고전기 문화 역시 이 떼오띠우아깐 문화의 영향 관계에서 생겨났다. 이 문화는 고전기 때 멕시코 고원 지방에서 융성했다. 그러나 그 원류를 살펴보면 기원 이전부터 현재의 멕시코 수도 주변에는 전고전기 문화가 형성되었는데, 멕시코시티 북쪽에는 올메까Olmeca 문화 양식을 지닌 뜰라띨꼬Tlatilco가, 남쪽에는 꾸이꾸일꼬Cuicuilco가 자리하고 있었다. 이 두 문화는 이후 떼오띠우아깐과 뚤라Tula 그리고 메시까에 이르는 멕시코 중앙 고원 문화의 원류로, 다양한 우주관과 기술, 과학 등에 영향을 준다. 특히 뜰라띨꼬는 도자기 제작 기술이 뛰어나 후세에 큰 영감을 주었으며, 꾸이꾸일꼬는 종교와 관련한 여러 의식용 공예품을 만들어 후대에 전했다. 꾸이꾸일꼬는 신들의 할아버지 격이며 기원 신이라 할 수 있는 허리가 꼬부라진 우에우에떼

마야 루트
떼오띠우아깐

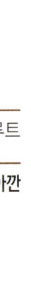

오뜰^{Huehueteotl}을 전파시킨 곳으로 유명하다. 그러나 근처에 있던 히뜰레^{Xitle} 화산이 폭발해 도시의 상당 부분이 용암에 잠기는 자연재해를 입고 멸망한다.

현재 꾸이꾸일꼬는 멕시코시티의 대단위 쇼핑 단지 뻬리술^{Perisur} 건너편에 있는데, 도시 개발과 더불어 유적지 모습이 점점 보잘것없어지고 있다. 꾸이꾸일꼬가 멕시코시티 안에 있다는 걸 모르는 사람이 많다. 서울 사는 사람이 광희문이나 풍납토성이 어디에 있는지 잘 모르는 것과 유사하다. 멕시코는 워낙 유물 유적이 많은 나라다 보니 어디를 둘러봐도 수천 년 전 모습이 남아 있다. 물론 이런 현상은 멕시코인들이 자신의 역사를 사랑하고 가꾸는 마음을 정책으로 실천했기 때문이다. 1939년에는 멕시코의 모든 유물과 유적을 관리하는 국립역사인류학청 '이나^{INAH(Instituto Nacional de Antropologia e Historia)}'를 설립했고, 꾸이꾸일꼬 한쪽에는 국립역사인류학대학교인 '에나^{ENAH(Escuela Nacional de}

멕시코시티 한 켠에 숨어 있는 꾸이꾸일꼬 유적지

Antropología e Historia)'가 있다. 에나에서는 멕시코의 역사를 책임질 학자와 전문가 집단을 양성한다. 그러다 보니 꾸이꾸일꼬 유적은 자유분방하기로 유명한 이 학교 대학생들의 앞마당이 된다. 유적지 경계에 고대 문화를 전문적으로 공부하는 대학교를 세워 놓았으니 자연스럽게 그 유적지는 고고학과 학생들의 놀이터이자 실습지이고 공부의 영감을 주기도 한다. 에나를 보려면 꾸이꾸일꼬 유적지 입구로 다시 나와 큰 시기리에서 동쪽으로 500미터 정도 가면 된다. 외부인이라도 까페떼리아(Cafetería)에 가겠다고 하면 특별한 일이 없는 한 들어갈 수 있다. 학교 입구에서 책과 학용품을 파는 상인부터 기타를 치며 노래 부르는 학생, 구내식당을 겸한 커피숍의 풍경은 멕시코의 자유로운 지성과 젊음을 느끼기에 안성맞춤이다.

꾸이꾸일꼬를 비교적 상세하게 언급하는 이유는 이 유적이 우리가 본격적으로 보게 될 떼오띠우아깐의 전 단계에 발전한 도시이기 때문이다. 시기적으로 전후에 놓였다고 해서 절대적인 영향 관계가 있다고 말할 수는

마야 루트
떼오띠우아깐

없지만 어느 정도 상호 연관은 필연일 수밖에 없다. 피라미드 형태면에서 보면 꾸이꾸일꼬 피라미드의 아랫부분은 넓고 웅장하여, 하늘의 세계 혹은 신의 세계에 가까이 가려는 의지로 피라미드를 만들었다는 기원설이 설득력을 얻는다. 그 당시는 자연적인 산의 형태에 가깝게 만들다 보니 원형이 되었다는 점도 이해된다. 그래서 기단부가 넓고 웅장한 원형 피라미드가 기원전 800년경부터 만들어졌고, 그 흔적이 여기에 남아 있는 것이다. 이곳에서 피라미드를 본 뒤 떼오띠우아깐의 피라미드를 보면 훨씬 더 화려해지고 기교와 장식이 많아졌으며, 상징성이 두드러지고 세련미가 넘치는 변화를 발견하게 된다. 즉, 이곳 꾸이꾸일꼬가 투박한 기능 중심이었다면, 떼오띠우아깐에서는 내용과 세부적인 묘사 면에서 완성도가 높아졌다. 이처럼 시대 변화에 따른 건축의 기본적인 흐름을 생각하면서 떼오띠우아깐에 대한 기대를 높여 보자.

신들이 거닐던 떼오띠우아깐

떼오띠우아깐 유적은 치밀한 계획에 따라 설계된, 잘 정돈된 도시 구조를 보여 준다. 중간을 가로지르는 길은 정북을 향하고, 이를 중심으로 여러 방향으로 이어진 도로망은 배수와 편의 시설을 제대로 갖추고 있다. 이 도시의 전성기를 기원후 200~500년 정도로 본다면 당시 구대륙의 어느 도시와 견주어도 규모나 질에서 결코 뒤지지 않는다. 그런데도 단 한 장의 사료도 남지 않은 이 도시에 관해 우리가 가진 지식은 너무도 미약하다. 이 도시 사람들은 무슨 족族이었으며 어떤 말을 사용했는지 우리는 다만 추측할 따름이다. 현재의 멕시코 중앙 고원에는 다양한 민족이 다양한 언어를 사용하는데, 그중에서도 오또미^{Otomí}어나 나우아뜰^{Náhuatl}어를 사용했을 것으로 짐작된다. 당시 떼오띠우아깐에도 여러 민족이 살았는데 오또미족이나 나우아족이 중심 세력을 형성했을 가능성이 높기 때문이다. 오또미족은 현재 멕시코 수도와 그 주변 지역에 널리 살고 있는데, 변방에 위치하며 갖은 수난을 겪은 불운한 민족이다. 아직까지도 멕시코 수도에서 집 없이 돌아다니는 원주민들의 많은 수가 오또미족이다. 반면 나우아족은 메시까 수도인 떼노츠띠뜰란^{Tenochtitlan}을 건설하여 메시까 문화를 꽃 피운, 역사의 주인공 역할을 담당하는 민족이 된다. 아무튼 상황이 이렇다 보니 당시에 이 도시를 뭐라고 불렀는지 정확히 알지 못한다. 지금의 이름은 떼오띠우아깐이 쇠퇴한 뒤 700여 년이 흐르고 나서 멕시코 고원 지방에 살던 메시까족이 이곳을 가리키며 "옛날 옛날 신들이 이곳을 거닐었다네"라고 말한 데서 유래한다. '신들이 돌아다녔다, 움직였다' 등으로 해석할 수 있는 나우아뜰어 '떼오띠우아깐'이 도시 이름으로 굳은 것이다.

민족과 언어에 관한 의문 말고도 떼오띠우아깐의 멸망 원인 역시 아직까지 풀리지 않고 있다. 떼오띠우아깐은 전체 메소아메리카 지역을 커버하는 막강한 영향력에도 불구하고 기원후 650년을 전후해 급격하게 쇠퇴한다. 그 후 상당 기간을 떼오띠우아깐 주변 국가들이 중앙 고원 문화의 맥을 이어 간다. 소치깔꼬^{Xochicalco}, 촐루라^{Cholula}, 뚤라, 까까스뜰라^{Cacaxtla} 등이다. 물론 이 도시들이 떼오띠우아깐의 멸망을 계기로 생겨난 것은 아니다. 그러나 떼오띠우아깐의 몰락으로 좀 더 구심력을 받은 것은 부정할 수 없다. 이 중에서도 북쪽 유랑 민족이 다수를 차지하던 뚤라는 종교와 문화적인 측면에서 막강한 힘을 가진 국가로 성장한다. 아즈뜰란에서 나와 유랑하던 메시까가 뚤라에 와서 본격적으로 현재의 멕시코 수도인 떼노츠띠뜰란 정착의 꿈을 구체화했을 뿐 아니라, 메시까를 대표하는 퀘잘꼬아뜰^{Quetzalcóatl} 전설 역시 뚤라에서 만들어졌다.

마야 루트
떼오띠우아깐

떼오띠우아깐 유적지 모형도

이제 본격적으로 유적 탐방에 나서 보자. 떼오띠우아깐은 상당히 넓다. 울타리를 치고 관광객에게 입장료를 받고 관람을 허용한 구역 중에서도, 흩어져 있는 지역은 빼고 중심지만 따져도 길이 3킬로미터에 폭 1킬로미터를 넘는다. 피라미드를 오르거나 유적지 내부 관람을 전혀 하지 않고 중심 도로의 편도만 봐도 최소 3킬로미터를 걸어야 하니, 구석구석을 돌아보려면 하루를 다 써도 모자란다. 마음을 단단히 먹어야 한다. 물론 인증 숏 촬영용 관람이라면 간단한 방법들이 있지만, 일단 규모가 엄청나기 때문에 중요한 곳만 찍어도 하루가 꼬박 걸릴 것은 각오해야 한다.

각자가 계획한 시간을 따져 다음 중 적합한 관람 방법을 선택해 보자.

코스별 선택지

필수 코스 최소한으로 떼오띠우아깐을 보는 최고의 방법은 해의 피라미드와 가장 가까운 주차장으로 입장해 해의 피라미드만 보거나 오르는 것이다. 그래도 해의 피라미드는 한번 올라 봐야 그림이 좀 나온다. 피라미드 꼭대기에 서면 도시 전경을 볼 수 있어 떼오떼우아깐의 지리적 이해도 생긴다. 아무리 시간이 없어도 해의 피라미드를 오르는 수고는 결코 헛되지 않다.

표준 코스 꿰잘꼬아뜰 신전이 있는 씨우다델라부터 해의 피라미드를 거쳐 달의 피라미드까지 걷는다. 이것이 가장 일반적인 코스다.

심화 코스 표준 코스를 섭렵하고 나서 중심 원형 도로 주변에 위치한 떼띠뜰라와 떼빤띠뜰라까지 관람한다.

동선별 선택지

원점 회귀 동선 한곳에서 출발해 그곳으로 다시 돌아오는 방식으로, 죽은 자의 길을 걸으며 좌우에 배치된 유적들을 관람한다. 10킬로미터 이상 걷는다.

편도 동선 남쪽에서 시작해서 북쪽에서 관람을 마치거나 그 반대의 동선으로, 5킬로미터 이상 걷는다.

'죽은 자의 길'을 따라

죽은 자의 길$_{\text{Calzada de Los Muertos}}$은 떼오띠우아깐 유적지의 남북을 연결하는 중심 대로다. 길의 남쪽에 씨우다델라가 있고, 중간 지점에 해의 피라미드가, 북쪽 끝에 달의 피라미드가 있다. 포인트가 되는 중요 피라미드군은 이들 셋이다.

죽은 자의 길을 걸으면서 좌우로 늘어선 중요 유적을 다 볼 수 있다. 고

마야 루트
떼오띠우아깐

대 아즈떼까족이 붙인 이 길 이름을 두고 "신에게 제물로 바칠 사람들이 걸었다는 게 사실입니까?"라는 질문을 종종 받는다. 책이나 방송에서 아메리카 대륙의 고대 문명을 이야기할 때 들은 정보인 듯한데, 결론부터 말하면 근거 없는 과장이다. 당대에 작성한 사료 자체가 존재하지 않고 후대에 만들어진 것도 700~800년 뒤인 데다가, 이와 관련해서는 언급도 없으며 발굴에서 드러난 시신이나 인간의 뼈 역시 극히 미미하다. 즉, 이곳에서 많은 사람이 죽었을 거란 생각은 그야말로 일부의 상상에 불과하다. 그럼에도 불구하고 끊임없이 이런 이야기가 회자되는 것은 정복자들의 서구 중심적인 시각에 기준한 원주민 문화 비하로 볼 수 있다. 그 시각에서 비롯된 이 길의 이름도 큰 원인을 제공한다. 이 점에 대해서는 차차 이야기해 보겠다. 아무튼 길이 2.5킬로미터에 너비 40미터에 이르는 죽은 자의 길은 달의 피라미드에서 끝이 난다.

깃털 달린 뱀 '퀘잘꼬아뜰' 신전

떼오띠우아깐에서 우리 여정은 죽은 자의 길 남쪽 끝에서 출발한다. 이곳을 '씨우다델라 Ciudadela'로 부르는데, 처음 에스빠냐인들이 이곳을 발견했을 때 커다란 광장이 여러 개 있는 것을 보고 군사 기지로 생각해 '씨우다델라(성채 안의 요새)'라고 부른 데서 연유했다. 씨우다델라의 핵심은 퀘잘꼬아뜰 신전 Templo de Quetzalcóatl이다. 이제 눈을 크게 뜨자. 퀘잘꼬아뜰 신전은 떼오띠우아깐의 대표 조각품이 있는 가장 중요한 장소이자 가장 흥미로운 곳 중 하나다. 사원의 부조들은 하늘과 땅의 결합을 의미하며, 커다란 안경을 낀 뜨랄록 신의 형상과 깃털 달린 뱀의 모습을 한 신의 형상이 조각되어 있다. 그 밖에도 뱀의 머리와 소라, 조개, 꽃 같은 세밀한 장식들을 경사면을 비롯한 사원 외벽 구석구석에서 발견할 수 있다. 이런 장식들은 멀리서 보면 눈에 잘 안 띄어 그냥 지나가는 경우가 있는데, 꼭 가까이 가서 당시의 화려한 조각품을 감상해 보자. 현재 피라미드는 네 기가 남아 있지만 본래는 여섯 기였을 것으로 추정한다.

뜨랄록 신과 깃털 달린 뱀의 신이 조각된 퀘잘꼬아뜰 신전 벽면

퀘잘꼬아뜰은 '깃털 달린 뱀'을 뜻한다. 힘과 지혜를 가진 신으로, 실재하는 인물이었다는 주장도 있다. 때와 장소에 따라 모습도 다르고 이름과 역할도 달라 구체적으로 어느 하나를 지칭하기는 힘들다. 어쨌거나 우리나라로 치면 단군의 지위를 가진 인물이다. 고전기와 후고전기에 깃털 달린 뱀의 모습을 한 퀘잘꼬아뜰이 숭상되었다.

원주민들이 처음 아메리카 대륙에 들어온 에스빠냐인들을 퀘잘꼬아뜰로 생각했다는 이야기도 전해진다. 전설 속 퀘잘꼬아뜰 역시 피부색이 희고 "나중에 동쪽에서 다시 돌아온다"는 말을 남겼다는 것이다. 결과적으로 에스빠냐 사람들이 이곳에 온 것은 퀘잘꼬아뜰의 재림이며, 그러니 그들의 정복을 받아들이라는 메시지가 되기도 한다. 서양 침략자들이 힘 있고 위대한 자신들의 모습을 합리화하기 위해, 또는 그들의 정복을 정당화하기 위해 부풀린 이야기일 가능성이 크다. 그런데 한 가지 언급하고 넘어갈 것이 있다. 퀘잘꼬아뜰 신은 사실 후고전기 메시까족의 전설이다. 그러니 엄밀히 말하면 메시까보다 700여 년이나 앞선 떼오띠우아깐과는 직접적인 연관 관계가 없다고 할 수 있다. 다만 깃털 달린 뱀의 형상이라는 이유로 이곳의 조각을 퀘잘꼬아뜰로 부르는 것이다.

왜 건물을 덧씌워 지었을까?

다시 죽은 자의 길로 나와 북쪽으로 걸으면 거의 마른 하천이 하나 나온다. 산 후안 강^{Rio San Juan}이다. 이 하천은 도시의 남북을 가르는 경계선으로, 인공적으로 지류를 변경한 것으로 보인다. 이 강을 가로지르는 다리를 지나 300여 미터를 더 가면 에디피시오 수뻬르뿌에스또스^{Edificios Superpuestos}(덧씌운 건물)가 나온다. 죽은 자의 길 왼편에 있는 건축물로, 제사장들의 주거지로 추정한다. 계단과 방과 벽화들이 있는데 아래로 내려가면 우물과 증기 목욕탕을 볼 수 있다. 이곳의 포인트는 건물 이름이 이야기하는 대로 건물이 어떻게 덧씌워졌는가를 보는 것이다. 앞의 멕시코시티 편에서 소깔로 광장 옆에 있는 메시까 유적지가 일곱 번 이상 덧씌워진 흔적을 보인다고 했다. 그것들은 후고전기, 그러니까 기원후 1300년 이후에 만들어졌고, 지금 우리가 보는 것은 기원후 3~8세기에 발전한 도시의 모습이다. 덧씌우기 건축 특징은 아메리카 고대 문명 역사 내내 이어져 온 전통인 셈이다. 이곳에서는 가장 위에 덧씌워진 부분과 이전에 만들어진 건물 단면들을 같이 볼 수 있다.

덧씌우기 건축은 마야를 포함한 메소아메리카의 주요 건축물에서 보이는 특징이다. 기존 건물을 부수지 않고 그 위에 건물을 덧대어 짓는 방법으로, 많을 때는 10여 차례 이상 덧씌운 경우도 있다. 그 이유로는 다음의 학설들이 분분하다.

첫째, '달력설'이다. 메소아메리카 지역에서 달력이 가지는 종교적인 의미에 따라 '짧은달력'의 52년과 같은 일정한 주기, 혹은 달력이 지정하는 의미 있는 때에 신전을 덧씌우기했다는 설이다. 그러나 항상 일정한 주기를 따르거나 달력의 특정일과 일치하는 것을 발견하지 못했다. 둘째, '유행설'이다. 옷처럼 건축에도 유행이 있어 그에 따라 기존 건물을 덧씌우기했다는 주장이다. 그러나 원래 건물과 다른 형태로 덧씌우지 않고 동일한 모양으로 덧씌우기한 경우도 많아 이 학설로 전체를 설명하지 못한다. 셋째, '마모설'이다. 기존 건물이 오래되어 무너지거나 낡아서 새로 증축했다는 주장이다. 그러나 발굴 작업에서 발견된 덧씌우기 기법이 적용된 건축물들의 하부 구조 상태가 아주 좋은 사례가 많아 이 역시 충분한 설득력을 얻지 못한다. 마지막으로 '노동력 동원설'이 있다. 농업 생산력이 높아지자 도시로 인구가 집중되면서 유휴 노동자들이 기득권에게 대항할 것을 걱정한 정치 엘리트들이 종교적인 필요성을 강조하며 노동력이 필요한 사업을 만들기 위해 멀쩡한 건물을 덧씌우기했다는 주장이다. 고대 아메리카인들에 대한 서양의 시각에서 해석한 것으로 여겨진다. 딱히 모순을 찾기 힘들지만 발상 자체가 무리한 정치 모델에 바탕을 두었다고 할 수 있다. 이유야 어찌 되었든 하나의 건축물에서 여러 건축 방식이 층층이 쌓인 단면을 보는 것은 무척 흥미롭다.

마야 루트
떼오띠우아깐

해의 피라미드를 향하여

유적지박물관 Museo de Sitio 은 이곳에서 출토된 유물을 전시하고 유적지 전체를 모형으로 만들어 놓아 이 도시가 융성할 당시의 규모나 배치를 한눈에 볼 수 있다. 충분히 들어가 볼 만하다. 사실 떼오띠우아깐에서 안 봐도 될 곳은 없다. 온전히 둘러보려면 최소 이틀은 소요되므로 아쉽지만 취사선택하는 것이다. 어디 다 보아야만 맛인가. 세상은 넓고 볼 것은 많은 법. 각각이 가진 특이점을 생각해서 방문 여부를 결정할 수밖에 없다. 그런 면에서 유적지박물관은 남쪽에서 시작해 중간 지점이라 잠시 쉬어 가기도 좋다.

아예 이 박물관을 먼저 방문해 도시 전체를 개괄적으로 이해한 다음 본격적으로 유적들을 둘러보는 것도 방법이다. 그러나 이 방식은 자동차를 타고 왔다면 괜찮지만 대중교통을 타고 왔다면 걸어야 할 거리가 길어진다. 또 전체를 둘러보려면 원점 회귀식 관람을 해야 하기 때문에 이 동선이 적합하지 않다. 떼오띠우아깐은 몇 백 미터 혹은 몇 킬로미터 간격으로 주차 공간들이 조성되어 있다. 따라서 유적지박물관에 가장 가까운 주차장을 이용해 박물관을 관람하면 편하다. 동선에 대한 계획 없이 다니다 보면 10여 킬로미터 이상을 걸어야 하는, 아주 힘든 관람이 될 수도 있음을 염두에 두자.

유적지박물관 옆에 있는 해의 피라미드 Pirámide del Sol 는 이 유적지의 압권이다. 폭 225미터에 높이 65미터로, 높고 장엄하여 보는 이를 압도한다. 고대 원주민 문명을 통틀어 가장 비범한 건축물 중 하나로 꼽히며, 떼오띠우아깐에서도 가장 오래된 피라미드다. 이런 이유로 이곳은 멕시코의 공식적인 유적지 발굴 복원 대상 1호가 되었다. 떼오띠우아깐의 발굴 복원 작업도 하나의 역사다. 지금부터 100년도 더 전에 이곳에 대한 고고학적인 가치가 구체화되었고, 1900년대를 시작

해의 피라미드

하면서 공식적인 보호 대상이 된다. 그러다 보니 에피소드도 없을 수 없다. 해의 피라미드를 오르다 보면 중간에 계단이 둘로 나뉘었다가 다시 하나로 만나는데, 이게 원래 그랬는지 아니면 100년 전의 고고학적 창작품인지에 대한 논란이 아직도 진행 중이다. 그러나 사실 관계를 완전히 밝히기란 쉽지 않다.

장엄한 피라미드 위에 올라서 보면 이 커다란 녀석을 만든 이유가 짐작된다. 주변 산을 모방해 인간이 만든 산이라는 점이다. 한편 사방을 둘러보면 이곳에 방어용 성곽이 전혀 존재하지 않는다는 점 역시 눈에 띈다. 도대체 이런 거대한 도시가 어떻게 평화롭게 지속될 수 있었을까? 물론 이런 관점은 극히 서양적 혹은 우리 기준의 세계관과 정치관으로 이해하

마야 루트
떼오띠우아깐

기 때문일 것이다. 좌우간 방어를 고려하지 않고 평원의 한가운데, 사방이 탁 트인 곳에 자리한 도시가 특이하다. 전쟁 도구가 전혀 발견되지 않는다는 점 또한 떼오띠우아깐이 지상 낙원은 아닐지언정 최소한 땅따먹기식의 영토 늘리기 전쟁은 하지 않았을 거란 추측을 가능하게 한다.

너른 광장을 품은 달의 피라미드

해의 피라미드에서 내려와 죽은 자의 길을 따라 걸으면 달의 광장^{Plaza de la Luna}에 이른다. '달의 광장'이라는 이름은 그 앞에 있는 달의 피라미드^{Pirámide de la Luna} 때문에 붙었으며, 달의 피라미드 역시 원래 그 이름은 아니었고 오늘날 사람들이 지어 붙인 것이다.

달의 광장은 중요한 관람 포인트다. 이곳은 아메리카 대륙의 고대 문명에서 광장이라는 장소가 얼마나 중요한지를 시각적으로 체감하게 한다. 신에게 제사를 올리기 위해 많은 사람들이 모일 장소가 필요했고, 신이 기쁜 마음으로 그곳에 내려와 주기를 기원하여 이런 어마어마한 도시를 계획하고 만들지 않았을까. 광장을 둘러싼 사원들은 저마다 기능을 가지고 있었을 것이다. 다양한 신을 모시는 곳, 제사를 지낼 때 사용하는 각종 물건을 보관하는 곳, 제사를 앞두고 사제들이 정화 의식을 행하는 곳 등 다양한 필요만큼이나 다양한 건물이 존재했을 것이다. 혹은 우리의 경건한 상상력을 비웃는 의외의 사실이 있을지도 모른다. 어쩌면 이곳은 국제 시장이 아니었을까. 수백 수천 킬로미터를 걸어와 물물 교환을 하려는 사람들로 북적이는 거리가 있었을 거란 추정도 가능하다. 광장 동쪽 뒷면에는 '외국인 정주 구역'이 있다. 다른 지역들에서 사용한 다양한 도구들이 출토되었기 때문이

달의 광장 너머로 우뚝 서 있는 달의 피라미드

다. 먼 지역에서 온 사람들이 이곳에 기거했을지도 모른다. 물론 광장이 교회와 시장 기능을 모두 수행했을 수도 있다. 교회에서 상설 혹은 정기 바자회를 여는 것이 불가능한 일도 아니다.

달의 피라미드는 폭 150미터에 높이 42미터로, 해의 피라미드보다 절대 높이는 낮지만 지대가 높아 해의 피라미드와 해발 고도가 같다. 남쪽을 향하고 있는 피라미드의 정상에 오르면 이곳 유적지가 훤히 내려다보이며, 유적지가 위치한 평원의 전경 또한 다른 각도로 감상할 수 있다. 달의 피라미드 너머로는 물의 신 뜨랄록의 주거지와 쎄로 고르도El Cerro Gordo(큰 산, 뚱뚱한 산)가 있다. 나는 해의 피라미드에 올라갔다가 내려와 달의 피라미드에 이르면 이미 지쳐 버려 달의 피라미드에 오를지 말지 항상 갈등

마야 루트
떼오띠우아깐

한다. 그러나 오를 때마다 다른 것들이 보이고 새로운 느낌을 받기 때문에 언제나 오르는 쪽을 선택한다. 그리고 '역시 올라오기를 잘했어' 하고 흡족해한다. 그렇다고 이런 식의 관람을 꼭 권하진 않는다. 아무리 보고 느껴도 늘 모자란 법. 채운다고 다 가지는 것도 아니고 모자란다고 보이지 않는 것도 아닐 테다. 특히 멕시코는 아쉬움의 미학으로 사는 사람들의 여유가 아름다운 곳이다. 이 피라미드를 만든 사람들의 삶도 크게 다르지 않았을 것이다.

달의 광장 주변으로 신전들이 있다. 빨라시오 데 퀘잘빠빨로뜰^{Palacio de Quetzalpapálotl}, 빨라시오 데 로스 하구아레스^{Palacio de los Jaguares}, 빨라시오 데 로스 까라꼴레스 엠뿔루마도스^{Palacio de los Caracoles Emplumados} 등이다. 이들을 가리켜 '궁전'을 뜻하는 에스빠냐어 '빨라시오^{Palacio}'라고 부르는 자체가 억지스럽지만 서양의 시각으로 그렇게 이름이 굳어졌다. 퀘잘빠빨로뜰은 나우아뜰 원주민어로, '퀘잘'은 '깃털'을, '빠빨로뜰'은 '나비'를 의미한다. 해석하자면 '깃털 달린 나비 궁전' 정도지만, 당시 떼오띠우아깐을 만들고 살았던 사람이 누구고 어떤 언어를 사용했는지도 모르는 상황에서 당연히 후세가 붙인 이름임을 다시 한번 상기하자. 떼오띠우아깐 유적 대부분의 이름이 그렇듯, 퀘잘빠빨로뜰에서 깃털 달린 나비와 비슷한 모양의 벽화들이 발견되어 그렇게 부르는 것이다. 마찬가지로 빨라시오 데 하구아레스에는 재규어^{Jaguares} 벽화가 그려져 있고, 빨라시오 데 로스 까라꼴레스 엠뿔루마도스에서는 깃털 달린 소라^{Caracoles Emplumados}를 볼 수 있다. 깃털은 이곳 사람들에게 많은 모티프를 준 소재로 보인다. 이 형상들은 건물 벽면에 회반죽을 두껍게 바르고 그 위에 식물성 염료와 동물성 염료를 혼합해 만든 원색 물감으로 그려졌다.

벽화가 흥미로운 떼띠뜰라와 떼빤띠뜰라

떼오띠우아깐 유적지는 길이 7.1킬로미터에 폭이 1킬로미터 정도 되는 직사각형 모양의 외곽 도로가 에워싸고 있다. 이 도로는 오늘날 만든 것으로 예전에는 없었다. 언뜻 보면 도로 안쪽은 유적지고 바깥쪽은 아닌 것 같지만, 이 도시에는 성곽이 존재하지 않았고 도시 경계를 규정하는 어떤 표시도 없었다. 따라서 도로 바깥쪽에도 옛 흔적이 많이 남아 있고 그중 중요한 것들은 정비해 관광객에게 개방하고 있다. 당연히 여기서도 우리는 떼오띠우아깐을 이해하는 단서들을 발견할 수 있다. 이 지역을 보려면 처음 구매했던 입장료 영수증을 보여 주어야 한다. 그러니 입장료 영수증은 버리지 말고 잘 챙겨 두자. 앞서 말한 대로 이곳은 주차장이 여러 개 있고 동선에 따라 가까운 주차장으로 옮겨 주차할 때도 영수증을 제시해야 한다. 처음 구매한 영수증을 버리면 다시 구매하는 낭패를 본다.

떼띠뜰라의 '잠수부' 벽화

외곽 도로 밖에 있는 작은 유적군들 가운데 떼띠뜰라^{Tetitla}와 떼빤띠뜰라^{Tepantitla}가 특히 흥미롭다. 떼띠뜰라는 사제들이 거주하던 곳으로 보인다. 뜰과 복도에 즐비한 벽화 중 속칭 '잠수부^{Buzo}'라 불리는 벽화가 있다. 추상적으로 도식화된 잠수부가 해산물을 채취하는 듯하다. 목에 건 그물, 수영하는 역동적인 동작, 균형 잡히지 않은 신체 비율, 파도의 묘사…. 이 중요한 신전에 해산물 따는 사람을

마야 루트
떼오띠우아깐

그린 이유는 무엇일까? 안전하게 해산물을 채취하게 해 달라는 기원인가? 아니면 이 인물이 바다의 신일까? 서민의 일상생활을 신성시하고 값지게 여긴 문명인가? 잠수부의 독특한 신체와 표현법은 또 어떻게 이해해야 할까? 우리에게 타임머신이 주어지기 전까지는 이 질문들에 온전히 대답할 수 없다. 해석은 그림을 보는 사람 몫이니 주변의 설명에 휘둘리지 말고 스스로 상상력을 펼쳐 보기 바란다.

유적지 북동쪽 바깥에 자리한 떼빤띠뜰라에도 떼오띠우아깐을 말할 때 빠지지

않는 유명한 벽화가 있다. '뜨랄록 신의 천국'이라는 뜻의 뜨랄로깐 Tlalocan 이다. 그런데 서양의 시각으로 이 벽화를 설명하는 이가 많아 의아해지곤 한다. 떼오띠우아깐만 해도 2,000년 전의 도시고 역사적인 기록은 아무것도 존재하지 않는다. 왜 피라미드를 만들었으며, 기원후 650년경에는 어째서 이 화려한 도시를 버리고 흩어졌는지도 알 수가 없다. 이 그림을 '뜨랄로깐'이라 이름 붙인 것도 수천 년이 지난 오늘날의 사람들이다. 그러니 그림 안에 담긴 다양한 모티프를 제대로 해석하기란 쉽지 않다. 재차 강조하지만 확신은 금물이고 설명은 참조 사항이다.

다시 벽화로 돌아와 보자. 중앙에 인물 혹은 신이 있고, 그의 손에서 물 같은 것이 떨어지고 있다. 머리 위로는 나무 형상이 지상 세계를 가리키는 것처럼 보인다. 그리고 아래 광경이 흥미를 자아낸다. 장소

떼빤띠뜰라의 뜨랄로깐에 그려진 다양한 동작의 인물들

를 나타내는 기호와도 유사한 산 모양의 그림이 있고 주변으로 다양한 인물들이 배치되어 있다. 이 부분이 우리를 압도한다. 다채롭기 그지없다. 어느 인물도 같은 것이 없다. 각자 다른 모양과 동작을 하고 있다. 공놀이하는 사람, 수영하는 사람, 춤추는 사람, 말하는 사람, 노래 부르는 사람, 다리 사이로 손을 내어 서로 잡고 있는 사람, 아래를 가리키는 사람, 사람을 업고 있는 사람, 나뭇가지를 들고 있는 사람, 신체 사지를 붙잡고 있는 사람 등등. 사람들 모습뿐 아니다. 중간중간 나비가 날아다니고 희한한 생김새의 동물 혹은 물고기들도 보인다. 곤충같이 생긴 것도 있고 꽃도 보인다. 이 벽화 앞에 서서 장면 하나하나를 보고 있으면 "각자 상상력이 필요하다"고 강조한 이유를 알게 될 것이다. 현대의 세계관과 서양식 사고에 길들여진 우리가 이 그림을 얼마나 이해할 수 있을지 의심스럽다. 이곳의 원본은 보존 상태가 좋지 않아 상세한 것까지 관찰하기 어렵다. 따라서 이곳에서는 벽화와 주변을 이해하는 것이 더 중요할지 모른다. 실제 장소에서 그림의 생명력과 그 감성을 느끼는 것은 가치가 있다. 보다 선명하게 재현한 벽화는 멕시코시티에 있는 국립인류학박물관에서 만날 수 있다.

1,500살 된 파편을 즈려밟고

떼오띠우아깐 유적지 바닥에서는 흑요석이나 도자기 파편 등을 심심치 않게 발견할 수 있다. 주도로의 동선을 벗어난 곳에는 더욱 많다. 대부분 떼오띠우아깐이 융성하던 시대의 파편들이다. 유물 보존상 만지지 말아야 하지만 자세히 관찰하면 시대의 흐름을 느낄 수 있다. 이곳의 융성기가 기원후 6~7세기이므로 우리가 보는 파편들은 1,500년도 더 되었다. 이곳의 흑요석은 한 번의 압력을 가해 정확하게 돌에서 떼어 내는 세계 최고 석기 장인의 손길을 거친 것으로, 현대 기술로도 재현이 불가능하다. 도자기 역시 당시 아메리카 대륙의 유행을 선도하던 것임을 생각하면 이 작은 파편들이 새롭게 느껴진다.

떼오띠우아깐에는 물건을 들고 다니며 파는 잡상인이 많다. 상품은 대부분 조악해 보이지만 전부 나쁘지는 않다. 이곳에서 발굴된 유물들을 재현한 민예품들인데, 꼼꼼히 살펴서 잘 흥정하면 특이한 것을 싸게 살 수 있다. 수공예품이라 똑같은 것은 없으니 마음에 들면 과감하게 사기를 권한다. 이들의 하루 최저 임금이 2021년 기준으로 141페소(한화 7,800원가량)다 보니 기계로 만든 것보다 손으로 만든 것이 더 많고 싸다. 물건은 일단 반값에서 흥정을 시작하는 것이 기본이다. 때에 따라서는 최초에 부른 가격의 반의 반값에 살 수도 있다. 애초에 서너 배 비싸게 부르는 경우도 허다하다. 때로는 은밀히 다가와 진품 유물이 있다고 말을 걸지만 거의 가짜니 속지 말자. 한편 아주 드물게 진품도 있다. 주변 땅에서 농사를 짓다가 발견한 작은 파편을 내다파는 경우가 종종 있어서다. 이런 물건은 손상 정도나 미적 가치에 따라 판로가 정해지고 교묘한 방법으로 값을 더 받으려고 한다. 당연히 불법이지만 워낙 많은 유물이 방치된 데다가 이렇다 할 유통 구조가 없어 가난한 국민들로서는 떨치기 힘든 유혹일 테다.

유적지 주변에는 동굴이 많은데, 눈으로 직접 주변 지역의 지질적 특징을 볼 수 있는 자연 동굴도 있다. 유적지 외곽 도로의 남동쪽에 위치한 '라 그루따^{La Gruta}(동굴)'라는 레스토랑이다. 개방형의 커다란 오페라 하우스 같은 구조라 입구에서도 안을 볼 수 있다. 멕시코 전통 음식을 판매하며, 굳이 음식을 먹지 않아도 구경해 볼 만하다.

더 가 볼 곳

마야 루트

떼오띠우아깐

과달루뻬 사원. 오른쪽이 구 성당이고 왼쪽이 새로 지은 성당이다.

과달루뻬 사원

멕시코 사람에게 전쟁으로 모든 것이 다 부서지는데 딱 하나만 건질 수 있다면 뭘 선택하겠냐고 물으면, 과달루뻬 사원 Villa de Guadalupe을 택할 것이다. 낮이건 밤이건 경건한 표정을 한 멕시코 사람들의 발길이 끊이지 않는, 멕시코 정서를 그대로 담고 있는 이곳은 멕시코시티에서 떼오띠우아깐으로 가는 여정에서 멕시코시티 끝자락에 위치해 있다.

전설에 따르면 성녀 과달루뻬가 멕시코 원주민인 후안 디에고 Juan Diego에게 네 번이나 모습을 나타낸 곳이 바로 과달루뻬 사원이다. 성녀 과달루뻬에 관해서는 여러 이야기가 있으나 전반적으로는 다음과 같다. 때는 1531년, 에스빠냐인들이 멕시코를 정복하고 10년이 지난 시점이다. 원주민의 모습과 피부색을 한 과달루뻬 성녀가 후안 디에고 앞에 나타나 언덕을 가리키며 성당을 지으라고 말한다. 디에고는 이 사실을 주교에게 알렸지만 그는 믿지 않았다. 한낱 원주민 농부에게 성령이 임했다고 생각하기 힘들었을 테니 말이다. 결국 성녀 과달루뻬는 자신이 입고 있던 망토에 장미꽃을 가득 담아 디에고에게 준다. 그날이 12월 12일이다. 디에고는 망토를 가져가 주교 앞에 펼쳐 놓았다. 한겨울이라 장미꽃이 있을 계절이 아닌 데다 망토에 비친 성녀를 본 주교는 "이것은 기적이다"며 언덕에 성당을 지었고, 그것이 오늘날 과달루뻬 성당이다. 성당에서는 당시 성모가 준 망토와 망토에 새겨진 성녀의 모습을 진품으로 만날 수 있다. 물론 먼발치에서다. 구 성당 Antigua Basílica이 지각 침하와 지진 등으로 많이 기울어 현대 종교 건축 양식으로 신 성당 Nueva Basílica을 새로 지었다.

과달루뻬 성녀와 성당에 관한 일화는 라틴아메리카 전역에 걸쳐 역사적으로 중요한 의미를 가진다. 유럽인들 입장에서는 하느님이 우리를 굽어 살핀다는 믿음을 실질적으로 느끼는 것이 중요한 시점이었다. 그런 때에 이곳에도 성령이 임해 주님의 보호와 축복이 존재한다는 점을 확인하게 된 것이다. 또한 원주민에게는 자신들과 똑같은 모습을 한 성모가, 그것도 일개 농부 앞에 나타나 축복해 주었다는 점에서 의미가 크다. 백인만을 위한 하느님이 아니라 모든 원주민들에게도 하느님의 은총이 함께한다는 믿음을 갖게 한 것이다. 그래서 매년 12월 12일에는 멕시코 전역에서 수많은 순례자들이 이곳에 모여들어 성녀 과달루뻬에게 생일 축하 민요인 '라스 마냐니따스Las Mañanitas'를 불러 준다.

과달루뻬 사원의 박물관에는 후안 꼬레아Juan Correa, 니꼴라스 로드리게스Nicolás Rodríguez, 끄리스또발 데 빌라빤도Cristóbal de Villalpando, 발따사르 데 에차베 이비아Baltazar de Echave Ibia 등 식민지 시대 유명 화가들의 작품들이 보관돼 있다. 또한 과달루뻬 사원에는 멕시코에서 보기 드문 바로크 양식 건축물 중 하나인 포시토 성당Capilla de Pocito이 있고, 산 정상에 지어진 로사스 성당Capilla de Rosas에서는 아름다운 멕시코시티 전경을 바라볼 수 있다. 개인적으로는 멕시코시티를 감상하는 최고의 포인트로 꼽는다. 풍광도 아름답지만 가족과 손을 잡고 언덕을 오르는 서민들과 석양을 배경으로 입맞춤하는 연인들을 보면 '여기가 멕시코구나'히는 편안함과 풍요로움이 느껴지기 때문이다.

| 12월 12일 '성모의 날' 축제 풍경

3일 오아하까
Oaxaca

이동	멕시코시티에서 500킬로미터 거리, 5시간 소요
주요 볼곳	몬떼 알반 유적지
자고 먹을 곳	오아하까 시내
더 가 볼곳	중앙 광장 산또 도밍고 성당 베니또 후아레스 집

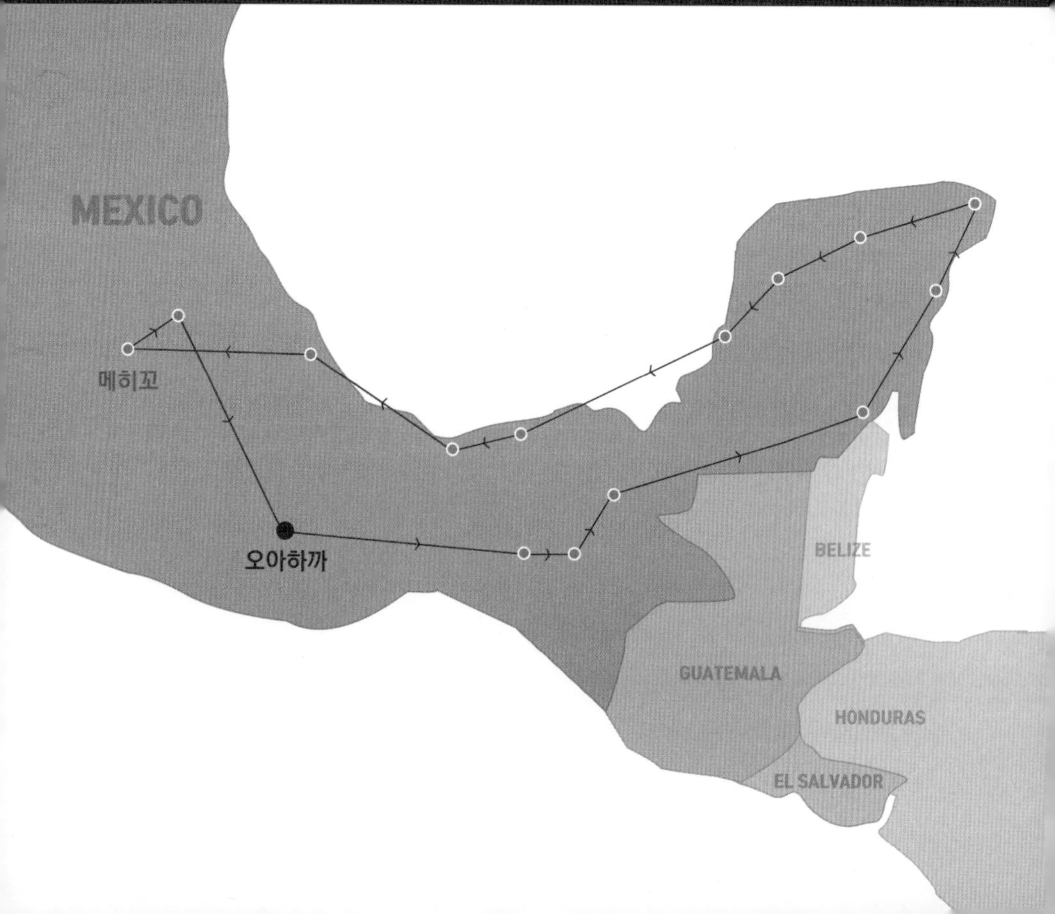

1800년대 정치 일번지

오아하까^{Oaxaca}는 멕시코 역사와 문화에서 빼놓을 수 없는 중요한 도시다. 먼저 지명의 발음부터 시비를 좀 걸어야겠다. 우리나라 책이나 기사에서는 오아하까를 '오악사까'나 '오악사카'로 표기하는데, 이는 현지 발음과 큰 차이가 있다. 에스빠냐어를 영어식으로 읽는 과정에서 잘못 표기한 것이다. 에스빠냐어는 'x'가 단어 중간에 오면 'ㅎ'으로 발음한다. 멕시코라는 국명도 마찬가지여서 '멕시코'가 아니라 '메히꼬'라고 앞에서 설명했다. 미국식 발음이 기준이고 그럴듯해 보이는 문화에 살다 보니 이런 것까지 구구절절 해명하는 현실이 안타깝다.

본격적으로 오아하까에 관해 이야기해 보자. 이곳은 유럽 정복 전 고대 문화에서는 사뽀떼까^{Zapoteca}와 믹스떼까^{Mixteca} 문화가 융성했다. 이들 문화는 멕시코와 중미를 포함하는 메소아메리카 문화의 여섯 개 권역에 속하며, 북중 아메리카 지역의 대표적인 문화 가운데 하나인 오아하까 문화를 형성한다.

고대부터 문화를 꽃피운 오아하까는 식민지 시대에도 행정 중심지가 되어 관청, 성당, 학교, 병원 등이 많이 세워졌다. 산또 도밍고 성당^{Templo de Santo Domingo de Guzmán}이 대표적인 식민지 건축물로, 화려함의 극치를 보인다. 식민지 시대에는 에스빠냐 본국과 교통이 용이한 해안 두시가 발달했는데, 깊숙한 내륙 산간에 위치한 오아하까가 발달한 것은 에스빠냐 세력보다 내륙에서 실세를 행사한 토착 백인 집단인 끄리올요^{Criollo}의 영향이 컸다. 이들은 풍부한 원주민 노동력을 동원한 농업 경제로 지방 발전을 견인했다.

이런 특징은 멕시코 독립과 더불어 확연히 드러나기 시작한다. 식민지 초기부터 에스빠냐와 멕시코를 잇던 교통 요충지 베라끄루스^{Veracruz}는 왕당파의 중심지가 되었다. 이들은 서양의 왕이나 황제 제도를 받아들이고 외

마야 루트

오아하까

국 세력과 협력해 국가를 이끌어 나가려 했다. 한편 내륙 깊숙이 위치해 지방 향반들이 중심이던 오아하까는 외세를 배제하고 자체 공화국을 세우려는 공화파의 중심지가 된다. 독자적으로 경제와 정치를 꾸려 온 전통이 강했던 것이다. 이런 지역적인 성격은 1800년대 오아하까를 정치적으로 가장 중요한 곳으로 만들었다. 이를 상징하는 대표적인 인물이 원주민 정치인 베니또 후아레스 Benito Juárez다. 그는 프랑스 세력을 끌어들이는 데 반대하며, 멕시코의 미래를 외국인 손에 넘긴 왕당파와 유럽 출신 황제를 제거하고 대통령에 올라 멕시코의 국가적 위상을 최초로 완성했다. 그가 나고 자라며 교육을 받고 정치적으로 입문한 곳이 오아하까로, 이후 정치 세력을 규합해 대통령에 오르기까지 근거지가 된 곳 역시 오아하까다.

베니또 후아레스가 1858년 대통령이 되기 전까지 멕시코는 사분오열 상태였다. 베라끄루스의 왕당파와 오아하까의 공화파가 권력 쟁탈전을 이어 갔다. 중앙에서 더 멀리 떨어진 지역의 사정은 더욱 나빴다. 1800년대 중반을 지나면서 멕시코는 영토의 반 이상을 미국에 빼앗기고 만다. 지금의 캘리포니아, 뉴멕시코, 텍사스, 애리조나 등이 이때 미국에 넘어갔다. 미국에서는 이 지역들이 편입을 원했거나 자진해서 사고판 것이라 주장하지만 말도 안 되는 소리다. 멕시코 초기의 혼란기를 이용해 미국이 무력으로 영토의 반 이상을 빼앗은 것이다. 한편 남쪽의 유까딴반도 사람들은 자신들을 마야 사람이라 여기고 멕시코라는 단일 국가를 만드는 데 반대하다가 정치적 혼란을 틈타 멕시코로부터 분리 독립을 요구했다. 50여 년 동안 대통령이 서른 번 넘게 바뀔 만큼 멕시코 정치는 혼란스러웠다. 그러니 중앙 집권 국가의 모습을 갖출 수 없었다. 왕당파의 집권 시기에 공화파 세력은 오아하까로 후퇴해 와신상담하며 멕시코시티 수복을 노렸다. 공화파가 멕시코시티를 수복하고 대통령을 앉히면 왕당파는 베라끄루스 등으로 후퇴했다. 어떤 세력도 국가와 정부를 완전히 장악하지 못하고 혼전을 거듭했는데, 이 갈등의 중심에 오아하까가 있었다.

오아하까 시의 공식 명칭은 오아하까 데 후아레스Oaxaca de Juárez다. 베니또 후아레스를 기리기 위해 나중에 그의 이름을 넣었다. 그만큼 후아레스에 대한 이곳 사람들의 애정은 남다르고, 역사적으로도 중요한 인물이다. 그러니 오아하까에 온 이상 그를 모르고 가면 섭섭하다.

1806년, 오아하까 근처 작은 마을에서 베니또 후아레스가 태어났다. 에스빠냐어조차 모르던 소년은 청운의 꿈을 품고 오아하까 시내로 나온다. 에스빠냐어를 공부하고 더 큰 도시로 나갈 발판을 마련하기 위해서였다. 청년 후아레스는 오아하까대학교Instituto de Ciencias y Artes에서 법학을 공부한다. 그렇게 시작된 후아레스의 정치 행보는 멕시코를 통일 국가로 만드는 초석이 된다. 이후 이 도시는 멕시코 역사의 주요 장면을 탄생시킨 걸출한 인물을 가장 많이 배출한다. 지금도 온 도시에서 베니또 후아레스와 관련한 다양한 이미지를 접할 수 있다.

오아하까에서는 인디오 도시의 향토적인 분위기와 함께 고원에 사는 사람들의 강직하고 집념이 강하며 전통을 강조하는 분위기를 느낄 수 있다. 그렇게 봐선지 모르겠지만 중요한 정치적 인물들을 배출한 지역의 위상이 면면이 느껴진다. 이런 배경을 염두에 두고 고대 문명의 중심지인 몬떼 알반 유적지로 이동해 보자.

종교 중심지 몬떼 알반의 시작

몬떼 알반 유적지는 오아하까 시내에서 8킬로미터 정도 떨어져 있지만 시내에서 빤히 보이는 산 위에 있다. 서울로 치면 남산이나 북한산 꼭대

마야 루트
오아하까

기에 고대 도시가 존재하는 셈이다. 그런데 우리가 생각하는 산과는 거리가 있다. 이곳은 열대 지역인 데다 사막에 가까운 건조한 기후라 우리나라 산처럼 수목이 우거지지 않았다. 산이라기보다는 큰 언덕이나 구릉 같다.

그런데 고대 오아하까 사람들은 왜 산꼭대기에 도시를 만들었을까 하는 의문이 든다. 물도 없고 살기도 힘든 곳에 이렇게 크고 중요한 도시를 말이다. 사실 몬떼 알반은 주거용 도시가 아니다. 주거용 도시는 지

| 최초 문자로 추정되는 문양이 새겨진 몬떼 알반의 비석

금의 오아하까시를 중심으로 평지에 만들었다. 그리고 그 주변으로도 크고 작은 신전들을 만들었는데 미뜰라^{Mitla}, 사아칠라^{Zaachila}, 다인수^{Dainzú}, 람비뜨예꼬^{Lambityeco}, 야굴^{Yagul} 등의 유적지가 그 흔적을 잘 간직하고 있다. 주변에 종교와 정치 중심지들이 들어설 정도로 오아하까 인근에 많은 사람이 모여 살았음을 알 수 있다. 그렇게 본다면 믹스떼까와 사뽀떼까 문화를 꽃피운 주변 부족들이 한데 어울려 몬떼 알반

이라는 종교 콤플렉스를 만들었다는 추정이 가능하다. 하늘과 가깝고 주변이 한눈에 들어오는 곳, 주거지와 가까운 곳에 그들의 종교적인 기원을 담은 신의 도시를 만든 것이다.

몬떼 알반이 만들어진 것은 기원전 1000년 이상으로 거슬러 올라간다. 아메리카 대륙에 문명이 막 만들어질 무렵 이곳 오아하까에도 중요한 활동이 있었다. 최초로 도시가 만들어지고, 부족 간 공동 작업이 활성화되고, 농업 생산력을 기반으로 문화가 발달하기 시작했다. 주변 지역 사람들이 모여 제단을 만들었고 몬떼 알반은 제사를 지내는 중요한 장소가 되었다.

최초의 문자가 몬떼 알반에서 만들어졌다는 이야기가 이를 뒷받침한다. 유적지 '건물 M' 앞에 놓인 비석 도안이 마야 문자와 메소아메리카 문자의 기원이라는 주장이 현재까지도 널리 받아들여진다. 즉, 기원전 1000년을 즈음하여 몬떼 알반은 이미 종교 중심지로 자리 잡고 행정을 정비하고, 문자까지 만들어 쓸 만큼 문물이 왕성했다.

몬떼 알반은 다음의 단계를 거치면서 본격적으로 성장한다.

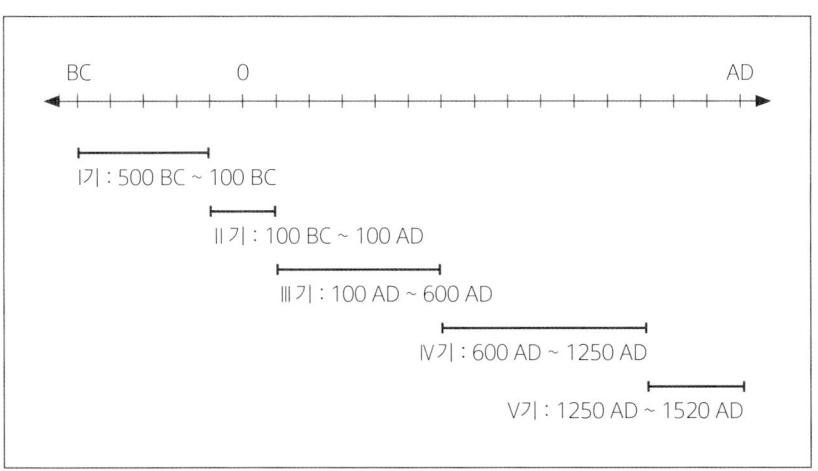

마야 루트

오아하까

이런 도표가 등장하면 재미가 없어지는 것이 사실이다. 그렇지만 2,000년이 넘는 시기를 일목요연하게 이해하도록 돕는 점에서 장점도 없지 않다. 먼저 Ⅲ기가 제일 중요한 포인트임을 기억하자. 이때가 소위 전성기다. Ⅰ기와 Ⅱ기가 준비기라면 Ⅲ기 들어 활동이 왕성해진다. 건축물을 가장 많이 만들었고, 주변 지역으로의 팽창도 가장 두드러졌으며, 인구도 가장 많았고, 중장거리 교류도 가장 활발했다. Ⅳ기와 Ⅴ기는 몬떼 알반의 쇠퇴기다.

사실 나는 Ⅰ기를 더 이전으로 잡고 싶다. 여러 학자들이 건축물을 중심으로 연도를 잡는 바람에 마치 Ⅰ기 전에는 이곳에 사람이 없었을 거라 생각하기 쉬운데 그렇지 않다. 이전부터 사람들은 이곳에 터를 잡고 다양한 활동을 해 왔고, Ⅰ기에 이르러 건물이 완성되면서 도시의 면모를 갖추었을 것이다. 이때의 두드러진 유물이 바로 단산떼Danzante다.

| 몬떼 알반 단산떼

단산떼는 에스빠냐어로 '춤추는 사람'이라는 뜻이다. 돌에 새겨진 모습을 보고 그렇게 이름 붙였다. 물론 이것이 정확히 무엇을 하는 장면이며 왜 만들었는지는 알지 못한다. 조각을 보는 사람들은 저마다의 개성으로 상상하고 해석한다. 대개는 춤추는 사람들이라 하고, 아픔을 호소하는 환자들로 보인다며 이곳이 병원 아니었겠냐는 사람도 있다. 인신공양 당하는 사람이라는 말도 빠지지 않는다. 아메리카 대륙의 고대 문명과 관련해 고통스런 인간의 모습이 나오기만 하면 덮어

놓고 인신공양 운운하는 것은 서양 사람들이 아메리카 원주민 문화에 붙인 떼기 힘든 꼬리표가 됐다. 한편 이들이 외계인이라는 말도 심심치 않게 등장한다. 나는 이 모습이 원숭이 같아서 어렸을 때 텔레비전에서 본 '혹성탈출'의 등장인물들이 떠올랐다. 한편 음부가 기묘하게 표현되거나 가려진 것들이 있는데 이를 보고 야릇한 상상을 하는 사람이 적지 않다. 좌우간 이 단산떼가 무엇인지 지금으로선 알 길이 없다. 아메리카 대륙의 고대 문명을 이해하는 데 우리가 가장 애를 먹는 부분이다. 이런 의문은 마야나 올메까, 떼오띠우아깐, 차빈Chavin 등 다양한 지역의 기원 이전 문명들에서도 마찬가지다.

| 올메까의 거대 두상 |

올메까의 '거대 두상Cabeza Colosal' 역시 왜 만들어졌으며 무엇을 의미하는지 추측할 뿐이다. 그런데 몬떼 알반의 단산떼와 올메까의 거대 두상은 닮은 데가 많다. 양쪽 모두 신체에서 머리가 유독 강조된 데다가 두꺼운 입술과 두드러진 코 등을 가진 점에서 이곳에 사는 보통 사람을 모델로 하고 있지는 않다. 시기적으로도 비슷하고 거리도 멀지 않으니 서로 영향이 있었으리라 짐작할 수 있다. 특히 오아하까 지역이 메소아메리카 문명들을 연결하는 교통 중심지였음을 떠올리면 상호 영향은 자연스럽다. 그렇지만 증거를 찾을 수 없으니 어디까지나 추측이다. 아무튼 단산떼가 만들어지고 도시 윤곽이 잡히면서 건물이 들어서기 시작하는 시기가 I기다.

마야 루트
오아하까

몬떼 알반 II기는 기초를 견실히 하는 단계다. 건축 기술이 발전하고 문화 활동이 두드러진다. 이 시기에 광장 정중앙에 건물들이 들어선다. 그들 중 가장 남쪽에 있는 '건물 J'는 사방 어디서 봐도 모양이 같지 않은 완전 비대칭형이다. 건축 방식과 기법이 한층 발달해 III기의 비약적 발전을 가능케 하는 터전이 닦인 것이다. 비대칭의 건물은 각 모서리 연결점들이 천문학적 의미를 가진다. 이 시기 몬떼 알반 사람들은 고도로 발달한 천문학적인 지식에 기반해 도시를 계획하고 건물을 체계적으로 설계하는 능력을 갖추었던 것이다. 종교관을 비롯해 사회 조직, 정치 체계 등이 안정적으로 확립된 사실도 추정해 볼 수 있다. 피라미드라고 불리는 신전뿐 아니라 공놀이장도 이때 만들어진다. II기에 몬떼 알반은 윤곽을 제대로 갖추고 나날이 발전하는 도시로 변모해 간다.

| 몬떼 알반 유적지의 건물 J. 어디서 봐도 비대칭이다.

오늘날의 모습을 완성하다

III기에는 오늘날 우리가 보고 있는 몬떼 알반이 완성된다. 몬떼 알반의 최고 융성기며, 이후로 새로운 발전은 거의 없다. 즉, 이때를 마지막으로 도시는 외형적 발전을 멈춘다. 여기서 주의할 것이 있다. 최고 전성기인 몬떼 알반 III기 모습을 상상하기에는 지금 유적의 모습이 많이 왜곡되고 초라하다는 점이다. 유적지로 지정해 입장료를 받고 일반에 공개하는 지역은 III기의 10퍼센트에 불과하다. 즉, 당시는 지금 보는 도시보다 훨씬 넓고 컸다. 산 정상 부근만 복원해 놓아 그 외의 지역은 간과하기 쉬우니, 상상의 힘을 빌려 한층 웅장했을 도시를 생각하며 유적을 둘러보자. 그러면 피라미드로 이루어진 거대한 산과 산 아래 맞닿은 주거지 모습을 머릿속에 그릴 수 있다. 우리가 보는 것은 정상의 극히 제한적인 부분에 불과함을 잊지 말자.

IV기는 '쇠퇴' 혹은 '멸망'기다. 기원후 600년 이후 전 아메리카 대륙은 가장 융성한 시기를 지나 차차 혹은 급속도로 쇠망하기 시작한다. 몬떼 알반 역시 IV기에 들어서면서 더는 건물을 만들지 않았고 인구도 줄다가 점점 폐허로 변한다. 이런 현상이 유지되면서 600여 년간 이 도시는 사람들에게서 잊혀져 갔다.

V기에는 망각의 시기를 벗어나 도시로서 활동을 재개한다. 이런 현상 역시 아메리카 대륙 전체에서 발견되는 공통적인 특징이다. 남미에서는 잉까가 새롭게 생겨나기 시작하고, 멕시코 고원 지방에서는 메시까가 만들어지며, 마야 지역에서도 같은 시기에 후고전기 문화가 융성한다. 다만 이때의 발전이 고전기, 그러니까 몬떼 알반 III기를 능가하지는 못한다. 대단위 토목 사업이 일어나고 인구가 밀집하기는 해도 전성기에는 못미친다. 어찌 되었건 수백 년간 잠들었던 도시를 새롭게 정비하는 일은 큰 의미를 지닌다. 문물도 다시 한번 발전한다. 몬떼 알반 V기의 또 하나 특

징으로 꼽는 것이 믹스떼까적인 영향이다. 앞서 도시를 만들고 유지하던 족속이 사뽀떼까족이라면, 후고전기에는 믹스떼까와 사뽀떼까의 공조 혹은 믹스떼까가 주도권을 장악한 현상들이 나타난다. 무덤의 장신구나 형태 등에서 믹스떼까적인 요소가 강하게 나타나는 것을 볼 수 있다.

몬떼 알반의 재도약기는 오래가지 못하고, 이 도시는 다시 버려진다. 에스빠냐 침략자들이 이곳에 도착한 1500년대에는 이미 유령 도시가 되어 있었다. 역시 그 이유에 관해서는 알려진 바가 없다. 이런 연대기적 특징은 마야 지역들에서 비슷하게 나타난다는 점을 기억해 두자.

산꼭대기에 만든 고대 도시

몬떼 알반 유적은 산꼭대기에 있어 오르기가 쉽지 않다. 걸어 올라가는 것은 거의 산악 트레킹 수준이고 대중교통도 변변치 않다. 승용차

를 이용해 가파른 길을 지그재그로 돌면서 한참 올라 정상부에 도착해도 주차장이 여유롭지 못하다. 주차장 자리도 매년 바뀐다. 유적 발굴 작업이 진행되면서 주차장에서 중요한 건물의 연결선들이 계속 발견되기 때문이다. 같은 이유로 입장료를 내고 둘러보는 곳 바깥쪽에도 건물과 유구 흔적들이 발견된다.

이 지역은 워낙 덥고 햇볕이 따가워 오랜 시간 돌아보기는 어렵다. 먼저 남쪽과 중앙 광장 부근의 유적을 둘러본 뒤 매표소 건물로 돌아와 세수도 하고 정신을 차려 다시 북쪽 지역과 그 주변을 관람하기를 권한다. 나는 유적지 매표소나 박물관에서는 좀처럼 음료수를 사지 않는다. 동네 구멍가게보다도 몇 배나 비싸기 때문이다. 그러나 이곳 몬떼 알반에서는 사치스럽게 시원한 음료수를 사 마신다. 배낭 안에서 뜨듯해진 물을 마시고는 유적들을 정성스럽게 살필 의욕이 안 나기 때문이다. 그래서 시원한 음료수에 간식까지 먹고 마음을 가다듬어 유적지 바깥 지역의 진짜(?) 유적을 보는 데 시간을 투자한다.

몬떼 알반 유적지

마야 루트

오아하까

매표소를 통과해 동선을 따라 걸음을 옮기면 탁 트인 광장이 나온다. 아메리카 대륙의 고대 도시가 그렇듯 몬떼 알반 역시 남북 방향에 잘 맞추어 설계되어 있다. 남쪽과 북쪽에 각각 커다란 건물군이 하나씩 있고 중앙에 광장이 위치하며 광장 주변으로 건물들이 나열해 있다. 마치 건물들이 광장을 에워싸는 형상이다.

광장은 원래 메소아메리카 건축에 있어 가장 중요한 의미를 가진다. 많은 사람이 모이는 광장을 중심으로 건물들이 만들어졌다고 할 정도로, 광장의 기능을 살리기 위한 구조가 두드러진다. 광장에 사람들이 모여 신들에게 제사를 지내는 것이 이 도시의 가장 중요한 기능이 아닐까 하는 생각이 자연스럽게 떠오른다. 이런 상상은 이 도시를 당시의 모습으로 재현하는 데 중요한 역할을 한다. 일단 광장에 서서 주변으로 잘 정비된 건물들의 모습을 훑어보자. 이 도시는 광장에 운집한 시민들의 시각에서 만들어졌다. 내가 선 이곳이 주인공의 자리고, 도시 전체를 느끼기에 가장 좋은 포인트다.

그런데 몬떼 알반의 광장은 좀 특이하다. 다른 마야나 떼오띠우아깐과 달리 이곳 광장은 차별적 의미를 부여하고 싶었던 것 같다. 광장을 평지와 구분해 놓았기 때문이다. 즉, 평지에서 광장으로 가려면 한 단을 내려가거나 혹은 한 단을 올라간다. 지형적으로 높이 차를 두기 힘든 곳에는 낮게나마 울타리를 쳐서 외부 공간으로부터 독자성을 유지하려 했다. 각각의 건물 역시 크든 작든 독자적인 광장을 가지는데, 이들 모두에서 같은 특징을 발견할 수 있다. 몬떼 알반 사람들이 각 피라미드의 개별적인 의미와 기능을 중시했을 거라는 유추가 가능해진다. 전체를 중심으로 종속되는 일부분이 아닌, 각각이 갖는 중요성 혹은 개성 또는 기능을 강조하고 싶었던 것이다. 또한 가장 중요한 기능을 수행하는 광장이라는 공간의 폐쇄성을 실질적이건 상징적이건 유지하고 싶었다고 생각해 볼 수 있다. 즉, 특정한 제사를 지내는 공간, 각각의 신이 내려오는 공간 등 건물마다 기능을 구분해 배치함으로써, 독자성과 신비성을 강조한 것이다. 광장 한쪽 끝에는 공놀이장이 있는데 제례 의식을 목적으로 신성한 공놀이가 치러진 것으로 보인다.

중앙 광장에서 남쪽 건물군으로 이동한다. 건물 J를 지나면서는 어느 방향에서 봐도 대칭인 곳이 없는 독특한 외관을 관찰하자. 남서쪽으로 더 걸어가면 단산떼들이 눈에 들어온다. 진품은 박물관에 있고 여기 있는 것은 모조품이지만 그래도 원래 장소에서 유물을 보는 것은 분명 의미 있다. 단산떼가 놓인 이 지점이 몬떼 알반의 시발점이다. 즉, 가장 오래된 곳이다.

계속해서 동선을 따라 이동하면 남쪽 건물군에 이른다. 층층이 만들어진 이 건물은 꽤 높아 꼭대기까지 올라가기 쉽지 않다. 그러나 이곳이 몬떼 알반 탄생 중심지임을 떠올리면 그냥 지나칠 수 없다. 중간중간 무너져 내린 돌무더기 사이로 그 안을 어떻게 메우며 건물을 만들었는지 관찰하면서 마침내 정상에 오르면 오아하까 지역이 한눈에 들어온다.

이곳에서는 몬떼 알반의 지정학적 중요성을 확인하는 것이 필수다. 산악 지형이 장관을 이루는 가운데 오아하까가 교통의 요지임을 단박에 알 수 있다. 동서남북으로 네 개의 자연 통로가 뚜렷이 보인다. 서북쪽은 메시코시티로 통하는 길이다. 몬떼 알반 전성기에 이 길을 통해 떼오띠우아깐과 빈번한 왕래가 있었다. 남쪽 길은 마야와 통한다. 과테말라와 엘살바도르 같은 태평양 연안 저지대 마야의 특산물과 문화가 여기를 통하지 않고서는 멕시코 고원 지방으로 갈 수 없었을 것이다. 북쪽은 멕시코만으로 향하는 길이다. 작고 큰 구릉들 사이로 확연히 길이 구분된다. 유까딴과 메소아메리카 여섯 개 문명군 가운데 하나인 골포 데 메히꼬^{Golfo de México} 문화가 이쪽을 통해 내륙과 교통했다. 남쪽으로는 태평양이 지척이다. 직선거리로 약 200킬로미터지만 큰 땅덩어리를 가진 사람들에게는 '지척' 수준이다. 이곳의 해발 고도는 2,000미터가 조금 안 된다. 우리나라의 한라산 정도다. 아래로 보이는 오아하까 시내의 해발고도는 1,500미터다. 그러니까 해안 지방에서 발달한 문명과 특산물들이 중앙 고원 지방으로 가는, 또 고원 지방의 것들이 해안 지방으로 퍼지는 중간 기착지 혹은 목적지로서 몬떼 알반의 지정학적인 중요성을 확인할 수 있다.

남쪽 건물군에서 내려와 북쪽 건물군으로 향한다. 중간중간 건물들이 각기 독자적인 광장을 가진 사실을 확인하는 것도 잊지 말자. 특히 북쪽 건물군을 바라보고 좌측에 위치한 건물들에서 그런 현상이 더 뚜

교통 요충지로 기능한 오아하까 전경

렷하다.

북쪽 건물군에 도착하면 당혹스럽다. 또 다시 계단을 올라야 하니 말이다. 남쪽 건물군 계단의 반도 안 되지만, 이미 더위에 지쳐 있을 즈음이다. 멕시코 고대 문명을 보려면 미리 체력을 단련해 놓기를 강추한다. 섭씨 30~40도가 넘는 더위에 햇볕을 피할 곳도 마땅치 않아 여간 고역이 아니다. 흐린 날도 별로 없고, 주변 야산의 나무들은 대개 선인장이다. 구름 낀 날도 기대하지 말자. 반사막 기후상 그런 요행을 만나기가 쉽지 않다. 그러니 북쪽 건물군을 올라서, 아니면 중간 계단에서 잠시 쉬어 가자. 이곳은 견학 온 학생들을 앞혀 설명하고 듣는 곳이니 전경도 나쁘지 않다.

복잡하게 얽힌 북쪽 건물군에서는 미로 같은 건물 구조를 유심히 살피자. 지금이야 대부분 노출되어 있지만, 지붕과 벽이 온전했다면 미로의 신비함과 은밀함이 한층 컸을 것이다. 각 방과 건물은 여러 다른 신에게 제사를 지내고, 제사 물건을 넣어 두고, 제사장이 기거하거나 제사를 앞두고 금식하는 곳, 제사 물건을 만드는 장소였다.

몬떼 알반의 황금 보물

북쪽 건물군 뒤에는 고분들로 통하는 길이 있다. 5~10분 정도 걸으면 104호 고분이, 거기에서 동쪽으로 가면 그 유명한 7호 고분Tumba 7이 나온다. 이곳에서 그야말로 황금 유물이 대거 쏟아져 나왔으니 명성을 얻을 만도 하다. 물론 유물들은 모두 멕시코 국립중앙박물관에 있다. 메소아메리카 무덤은 동서양 무덤에 비해 상대적으로 작다. 엄청난 무덤을 상상했다면 그 규모에 실망한다. 크고 화려하고 비싼 것이 위대하고 아름답다는 생각을 버리지 않으면 아메리카 대륙의 고대 문명을 이해할 때 어리둥절해지기 십상이다.

마야 루트

오아하까

7호 고분에서는 금은 세공품이 다량 발견되었는데 당시의 화려한 모습을 짐작하게 해 준다. 특히 이곳의 금은 세공품은 메소아메리카 사람들이 금속을 다루는 기술이 상당했음을 보여 준다. 금속에 대한

| 7호 고분 주변의 무덤

이해와 기술이 없어서 청동기 문화와 철기 문화가 발전하지 못한 것이 아니라, 무기와 농기구가 중심인 서양의 금속 문화를 발전시키지 않은 것뿐이다. 그들은 고도의 금은 세공술을 이용해 무기와 농기구 대신 아름다운 장신구를 만드는 데 정성을 쏟았다. 기술적인 완성도도 높았다. 농기구를 만들지 않은 것은 당시에 가지고 있던 도구로도 충분히 수확이 가능했기 때문일 수 있다. 서양에 비해 노동력 대비 식량 생산 효율성이 월등히 높은 사실이 이를 뒷받침한다. 이들이 무기를 만들지 않은 이유에 관해서는 나중에 마야를 이야기할 때 본격적으로 파헤쳐 보겠다.

7호 고분은 1932년 1월 9일, 멕시코 고고학자 알폰소 까소 Alfonso Caso 에 의해 발견되었다. 고분 안에는 아메리카 대륙에서 가장 값나가는 금은보화가 가득했다. 알폰소 까소가 전등을 들고 겨우 무덤 안에 들어가 처음 보물을 발견한 기록을 보면 영화 '인디아나 존스'의 장면이 떠오른다. 그런데 이 발견도 우연이었다. 원래 이 지역은 도굴범들에 의해 대부분의 고분이 파헤쳐지고 약탈당했다. 공식적으로 발견된 것

의 수배 혹은 수십 배 되는 값비싼 유물들이 어둠의 경로를 통해 개인 수집가의 안방과 그들의 사설 박물관에 전시되고 있다. 그런 가운데 7호 고분은 도굴범의 손을 피한 거의 유일한 고분이다.

울타리 밖으로

이제 유적지 주변에 관심을 기울여 보자. 울타리 밖은 복원 작업이 안 되었거나 덜 되었기 때문에 무너진 원형을 더 잘 볼 수 있다. 지형에 주의하면서 주변을 둘러보면 벽의 일부분이나 집터 등의 흔적을 발견할 수 있다. 그냥 보면 그저 높거나 낮은 땅으로 보인다. 1,000년이 넘는 세월을 통과했으니 옛 피라미드가 흙더미처럼 보이는 것이 당연하다. 그렇게 부분적인 구조물을 주변의 큰 구조물들과 연결시켜 윤곽을 유추해 보면, 도시 전체 구조가 더 선명하게 드러나면서 유적지를 보는 눈이 한층 넓어진다. 몬떼 알반이 세워진 당시에는 매표소도 없었고 유적지를 구분하는 담장이나 철조망도 없었다. 그러니 우리가 상상 속에서 담장을 헐어 내고 당시의 자연스러운 모습을 조망해야 한다.

관람을 마치고 오아하까 시내로 돌아갈 때는 몬떼 알반 산을 걸어 내려가는 것도 좋다. 생각보다 멀지 않다. 정상부터 시내 인가가 시작되는 곳까지 3킬로미터 정도다. 올라올 때는 차를 타야 이 더위에 유적을 볼 힘을 소진하지 않지만, 힘이 좀 남았다면 걸어 내려가기를 권한다. 차를 타고 갈 때와 걸어갈 때 보이는 것은 완전히 다르다. 그렇게 걸어 내려오면서 당시 사람들의 생활과 이곳에 도시를 만든 의미 등을 느껴 보자. 사람들이 물동이를 머리에 이고 이곳을 오르내렸을 것이다. 그들이 종교적인 열망을 안고 수없이 이 길을 밟은 결과가 오늘날 우리가 보는 몬떼 알반의 모습이다. 그런데 이런 정도의 의미 부여로 걸어 내려가라고 설득하기는

마야 루트
오아하까

좀 무안하다. 내가 여기를 걸어 내려오는 이유는 사실 다른 데 있다. 몬떼 알반 산의 중간 정도, 그러니까 20~30분 정도 걸어 내려오면 서서히 산 아래의 주거 지역이 가까워진다. 전형적인 멕시코 빈민들의 삶이 적나라하게 드러난다. 판자촌, 하꼬방 등 한국의 1960~70년대 빈민촌 모습이다. 물도 없고 화장실도 없는 곳에 나무와 벽돌로 얼기설기 집을 지었다. 이곳에 사는 사람 중 백인은 없다. 극단적으로 '없다'고 말하면 오류일 수 있겠지만, 백인이 존재하기가 힘들다. 이곳 사람들은 모두 원주민이거나 그들과 피를 섞은 메스티소Mestizo다. 오아하까 지역은 원주민 문화의 터전이고 지금도 인디오 문화가 강하게 남아 있다. 때문에 이 땅의 주인이던 사람들, 몬떼 알반을 만든 이들의 후예가 어떻게 살고 있는지를 타박타박 걸어 내려오며 확인하는 것이다. 다 내려오면 오아하까 시내로 가는 버스 정류장이 나온다. 외국인을 신기하게 쳐다보는 현지인들의 눈길을 받으며 그들과 버스에 동승하는 것도 괜찮은 경험이다. 아니면 적당히 걸어 내려오다가 히치하이킹을 할 수도 있다. 한국인 모습(?)을 하고 있으면 크게 경계하지 않고 잘 태워 준다. 특히 커브가 많은 길이라 속도를 내기 어려우니 차를 세우기도 편하다. 말만 잘하면 오아하까 시내까지 데려다주기도 한다.

몬떼 알반에서 내려올 때 보이는 빈민촌

더 가 볼 곳

중앙 광장과 주변

오아하까 시내의 중앙 광장은 고대부터 오늘날까지의 기고한 시간을 마술 같은 분위기로 연출한다. 수백 년 동안 같은 모습이었을 것 같은 아저씨가 오르골을 돌리고, 구두닦이 소년과 원주민 노점상의 모습도 기묘하게 교차한다. 내가 오아하까 시내를 처음 갔을 때가 1992년이다. 굵은 철사를 구부려 만든 퍼즐 Rompecabezas de Alambre이 흥미로워 한참을 구경했는데, 이후 몇 번 더 방문할 때도 같은 장소에서 같은 물건을 팔고 있어 신기했다. 여기가 현실 세계인지 꿈속인지 헛갈릴 만큼 이 도시는 나의 20년 세월을 꿀꺽 삼킨 듯했다.

멕시코의 여느 중앙 광장과 마찬가지로 벤치와 나무와 동상을 갖춘 소깔로가 광장 한가운데 자리하고 있다. 벤치에 앉아 광장을 가득 메운 사람들을 구경하는 것도 재미다. 오후에는 광장 중앙의 프랑스식 누각에서 이 지방 전통 음악이 흘러나와 특유의 분위기를 자아낸다. 주말 저녁에는 음악에 맞춰 할머니 할아버지들이 춤추는 모습도 정겹다.

오아하까 시내 중앙 광장

마야 루트

오아하까

중앙 광장에서 수십 년째 철사 퍼즐을 파는 상인

이 중앙 광장은 주변에 중요한 볼거리를 품고 있다. 17~18세기의 근엄하고 견고한 대성당과 신고전주의 양식의 정부 청사Palacio de Gobierno, 16세기에 두 번째로 오아하까에 도착한 예수회 사제들이 학교와 사원을 겸해 지은 예수회교회Iglesia de la Compañia de Jesús, 오아하까에서 가장 먼저 지어진 산 후안 데 디오스 교회Iglesia de San Juan de Dios 등이 광장을 조화롭게 둘러싸고 있다. 규모가 매우 큰 베니또 후아레스 시장Mercado Benito Juárez도 있는데, 다양한 야채와 과일은 물론이고 애벌레가 들어간 선인장 술인 떼낄라Tequila와 메스깔Mezcal도 판다. 몰레Mole 같은 오아하까 전통 음식과 각 지방의 전통 복장, 도자기, 가죽, 수공예품도 만날 수 있다.

산또 도밍고 성당
소깔로 광장에서 북쪽으로 사람들이 제일 많이 다니는 길을 따라 700미터 가면 산또 도밍고 성당Templo de Santo Domingo de Guzmán이 나온다. 이 성당을 칭송하는 말을 하도 들어서 얼마나 대단한지 한번 보자는 마음으로 방문했다. 밖에서 볼 때만 해도 '그럼 그렇지' 했다가 실내에 들어서면서 입이 딱 벌어졌다.
산또 도밍고 성당은 유네스코 세계 문화유산에 등재되어 있다. 16세기 초부터 17세기 말에 걸쳐 지었고 건축적으로는 바로크 양식과 르네상스 양식 등이 혼재한다. 내부는 석고 세공 작품들을 금박으로 장식해 화려함의 극치를 이룬다. 현대

산또 도밍고 성당

에 들어 만들어진 두 개의 상을 제외하고는 모두 17, 18세기 작품들이다. 중앙 제단의 화려한 장식을 눈여겨보자. 오른쪽의 로사리오 예배 공간도 석고 세공 작품들이 눈에 띈다. 둥근 천장에는 12사도에게 둘러싸인 로사리오 성녀 Virgen del Rosario 장식이 절정을 이룬다.

베니또 후아레스의 집
산또 도밍고 성당에서 서쪽으로 한 블록 떨어진 곳에 베니또 후아레스가 청년 시절에 살던 집을 박물관으로 단장해 일반에 개방하고 있다. 베니또 후아레스는 멕시코에서 워낙 유명한 인물이라 초등학교 운동장 동상의 단골 소재다. 그 명성에 걸맞게 그가 살던 집 역시 유명 관광지가 되었다. 박물관 안에는 집안 물건들과 자료들, 흥미로운 사진들을 전시해 놓았다.
오아하까 시내 중심지는 넓지 않다. 충분히 걸어 다닐 만하고 주변 상가도 활성화되어 있다. 외국인 관광객과 현지 관광객이 적당히 섞여 막무가내식 바가지요금도 덜하다. 지방색이 강한 다양한 민예품과 생활용품을 판매하고 아트 갤러리도 많다. 이 거리를 걷기 위해서라도 오아하까 시내에 간다고 하니, 수백 년간 마차들이 지나다녔고 지금은 보행자 도로가 된 돌 깔린 거리를 걸으며 오아하까 특유의 분위기를 즐겨 보자.

4일 뚝스뜰라 구띠에레스
Tuxtla Gutiérrez

이동	오아하까에서 550킬로미터 거리, 10시간 소요
주요 볼 곳	치아빠 데 꼬르소 까논 델 수미데로
자고 먹을 곳	뚝스뜰라에 현대식 숙박 시설이 있다. 치아빠 데 꼬르소 근처의 중형 숙소들을 이용해도 된다.

남국을 지나는 배고픈 사람들

오아하까에서 이곳까지는 550킬로미터 거리다. 해발 고도가 1,500미터를 넘는 고원에서 0인 해안가까지 내려왔다가 다시 2,000미터 고원으로 이어진다. 그야말로 냉탕에서 온탕을 거쳐 다시 냉탕으로 들어가는 기분이다. 중간 기착지는 해안가에 가까운 떼우안떼뻭^{Tehuantepec}이나 살리나 끄루스^{Salina Cruz}로, 이 근처에서 쉬어 가면 좋다. 떼우안떼뻭의 시외버스 정거장을 지날 때면 어김없이 옛 기억이 떠오른다.

처음 이곳을 여행했던 1992년 무렵이다. 경비를 아끼려고 소형 중고차를 사서 동행 둘과 짐을 잔뜩 실었다. 떼우안떼뻭에 도착하니 한밤중이라 길가에 차를 세우고 차박을 하기로 했다. 작은 차에 세 명이 자려니 불편하기 짝이 없었다. 그런데 더 고통스러운 것은 더위였다. 차 문을 열면 모기가 달려들어 내 피의 반은 빨아 갈 기세라, 40도가 넘는 더위에 차 문을 닫고 자는 수밖에 없었다. 곧 또 다른 괴로움이 밀려왔다. 새벽이 되면서 추워지기 시작한 것이다. 남국 여행이라 변변한 긴팔 하나 없었다. 도저히 못 견디겠어서 옷이란 옷은 다 껴입고 잠을 청했다. 그런데도 추웠다. 기온은 20도로 그리 낮지 않은데도 살을 에는 듯한 느낌이었다. 끝내는 바닥에 깔린 차량 매트까지 걷어 덮었다. 10년도 더 된 매트에서 나는 냄새며 까칠까칠한 느낌이 아직도 잊히지 않는다.

나중에 알았지만 떼우안떼뻭과 주변 도시들에서 우리처럼 자는 사람이 많았다. 이곳은 멕시코 아래의 과테말라나 엘살바도르, 온두라스 등에서 아메리칸 드림을 좇아 미국으로 불법 입국하는 사람들의 경유지다. 아메리칸 드림을 꿈꾸는 그들 역시 이곳에서 새우잠을 자며 더위와 추위를 견뎠을 것이다. 미국 국경을 넘는 것도 어렵지만 멕시코 국경을 넘는 것도 결코 수월하지 않다. 부정부패가 심한 멕시코 경찰한테 걸리면 경찰이 치한으로 돌변해 강도 강간을 일삼는 일도 허다하다. 그러나 이 행렬은 가난으로 굶어 죽는 현실이 존재하는 한 없어지지 않을 것이고, 지금도 계속되고 있다.

미국에서 연구년을 보낼 때 같은 집을 썼던 하우스메이트의 애인 '엘라'는 엘살바도르 출신이었다. 엘살바도르에서 국경을 넘어 과테말라로, 다시 국경을 넘어 멕시코로, 6개월간 멕시코에서 지내다 마침내 미국 국경을 넘는 데 성공한 그녀는 7년째 미국에서 생활하고 있었다. 그동안 단 한 번도 엘살바도르에 가지 못했다. 출국하면 다시 돌아올 수 없으니 말이다. 몇 년 더 있으면 영주권이 나올 것 같다고 했

마야 루트

뚝스뜰라
구띠에레스

다. 그러고는 어두운 표정을 지었다. 자신을 마야 원주민이라고 말하던 그녀는 올해는 부모님에게 옷을 못 보냈다고 했다. 비용이 600달러나 든다는 것이었다. 가끔 SNS를 통해 잘 지내는 그녀를 보면 떼우안떼뻭이 떠오르곤 한다.

치아빠스 주 최초의 도시, 치아빠 데 꼬르소

뚝스뜰라 구띠에레스Tuxtla Gutiérrez는 치아빠스 주도지만 멕시코의 주요 도

차아빠 데 꼬르소

시들에 비해 역사가 깊지 않다. 치아빠스의 최초 도시는 치아빠 데 꼬르소^{Chiapa de Corzo}이고, 식민지 시대에는 산 끄리스또발 데 라스 까사스^{San Cristóbal de Las Casas}가 중심이었다. 이 전통 도시들이 현대 도시로 기능하기는 한계가 있어 뚝스뜰라 구띠에레스로 주도를 옮긴 것이다. 여기서 꼭 가 볼 곳은 치아빠 데 꼬르소와 까뇬 델 수미데로다.

사실 치아빠 데 꼬르소를 처음 방문했을 때는 적잖이 실망했다. 중앙 광장에는 희한하게 생긴 무데하르^{Mudéjar} 분수대 외에 볼 게 없었다. 도시 규모에 어울리지 않게 큰 광장을 한 번 걷고 싱겁게 도시 투어가 끝났다. 그런데 묘하게도 시간이 지나면서 이 광장과 생뚱맞은 아랍풍 분수대가 정겨워지더니 이제는 가장 좋아하는 장소 중 하나가 되었다. 특히 식민지 시대 지방 중심지 전형을 이야기할 때 제일 먼저 떠오른다. 한때 이름을 날렸던 도시가 이제는 시간이 정지한 듯한 고

마야 루트

뚝스뜰라
구띠에레스

아랍풍의 무데하르 분수

요함으로 나와 단둘이 대화를 나누는 느낌이다. 광장을 지나는 사람은 시골 원주민 아저씨와 아주머니 혹은 손주를 데리고 나온 할아버지 정도다. 장사꾼도 없고 주차 금지 표지판도 없으며, 대형 국기가 휘날리는 장엄함도 없다.

그렇다고 이곳 건축물이 보잘것없지는 않다. 무데하르 분수대에서 '무데하르'는 에스빠냐에서 발달한 아랍풍 양식을 일컫는다. 알함브라 궁전이 무데하르 양식의 전형이며, 꼬르도바, 세비야, 그라나다 같은 에스빠냐 남부 도시들이 무데하르 양식을 잘 보여 준다. 유럽 중세에는 아랍의 건축, 과학, 예술, 기술이 당대 최고를 의미했다. 그러니 치아빠 데 꼬르소에 무데하르 양식 분수대가 있다는 사실은 당시 이 도시가 얼마나 중요했는지 증명한다. 도시 이름도 마찬가지다. 공식적으로는 치아빠 데 꼬르소지만 이곳 사람들은 그냥 '치아빠스'라고 부른다. 치아빠스는 주변 지역들을 포괄하는 주 이름으로, 이 작은 도시가 지역을 대표하는 것이다.

1,000미터 높이의 수미데로 협곡

광장 한 켠에는 까뇬 델 수미데로로 가는 유람선 선착장이 있다. 말이 유람선이지 10여 명이 타는 평범한 배다. 뚝스뜰라 시내에서 오다 보면 '선착장 Embarcadero'이라고 쓰인 간판이 여럿 보이지만, 모두 무시하고 치아빠 데 꼬르소 읍내로 들어와 광장 끝의 선착장을 이용하

| 수미데로 선착장

마야 루트

똑스뜰라
구띠에레스

자. 이 선착장은 식민지 시대부터 자리를 지켜 왔다. 식민지 시대 유럽과 아메리카 대륙을 오가는 주요 항로는 에스빠냐의 세비야, 까디스, 쿠바를 연결하는 뱃길이었다. 그리고 다시 쿠바에서 아메리카 대륙의 베라끄루스로 오는 길이 가장 왕래가 많았다. 그 중간에 그리할바 강$^{Río\ Grijalva}$ 입구를 지나는데, 이때 쿠바에서 오는 문물이 치아빠 데 꼬르소로 들어왔다. 그러니 역사가 켜켜이 쌓인 선착장에서 과거를 상상해 보면 의미 있지 않겠는가. '꼴렉띠보^{Colectivo}'라고 불리는 저렴한 대중교통 수단인 배도 이곳에서 출발한다.

흔히 '까뇬 델 수미데로$^{Cañón\ del\ Sumidero}$'라고 불리는 수미데로 협곡은 그야말로 장관이다. 배에서 협곡의 가장 높은 지점까지 1,000미터 넘는 곳도 있다. 유람선 투어로 왕복 두 시간이면 이곳을 관람할 수 있다. 지질학적으로 1,200만 년 전 이곳에 거대한 균열이 생기고 그 사이로 그리할바 강이 흐르는 지금의 모습이 되었다고 추정한다. 협곡 끝부분에는 1931년에 지은 댐이 있다.

까뇬 델 수미데로에는 우리나라의 낙화암 전설과 비슷한 이야기가 전해 온다. 에스빠냐 침략자들에 맞서 싸우던 마야 사람들이 끝까지 항전하다 협곡 정상에서 아래로 몸을 던져 죽고 말았다는 내용이다. 역사적 사실로 확인된 바 없으나 이곳 사람들은 그렇게 믿는다. 서양 사람들을 침략자로, 원주민들을 피해자로 여기는 정서가 이런 전설을 끊임없이 유지하고 재생시키는 것이다.

까논 델 수미데로

5일 | 산 끄리스또발 데 라스 까사스
San Cristóbal de las Casas

이동	치아빠 데 꼬르소에서 50킬로미터 거리, 1시간 소요
주요 볼 곳	시장 산또 도밍고 성당
자고 먹을 곳	산 끄리스또발

500년 식민지 시대의 증거

산 끄리스또발^{San Cristóbal}은 마야 원주민의 애환이 느껴지는 곳이다. 에스빠냐의 정복 이래 이 땅의 주인이던 사람들이 졸지에 모든 것을 빼앗기고 죽임 당한 과거가 그대로 이어져 오늘날 가장 못사는 도시로 전락했다. 그에 대한 반동으로 무장 투쟁이 이어지고 있다.

이 도시의 정식 명칭인 산 끄리스또발 데 라스 까사스^{San Cristóbal de las Casas}는 '바르똘로메 데 라스 까사스^{Bartolomé de las Casas}'라는 신부의 이름에서 따왔다. 이 땅을 정복한 에스빠냐 사람들은 원주민을 교화하고 문명을 전한다는 명분을 내세웠지만 실제로는 원주민을 착취해 자신들의 이익을 극대화하는 데 열을 올렸다. 욕심을 채우기 위해 원주민을 죽이는 일도 서슴지 않았다. 원주민들은 동물보다 못한 존재로 취급받았다. 원주민 노예 한 명 값이 말 한 마리 값보다 훨씬 쌌으니 말이다. 노예 노동력으로 만들어진 부는 소수 백인 지배자들이 차지했다. 100년이 안 되는 기간에 원

| 원주민의 도시 산 끄리스또발 풍경

주민의 절대 다수가 죽어 나갔다. 이런 현실을 방조하고 조장하거나 묵과한 이들이 바로 종교의 허울을 쓴 사제였다. 대부분의 사제가 원주민을 동물처럼 부려먹으며 유럽인들의 배를 불리는 데 적극 협력했다. 그러나 모두가 그런 것은 아니었다. 현실을 고발하고 비판한 양심 있는 사제들도 있었다. 대표적인 사람이 바르똘로메 데 라스 까사스 신부다. 그는 원주민들을 착취하고 죽이는 부당한 현실을 에스빠냐 정부에 고발하고 시정을 요구했다. 원주민들을 동물 취급하는 사제들과 공개적으로 논쟁하기를 두려워하지 않았으며, 원주민들과 서양 사람들이 동등하게 살아가는 마을을 건설하는 등 그야말로 원주민을 위해 헌신했다. 그가 활동한 중심지가 바로 이곳 산 끄리스또발이다. 그래서 그의 이름을 따고 성스러운 그리스도 이름까지 넣어 이 도시 이름을 산 끄리스또발 데 라스 까사스로 지었다.

그러나 까사스 신부의 노력이 무색하게 이곳 원주민들의 빈곤은 500년이 지나도록 조금도 나아지지 않았다. 특히 1980년대 이후 신자유주의 경제 정책이 강화되고 미국과 자유 무역 협정이 체결되면서 멕시코의 빈부 격차는 더욱 커졌다. 이곳 치아빠스 주는 멕시코 32개 주 가운데 마야 원주민 비중이 가장 높은 동시에 문맹률이 가장 높고 유아 사망률 또한 높다. 이와 대조적으로 대농장을 가진 부자들의 경비행기와 개인 비행장 숫자가 멕시코 주에서 가장 많기도 하다. 한마디로 극한의 대조를 보이는 것이다.

이런 현실은 결국 폭력이라는 방식으로 돌파구를 찾게 된다. 멕시코가 캐나다와 미국과 체결한 북미 자유 무역 협정 NAFTA

| 사빠따 민족 해방군 인형

이 발효되는 첫날인 1994년 1월 1일, 마야 원주민들은 그들의 권리를 주장하며 무장봉기를 일으킨다. 바로 '사빠따 민족 해방군^{Ejército Zapatista de Liberación Nacional}'이다. 봉기 첫날, 해방군이 점령한 치아빠스 주의 주요 도시 중에 산 끄리스또발이 있었다. 500년간 이어진 원주민 착취와 그에 저항하는 투쟁의 역사가 고스란히 살아 있는 곳이 산 끄리스또발이다. 이곳의 민예품 시장에는 원주민들이 만든 사빠따 민족 해방군 인형을 진열해 놓고 판다.

시장에서 만나는 마야 원주민 문화

산 끄리스또발은 원주민 문화의 성지다. 특히 마야 전통 의상을 박물관이 아닌 길거리에서 볼 수 있다. 아침 일찍 일어나 시장에 나가 보면 마야의 특징인 화려한 원색 옷을 입은 원주민들이 바쁘게 지나다닌다. 이 도시는 적도에서 가깝지만 해발 고도가 2,100미터에 달해 평균 기온 20도로 선선한 편이다. 더군다나 일교차가 커 아침저녁으로는 두툼한 코트가 필수다. 그러다 보니 마야의 다른 지역보다 긴팔, 재킷, 망토를 비롯해 옷이 많고 다양하다. 산 끄리스또발이 원주민 마을의 중심지인 데다가 마야 사람들은 마을마다 독창적인 성격을 가지고 있어 옷도 색상이나 형태에 차이를 보인다. 즉, 사람들이 입은 옷은 개인의 취향이 아니라 부족의 특징을 따른 것이다. 처음에는 이들이 입은 옷이 거기서 거기 같았지만 관심을 가지고 자세히 살펴보니 이런저런 부족을 구분해 보는 재미가 있었다. 쩰딸^{Tzeltal}족과 또홀라발^{Tojolabal}족 남성은 검고 두꺼운 천을 조끼처럼 두른 것이 특징이다. 멕시코 원주민 남성은 전통 의상을 안 입는 경우가 많은데 이곳 산 끄리스또발 남성은 상대적으로 전통 의상을 많이 입고 다닌다. 가끔 또홀라발 남성은 고깔모자같이 생긴 둥근 모자를 쓰기도 한다.

마야 루트

산 끄리스또발
데 라스 까사스

원래 모자까지 갖추어 써야 또홀라발 남성의 전통 의상이 완성되는데 이곳은 도회지라 그런 사람이 드물다. 이렇게 남성도 전통적인 복장을 즐기는 것은 기후의 영향이 크다. 물론 이곳이 전통에 강한 애정을 가진 점도 무시할 수 없다. 반면 더운 저지대에 사는 마야 사람들은 대부분 간단히 현대식 반팔을 입고, 여성들은 하얀색 천에 갖가지 색으로 수놓은 원피스를 입는다. 쩰딸 여성은 보통 검은색 치마를 많이 입고 위에는 화려한 꽃과 기하학적 문양이 들어간 블라우스를 입는 것이 특징이다.

마야 전통 의상

쏘칠 Tzotzil 족 여성은 파란색 블라우스로 대표된다. 쏘칠족이 많이 사는 차물라 Chamula 마을 성당 입구의 파란 아치 장식과 부족 여성들의 옷 색깔이 같다. 파란색으로 정체성을 표현하는 것이다. 과테말라에 사는 마야 원주민을 구분하기는 더욱 쉽다. 부족마다 형태와 색깔이 다른 모자를 쓴다. 마치 머리에 쓴 신분증 같다. 먼 남미의 페루 잉까 원주민 역시 모자로 부족을 뚜렷이 구분할 수 있다. 모자는 안데스산맥 근처에 사는 원주민 의상을 대표한다.

이러니 산 끄리스또발에 와서 원주민마다 옷을 구분하며 보는 것이 여간 재미있지 않다. 보통 같은 의상을 입은 부족 사람들이 함께 다니는 경우가 많아 유심히 보면 그 특징들이 확연히 눈

에 들어온다. 용기가 나면 어디에서 왔냐고 묻기도 한다. 수줍어하며 도망가는 사람도 있고, 신기한 듯 나를 관찰하며 답해 주기도 한다. 사진 촬영은 어렵다. 잘 찍지 않으려 할 뿐더러 대부분 돈을 요구한다. 한 번 찍는 데 1달러였는데 요즘엔 2~3달러씩 요구하는 사람도 간혹 있다. '1달러가 누구 집 애 이름인 줄 아나.' 구걸하는 아이들이나 민예품 파는 상인들의 '원 달러' 소리가 지긋지긋해 나도 모르게 투덜거린다. 의미가 어떻고 가난이 어떻고 해도 역시 내 돈 아까운 건 어쩔 수 없는 모양이다.

민예품을 보며 드는 복잡한 생각들

산 끄리스또발에서 빼놓을 수 없는 또 다른 재미는 민예품 구경이다. 중앙 광장에서 북쪽으로 400미터 정도 떨어진 산또 도밍고 성당 Iglesia de Santo Domingo 주변이 유명한데, 산지에서 물건을 팔러 온 원주민들이 모이는 규모가 큰 시장이다. 사방에서 토착어로 떠드는 소리가 시끄럽다. 그도 그럴 것이 이 시장이 만남의 장소 기능도 하기 때문이다. 평일에도 장이 서지만, 토요일에는 주변 길목까지 약초, 향신료, 꽃, 옷 등을 파는 상인들로 발 디딜 틈이 없다. 민예품은 얼핏 다 같아 보여도 조금씩 다르다. 모두 손으로 만든 것이다. 물론 몇 가지 예외를 빼고 말이다. 기본적인 문양과 형태, 재료는 비슷해도 하나하나 손으로 만들다 보니 같은 것이 있을 수 없다. 자세히 보면 그들의 감정이 느껴지는 재미난 물건들도 눈에 띈다. 진짜 손으로 만들었는지 아닌지 의심할 필요는 없다. 당연히 수공이다. 기계로 만드는 것보다 손으로 만드는 것이 더 싼 경우가 많다. 기가 막힐 노릇이다. 그러나 문맹률도 유아 사망률도 높은, 한마디로 굶어 죽는 사람이 많으니 다만 몇 푼이라도 벌 수 있다면 노동을 마다하지 않는다.

사정이 이렇다 보니 이들의 경제관념, 원가 계산법이 참으로 특이하다.

마야 루트

산 끄리스또발 데 라스 까사스

우리가 실과 바늘을 활용해 옷을 하나 만들었다고 가정하자. 그 옷의 원가는 얼마겠는가? 실과 바늘을 사는 데 1,000원이 들었다고 해서 원가가 1,000원일 수 없다. 그런데 이곳 원주민이 계산한 원가는 1,000원이다. 수를 놓는 데 들어간 시간과 노력, 시내까지 운반하는 비용, 실을 물들이기 위해 산에서 열매를 따 온 노력과 시간 등은 원가의 고려 대상이 아니다. 하루 종일 만든 옷 다섯 벌을 머리에 이고 나가 한 벌에 1,200원씩 총 6,000원을 벌었다면, 재료비 5,000원을 빼고 남은 1,000원으로 끼니를 해결한다. 그들에게 이런 원가 계산 방식을 들으니 기가 막혔다. 아니, 처음에는 이해가 안 돼서 다시 묻고 엉터리로 말해 주는 것 같아 다른 사람들에게도 물었다. 하지만 그것이 현실이었다.

한편 이렇게 만들어진 민예품의 유통 경로를 보면 더욱 기가 막힌다. 여기서 파는 민예품은 원산지에 따라 멕시코산과 과테말라산으로 나뉜다. 산 끄리스또발은 민예품 유통의 중심지이기 때문에 주변 지역에서 만든 물건들이 모두 이곳에 모인다. 중간 도매상들은 우리가 시장에서 사는 가격의 1/3도 안 되는 가격에 민예품을 대량으로 구매한다. 그중 일정량은 다른 대도시 상점 등에 납품하고 나머지는 이곳 민예품 시장에 나온다. 중간 도매상들의 유통 마진은 50퍼센트 이상이 보통이다. 그러니 이들은 그 동네의 갑부라고 생각해도 틀리지 않다. 물론 갑부도 갑부 나름이지만 말이다. 또 다른 생산지로 과테말라를 들었는데, 그렇게 먼 곳에서 물건이 공급되는 이유는 간단하다. 과테말라의 원료비와 인건비가 이곳보다 훨씬 싸기 때문이다. 그나마 멕시코는 형편이 낫다고 할 정도로 과테말라 원주민의 경제 상황은 더욱 열악하다. 적게 벌어도 열심히 일할 수밖에 없다. 굶어 죽지 않으려면 다른 방법이 없지 않나. 몇몇 경제 지표를 보면 멕시코와 과테말

| 원주민들이 손으로 제작한 민예품들

라는 우리나라와 미얀마 정도로 차이가 심하다. 중남미 나라는 다 거기서 거기라고 생각하는데, 이는 같은 아시아라고 미얀마와 한국을 비슷하게 생각하는 것과 같다. 최소한 경제적인 문제에 있어서 멕시코와 과테말라는 차이가 심하다. 그 증거가 산 끄리스또발에서 보는 마야 민예품의 유통 구조다.

멕시코 것이건 과테말라 것이건, 혹은 원가에 몇 배를 붙이건 간에 이것들이 수공예품이라고 전제했을 때 그 가격은 우리가 상상하는 것보다 훨씬 싸다. 멕시코 원주민들의 싼 인건비와 그보다 더 싼 과테말라 원주민의 인건비의 경악스러움은 시작에 불과하다. 우리 여정에 만나게 될 이 땅의 현실은 '멀리 있는 하느님'만큼이나 정의와 떨어져 있는 건 아닌가 싶다.

사빠따 민족 해방군 봉기하던 날

경제 사정이 이러니 문제가 없을 수 없다. 그 결과가 1994년에 등장한 사빠따 민족 해방군이다. 굶어 죽는 원주민 옆에 개인 비행기를 타고 주말여행을 다니는 부자가 나란히 존재하는 현실이 무장 투쟁으로 돌출되고 말았다. 사실 치아빠스 주, 특히 이곳 산 끄리스또발은 반골 전통이 강하다. 앞에 언급한 바르똘로메 데 라스 까사스 신부는 남미 해방 신학의 선구자로 일컬어진다. 이때부터 제도권 혹은 비제도권의 강력한 비판 전통이 꾸준히 이어져 왔다. 이런 저항으로 말하자면 산 끄리스또발과 그 주변에 유명한 부족이 많다. 반란이 많이 일어났고 기회가 있을 때마다 외국인이나 정부 관료들을 폭행해 예의주시할 곳으로 꼽힌다. 차물라 마을에는 자율 방범대원들이 몽둥이를 들고 성당과 광장을 지키고 있다. 외국인들이 마을과 성당 등에서 무례한 행동을 하거나 사진 찍는 것을 방지하기 위해서다. 실제로 분쟁도 있었다. 선교를 다니던 외국인이 살해되기도 했고, 구타당하는 사례도 빈번하다. 이런 전통은 식민지 시대부터 이어 온 저항적인 기질에서 비롯된다.

1994년 1월 1일은 사빠따 민족 해방군이 치아빠스 주의 주요 도시 일곱 군데를 점령한 날이다. 마침 멕시코에 있던 나는 쓸쓸히 새해를 맞는 중이었다. 갑자기 저녁 뉴스가 시끄러워졌다. 홈비디오로 촬영한 것 같은, 정신없이 흔들리는 영상이 나오고 앵커가 긴장한 모습으로 소식을 전하고 있었다. 농민들이 치아빠스 주 일부를 무력으로 점령했는데 어쩌고저쩌고……. 무슨 상황인지 어리둥절했다. 나중에 학교에 가서 동료들과 이야기를 나누면서 사빠따 민족 해방군에 관해 자세히 알게 되었다. 내가 다니던 학교는 전체 학생 수가 30만 명 정도로 멕시코에서 가장 크고 진보적 전통을 가진 국립 대학교였다. 그

마야 루트
산 끄리스또발 데 라스 까사스

래선지 사빠따 민족 해방군을 지지하고 지원하는 다양한 활동들이 생겨났다. 해방군들이 직접 제작한 홍보 영상을 보면서 멕시코의 현실이 몸에 와 닿기 시작했다.

멕시코는 1994년 이전만 해도 라틴아메리카에서 정치적으로 가장 안정된 국가라고 자랑해 왔다. 라틴아메리카 정치에서 가장 중요한 변수인 '게릴라'가 멕시코에는 없었기 때문이다. 1960년대에 게릴라 발발 조짐이 있었으나 구체화되지 못했다. 70년 가까이 일당 지배를 하고 있지만 국민 합의에 따라 정권이 창출되고 통합을 이끌고 있어 문제가 없다고 했다. 주변 국가에 비해 안정적인 것도 사실이었다. 그런데 사빠따 민족 해방군의 봉기로 그 신화가 깨졌다. 신화 같지 않은 신화, 즉 그간의 정치적 안정은 많은 모순과 허구를 적당히 봉합해 놓은 채 가식으로 유지되었을 뿐이라는 사실이 사빠따 민족 해방군의 봉기로 드러난 것이다. 사람들은 '올 것이 왔다'고 했다. 어떤 사람들은 이렇게까지 심각한 문제가 있었는지 몰랐다고 했다. 또 다른 사람들은 그 정도 문제는 어디나 있는데 일부 불순 세력이 국가의 통합과 발전을 해치는 망동을 한 것이라고 말했다.

이 문제의 발단과 과정을 설명하기 위해서는 1492년을 언급하지 않을 수 없다. 치아빠스 주에 사는 원주민들은 에스빠냐 사람들이 아메리카 대륙에 첫발을 들인 1492년과 오늘날이 크게 다르지 않을 정도로 사회, 문화, 교육, 경제 혜택을 누리지 못했다. 아이들은 굶거나 병들어 죽고, 어른들은 농사지을 땅이 없어 대도시로 무작정 상경했다. 지금 직면한 문제는 1492년부터 오늘까지 식민지 모순이 가속화되어 온 결과다. 식민지 시대 이후도 동일하다. 19세기 혼란기의 국가 발전 모델은 선진 유럽이었다. 소외된 민중들이 멕시코 혁명의 주체 세력으로 떠올라 이상 사회를 건설하려는 희망을 가졌지만 혁명은 좌절되었다. 이후 민중의 바람을 제도권 안에서 수용하려는 노력이 없지는 않았지만 원주민들은 여전히 사

| 사빠따 민족 해방군의 땅 선포 지역. '토지는 그곳에서 일하는 자의 것이다'고 쓰여 있다.

| 사빠따 민족 해방군 자치 구역의 학교 교실 벽화

회의 소외 계층으로 극단의 경제 불이익, 즉 죽음에 이르는 빈곤한 삶을 살아가게 되었다.

사빠따 민족 해방군은 여러 정치적 제안을 했다. 하지만 자치권 인정이니 문화 정체성 인정이니 하는 일련의 요구들은 그들의 생존권 보장을 위한 부차적인 조치들이었다. 정부와 기득권이 만든 신자유주의적 국가 발전 모델이 원주민과 농민을 배제했기 때문에 민중은 이 모델에 찬성할 수 없다는 메시지가 본질이었다. "그동안 우리를 수탈하더니 이제는 다국적 기업까지 들여와 그나마 있던 땅마저도 빼앗고 있다. 우리의 생존권은 안중에도 없는 국가 발전 모델은 의미가 없다. 우리는 죽을 때까지 싸우겠다. 빵이 아니면 죽음을 달라." 민중이 소외된 신자유주의는 받아들일 수 없다는 원주민들의 단호한 의사 표현이었다.

1980년대 이후 중남미 전체에 거스를 수 없는 대세처럼 유행하던 신자유주의는 2000년을 넘어서면서 다시금 민중의 저항을 받게 된다. 2005년 1월 1일을 기해 치아빠스뿐 아니라 원주민들이 많이 사는 다른 지역에서도 비슷한 형태의 대규모 시위가 일어났다. 치아빠스 사빠따 민족 해방군에 대한 지지요, 신자유주의적인 세계 경제 흐름에 발맞추려는 멕시코 경제 정책에 대한 경고였다. 멕시코 서부 미초아깐(Michoacán) 주의 빠라쵸(Paracho) 마을에서도 시위가 있었다. 따라스꼬(Tarrasco) 원주민들이 많이 사는 지역이며, 이미 1960년대에 반란의 기미가 있던 곳이다.

멕시코 원주민들은 1492년 이래 단 한 번도 역사의 중심에 놓여 본 적이 없다. 중남미 역사는 그야말로 착취의 역사라 해도 과언이 아니다. 흑인이나 원주민들은 항상 배가 고팠고, 지금도 피부 색깔에 따라 소득 격차가 엄연히 구분되는 사실을 부정할 사람은 없다. 결국 21세기를 앞두고 멕시코 신자유주의의 대명사라 할 수 있는 북미 자유 무역 협정을 발효하는 날, 민중들의 분노가 폭발하고 만 것이다. "500년 역사에 거듭되어 온 모순을 해결하라! 우리의 생존권을 보장하라!"는 이들의 주장은 착취의 결과가 만들어 낸, 그야말로 절박한 현실의 문제다.

6일 빨렝께
Palenque

이동	산 끄리스또발에서 200킬로미터 거리, 5시간 소요 빌야엘모사에서 140킬로미터 거리, 2시간 소요
주요 볼 곳	빨렝께 유적지
자고 먹을 곳	빨렝께 시내
더 가 볼 곳	보남빡, 약실란

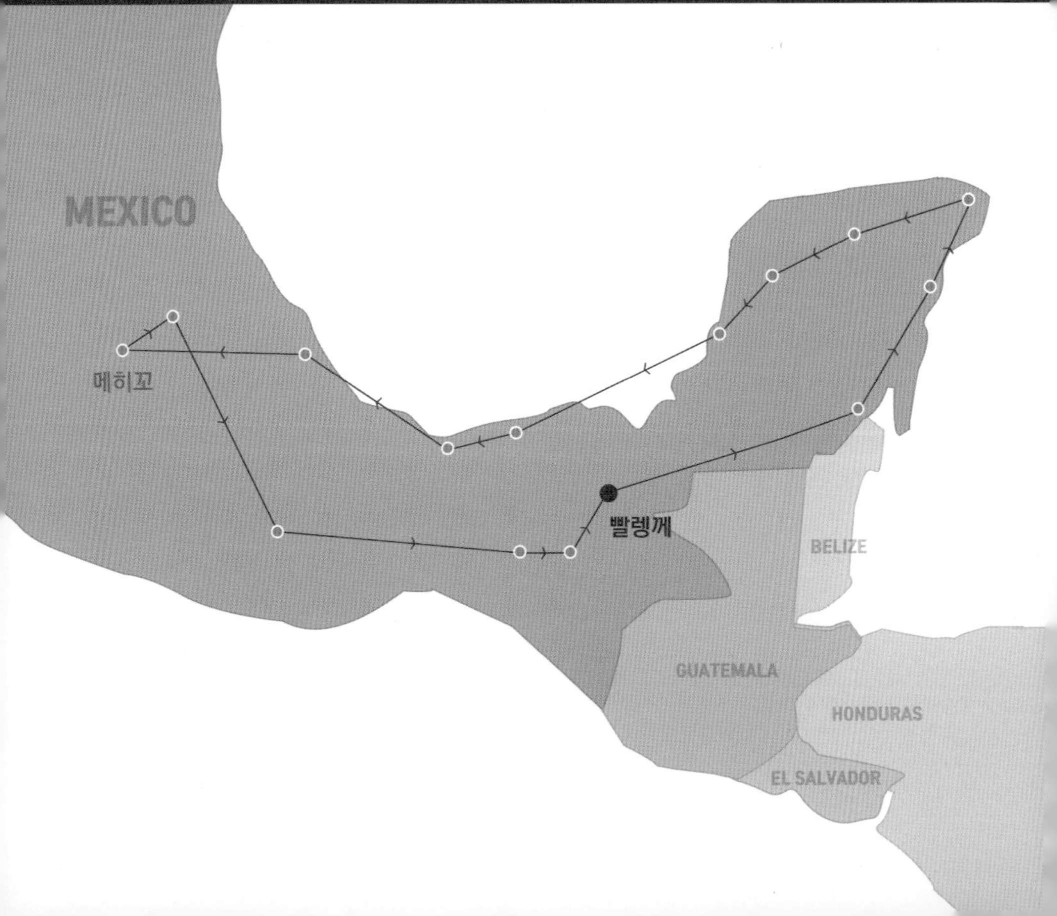

빨렝께, '발견'되다!

빨렝께 유적지는 빨렝께Palenque 도시 옆에 있다. 유적과 도시는 8킬로미터 거리지만, 숙박, 관광, 교통 시설들이 대부분 시내에 있어 유적지를 방문하는 사람들이 빨렝께 시내를 그냥 지나치는 경우는 거의 없다. 이 도시는 마야의 심장 한가운데로 가는 듯한 설렘을 준다. 일단 산 끄리스또발과는 완전히 다르게 습하고 더운 날씨에, 열대 우림에서만 자라는 나무들이 숲을 빼곡히 메우고 있어 신비함을 더한다. 마을을 조금만 벗어나도 야생 동물들의 날카롭고 기이한 울음소리가 들린다. 이 도시는 빨렝께뿐 아니라 주변의 다른 관광지와 유적지로 향하는 중심지기 때문에 새로운 곳으로 향하는 설렘들도 고스란히 느껴진다.

빨렝께는 전 세계 관광객들이 가장 많이 방문하는 마야 유적지 가운데 하나로, 19세기 이전부터 국내외의 관심 대상이 되어 왔다. 최초로 이 지역이 서방 세계에 모습을 드러내기 시작한 것은 식민지 시대 에스빠냐인들에 의해서다. 1746년 이 유적지 근처 마을의 신부가 밀림 속에 돌로 만들어진 집들을 보고 이상하게 여겨 정부에 조사를 요청했다. 그러나 그로부터 40년 후인 1785년에 가서야 최초로 공식 조사원이 파견되었다. 1786년 에스빠냐 장교 안또니오 델 리오Antonio del Rio가 이곳에 머물며 조사했고, 유까딴의 다른 유적들과 마찬가지로 에스빠냐 식민지 이전의 도시라고 결론 내린다. 이후에도 이곳에는 외지 방문객이 끊이지 않는다. 1830년대에는 프랑스인 장 프레드릭Jean Frédéric이 66세 노령에도 불구하고 찾아와 6개월간 머물며 중요한 건물들을 그렸고, 그의 그림은 이후 마야 학자 브라셔Brasseur de Bourbourg의 손을 거쳐 오늘날까지 전해진다.

위의 설명은 빨렝께 유적지 역사를 말할 때 빠지지 않는다. 멕시코 사학이나 고고학 역사를 이야기할 때도 단골로 등장한다. 그런데 뭔가 개운치 않다. 이유를 더듬어 보면 어쩔 수 없는 식민주의적 관점 때문인 것 같다.

마야 루트

빨렝께

빨렝께 유적지

이 책에는 그렇게 쓰지 않았지만, 보통 장 프레드릭을 빨렝께 유적을 최초로 발견한 사람이라고 표현한다. '발견'이라니? 그 동네에서 수백 년 동안 유적지를 보면서 농사 짓고 제사 지내며 살던 원주민 입장에서는 기가 막힐 노릇이다. 잉까의 유명한 도시 마추픽추 역시 같은 일을 겪었다. 멀쩡히 원주민들이 잘 살고 있는 곳에 와서 새로운 땅, 아무도 살지 않는 땅이니 '신대륙'이라고 선언하는 기막힌 일이 반복되는 것이다. 좌우간 우리는 싫든 좋든 서구 사람들에 의해 알려진 빨렝께의 자료를, 그리고 그런 방식으로 시작한 빨렝께에 관한 연구를 토대로 이 고대 도시를 이해하고 있다.

장엄함과 아담함이 조화를 이루다

마야 지역을 지형으로 구분하면 고지대 마야와 저지대 마야로 나뉜다. 고지대는 1,000미터 이상의 고원 지방을 말하는데, 산 끄리스또발 같이 2,000미터 이상인 곳도 많다. 과테말라 쪽으로 가도 이런 지형을 가진 마야 지역이 상당히 광범위하게 펼쳐진다. 반면 북부 유까딴반도와 남부 태평양 연안은 해발 고도가 낮은 저지대 마야로 분류된다. 고도나 지형의 차이는 기후 차이를 가져오고, 이는 자연스럽게 생활 풍습, 의복, 음식, 언어에까지 다양한 차이를 만든다. 저지대는 보통 찌는 듯한 더위에 평탄한 지형이지만, 고지대는 선선한 날씨와 산악 지형을 보인다. 그런데 이곳 빨렝께는 저지대 마야의 전형도 아니고 고지대 마야의 전형도 아닌 또 다른 모습이다. 저지대 마야의 듬성듬성한 수풀이 아니라 빽빽한 수풀에 찌는 듯한 더위를 동반한 높은 습도가 사람을 지치게 한다.

이는 지형에서도 느껴진다. 보통 유까딴반도에 있는 마야 피라미드에 올라가면 넓게 펼쳐진 지평선이 장관이다. 그런데 빨렝께 유적은 바로 뒤에 산이 있다. 높지 않은 산이지만 우리나라로 치면 전형적인 배산임수背山臨水 지형이다. 주변의 보남빡Bonampak과 약실란Yaxchilán이 비슷한 자연환경을 가지고 있지만 빨렝께와는 차이가 있다. 보남빡은 거대한 플랫폼에 여러 개의 피라미드를 배치함으로써 거대한 피라미드 산이 장관을 이루고, 약실란은 그 앞으로 큰 강이 흐른다는 점에서 다른 지형을 보인다. 과테말라의 뻬뗀Petén 지역도 열대우림의 기후와 수목 환경은 빨렝께와 비슷하지만, 피라미드에 올라 사방을 둘러보면 끝없이 펼쳐지는 숲으로 탁 트인 장관을 볼 수 있다는 점에서 빨렝께와 또 다른 느낌이다. 그래서 이곳이 더 살갑게 느껴지는지도 모르겠다. 지형도 분위기도 우리나라와 비슷하다. 아담함과 장엄함의 조화는 남다른 감흥을 자아낸다. 이런 느낌은 빨렝께 유적지뿐 아니라 빨렝께 시내도 마찬가지다. 복작거리는 시내는 내가 자란 서울 강북의 미아리 모습 같다. 플란Flan(우유로 만든 젤리)이나 헬라띠나Gelatina(물로 만든 젤리)를 파는 아줌마의 모습은 길음시장의 순대 노점상 풍경과 겹친다.

| 빨렝께 유적지 안의 원주민 노점상

마야 루트

빨렝께

빨렝께 유적지에 도착하면 어수선하다. 도무지 유적이라고는 보이지 않는다. 입구에서 조금 걸어 올라가야 큰 광장이 펼쳐진다. 그러나 이내 빨라시오를 걷거나 십자가 신전 광장으로 가기 위해 꼬불꼬불한 길을 오르락내리락 걸어야 한다. 그나마 길 중간에 잡상인들이 바닥에 펼쳐 놓은 물건들을 보며 다니는 재미가 쏠쏠하다. 박물관으로 내려가다 보면 큰길은 이내 오솔길로 바뀐다. 길을 잘못 든 게 아닐까 싶을 정도다. 그러다가 작은 피라미드들이 나타난다. 다 쓰러져 가는 작은 피라미드 안에는 증기 목욕탕이 보이고, 헷갈리게 만들어 놓은 미로형 건물도 있다.

빨렝께의 최고 전성기는 기원후 600~800년이다. 그러나 도시 국가 형태를 갖추고 본격적으로 도시를 만들기 시작한 것은 기원 원년을 지나면서로 추정된다. 그리고 고전기가 시작되면서 다양한 건축물과 예술품들이 만들어진다. 이곳의 예술적인 감각은 다른 지역과 큰 차이를 보여 미술과 건축에서 독자적인 '빨렝께 양식'으로 분류한다. 건축물들은 주변의 산악 지형과 조화를 이루도록 설계 배치되었다. 이곳에서 발견된 다량의 조각품들은 기술적인 면에서도 완성도가 높다. 빨렝께 유적을 대표하는 것으로, 학계뿐 아니라 일반의 지대한 관심을 모은 최고 지도자의 무덤을 들 수 있다. '빠깔Pakal'이라 불리는 최고 지도자의 무덤은 1952년 멕시코 고고학자 알베르토 루스Alberto Ruz가 신전 아래에 있는 비밀 통로를 개봉하면서 발견되었다. 여기에는 '발견'이라는 말이 어느 정도 의미가 있다. 이전까지만 해도 몇 백 년 동안 아무도 이것을 몰랐다. 물론 이 무덤을 만든 당대 사람들은 빼고 말이다. 그런데 또 시비를 걸어 볼까나. 그 통로는 원래 피라미드 위에 있는 신전의 한쪽 편 돌을 들어내면서 발견되었다. 다른 바닥 돌들과는 달리 그 바닥 돌에는 양쪽으로 구멍이 나 있었다. 마치 그곳에

빠깔 왕의 무덤

고리를 끼워 들어 보라는 듯이 말이다. 그 구멍을 보면서 한번 들어 올려 볼까 생각한 사람이 한둘이었을까. 하지만 간단치 않았을 테다. 장비와 인력, 정부 허가 등이 충족되어야 가능한 일이다. 결국 알베르또 루스가 빠깔의 무덤을 '발견'했다는 것은 한편은 맞고 한편으로는 애매하다.

그의 무덤이 알려지면서 오늘날까지도 역사적, 고고학적 논쟁이 끊이지 않는다. 관을 덮고 있는 커다란 돌 뚜껑에 부조가 새겨져 있는데 이에 대한 해석이 다양하다. 우주인이 비행기를 운전하는 장면이라고 말하는 사람이 있었는데, 이 추측은 빠깔이 외계인이고 그가 이 도시를 만들었다는 생각으로 발전하였다. 그러나 오늘날에 관 뚜껑의 문양과 문자 대부분이 해석되었고 그가 이곳의 최고 지도자 중 한 사람이었다는 것이 밝혀졌다. 여전히 해결되지 않는 의문은 그의 생존 기간이다. 미국 측은 마야 문자의 기록에 근거해 69년(기원후 615~683년)을 살았다고 말하는 반면, 멕시코 측은 형질인류학적인 연구를 바탕으로 그의 생존 기간이 그보다 짧았다고 주장한다. 종교적인 의미를 부여하는 신성한 달력과 맞추기 위해 조작된 기록이라는 견해다. 어쨌거나 그가 7세기에 살았으며 이 도시 건물을 짓는 데 중요한 역할을 하는 등 크게 공헌

한 것만은 사실로 보인다.

빨렝께 관람은 무조건 느긋하게

빨렝께 유적지를 제대로 보려면 마음의 여유를 가져야 한다. 나같이 성격 급한 사람은 더욱 그렇다. 나는 멀리 건널목 신호등의 초록색 불이 깜박거리기 시작하면 다음 신호를 기다리지 않고 서둘러 뛴다. 일도 그런 식으로 하다 어느 순간 나가떨어지기도 하고, 하지 않은 만 못한 때도 많다. 40도를 오르내리는 온도와 높은 습도에서 서둘러 다니면서 빨렝께 유적을 온전히 감상할 장사는 없다. 힘이 넘쳐 열심히 뛰어다니면서 많은 곳을 보았다고 한들 인증 사진 찍기에 불과하다. '오늘은 종일 여기에서 즐기는 거야!' 하는 마음가짐으로 천천히 돌아다녀야 돌 하나라도 온전히 눈에 들어온다. 이전에 사진을 찍기 위해 혹은 특정 지역을 확인할 목적으로 다니던 나의 발길은 노동에 불과했음을 종종 떠올린다.

그렇기는 해도 출발은 조금 서두르길 권한다. 유적지 문을 여는 아침 8시에 맞추어 가 보자. 특히 아침 안개가 끼는 날의 신비로움은 말로 표현하기 힘들다. 숲속에서 원숭이가 질러 대는 소리가 메아리쳐서 들릴 때는 신비하다 못해 괴기스러운 느낌도 든다. 입구를 지나 길을 따라 조금 걷다 보면 피라미드가 나오고 조금씩 시야가 트이는가 싶으면서 중앙 광장이 나온다. 여기에 서면 빨렝께의 분위기가 고스란히 느껴진다. 주변을 둘러싼 피라미드의 산과 그 웅장함이 섬뜩한 신비함으로 다가온다. 올 때마다 감동이 북받쳐 오른다. 출발을 재촉한 이유는 또 있다. 매표소에 서 있다 1번으로 입장하기 위해서다. 아무도 없는 광장의 호젓함을 독차지하면 빨렝께가 주는 감동이 한층 크고 깊다.

먼저 광장 입구의 큰 나무 그늘 아래 앉아 숨을 고르자. 도시 전경을 잘 조망할 수 있는 곳이다. 전에 그런 의문을 품은 적이 있다. 이 나무는 옛날에도 이 자리에 있었을까? 사람들은 이 나무 그늘에 앉아 더위를 피하고 땀을 식혔을까? 아니면 우리처럼 도시 전경을 바라보며 감회에 젖었을까? 나의 대답은 "그랬을 가능성이 크다"이다. 나무의 나이가 문제가 아니다. 굳이 이 나무가 아니더라도 마야 도시와 신전들 주변에는 그리고 광장에는 각종 나무들이 있었다. 유실수도 있었고 최고 지도자가 직접 농사를 짓기도 했다. 이런 사실은 유까딴반도의 마야 지역에서 행해진 발굴 조사 작업에서 확인되었다. 그렇게 보면 마야 사회는 식량 생산에 높은 가치를 두었다고 할 수 있다. 천한 것들이나 하는 농사가 아니었다. 사람들이 모여 가장 중요한 일을 하는 이 광장에 나무가, 특히 유실수가 있었던 것은 농사가 신성한 장소에 결코 해가 되지 않는다고 생각했기 때문이다. 바닥은 지금 같은 잔디가 아니었을 것이다. 많은 경우 바닥이 회반죽으로 덮여 있었다. 그런데 회반죽이 워낙 약한 재료다 보니 마모가 심해 지금은 흔적조차 없다. 그래서 마야 도시를 상상할 때는 회반죽으로 된 흰색 포장 바닥에 군데군데 상당수의 나무가 심어져 있는 풍경을 그리면 된다.

동선상 제일 먼저 무덤의 신전Templo de la Calavera에 도착한다. 무덤의 신전은 기원후 7세기 말경 지어진 웅장한 피라미드로, 빨렝께 유적지의 동쪽 측면에 위치하며 건축 기간은 10년을 넘지 않았다고 추정된다. 여기에서 빨렝께 건축의 가장 큰 특징으로 꼽는 피라미드 안의 무덤을 눈으로 확인할 수 있다. 마야의 피라미드와 이집트 피라미드의 가장 큰 차이점은 목적과 용도에 있다. 이집트 피라미드는 무덤용으로 만들어져 무덤으로 사용됐지만, 마야의 피라미드는 신에게 제사를 지내는 곳이다. 그러다 보니 마야의 피라미드에는 인간이 제사를 지내는 공간이 있고 신을 모시는 장소가 있다. 그런데 이곳 빨렝께 빠깔 왕의 무덤을 발견하고부터 이에 의문이 생겨났다. 무덤의 신전과 그 옆의 비문의 신전 Templo de las Inscripciones에서 무덤이 발견되면서 "마야의 피라미드도 무덤이다"라는 말이 가능하게 된 것이다. 그렇기는 해도 기존의 주장을 완전히 깨지는 못한다. 왜냐하면 마야 피라미드에서 무덤이 발견되기는 했지만

마야 루트
빨렝께

광장과 탑을 갖춘 빨라시오

기본 목적과 용도인 신전의 역할은 그대로이기 때문이다. 즉, 무덤을 위해 만든 게 아니라 신전에 무덤을 안치한 것으로 이해해야 한다. 그러므로 애초 무덤으로 만들어진 이집트 피라미드와 같다고 할 수는 없다. 비문의 신전 오른쪽으로 피라미드 중간에 구멍을 뚫어 놓고 일반인들의 관람을 허용하는 곳이 있는데, 여기서 무덤의 형태를 확인할 수 있다. 비문의 신전 안에 있는 빠깔 왕 무덤에 들어가면 좋겠지만 가끔씩 개방하는데다 유적 손실을 막기 위해 개방을 점점 줄이고 있다.

비문의 신전 앞쪽 '빨라시오'라 불리는 공간은 네 구역으로 나뉘어 각 구역이 하나의 광장을 가진다. 가운데에는 커다란 탑 혹은 천문 관측대를 세웠고, 그 주변으로 미로처럼 연결된 통로와 방들이 즐비하다. 가운데 탑에서는 천문 관측이 이루어졌을 수도 있고 탁 트인 밤하늘을 보며 기원을 드렸을 수도 있다. 탑 꼭대기에는 특별한 신전 형태가 없고 또 그럴 만한 공간도 없다. 그래서 신전이 아니라 '탑Torre'이라고 이름 붙인 것이다.

Palenque _ 113

십자가 신전군에서 복원을 생각하다

빨라시오에 이어 자연스럽게 발길이 가는 곳이 십자가 신전군이다. 작은 개천인 오똘룸^{Otolum} 강을 건너면 신전이 셋 보이는데, 태양의 신전^{Templo del Sol}과 십자가 신전^{Templo de la Cruz} 그리고 입이 달린 십자가 신전^{Templo de la Cruz Foliada}이다. 이들은 언뜻 보면 산 밑에 자리 잡은 것처럼 보인다. 하지만 그것은 산이 아니라 피라미드들이다. 이들을 피라미드라고 상상하기는 힘들다. 그러니 우리가 보고 있는 잘 정돈된 유적들은 그야말로 많은 돈을 들여 풀을 걷어내고 무너진 것들을 제자리에 맞추어 넣고, 없는 것들은 새로 만들어 넣기도 한, 아주 힘들고 조심스러우며 정성이 많이 가는 작업을 마친 다음의 모습이다. 내가 이곳 십자가 신전군을 처음 보았던 1991년과 지금은 천지개벽할 정도

흙더미를 걷고 모습을 드러낸 십자가 신전

로 달라졌다. 그때는 세 개의 신전이 윗부분만 간신히 모습을 드러내고 있었다. 차츰 흙덩이를 걷어내기 시작하더니 2005년을 전후해 신전은 상당 부분 원래 모습을 되찾았다. 그런데 그 과정에서 새로운 것이 나타난다. 십자가 신전 기단 모퉁이들에서 거대한 향로를 발견한 것이다. 사실 향로라고 말하기 좀 힘든 물건이기는 하다. 길이가 1미터가 넘는 것도 있고, 향을 피운 흔적이 없는 것도 있으니 말이다.

발굴 복원 작업이 진행됨에 따라 유적의 모습이 전과 완전히 달라지기도 한다. 어떤 때는 유적을 완전히 망가뜨리기도 한다. 무너진 부분을 원형대로 복원하려면 충분한 자료를 동원해 어떤 부분이 어떻게 만들어졌는지 정확히 추정해 내야 한다. 그런데 그것이 항상 완전할 수는 없다. 더군다나 각 부분이 없어지고 이 부분에 들어갔던 돌과 저 부분에 있던 돌이

내실이 들여다보이는 입이 달린 십자가 신전

혼돈되기도 해서 완전한 복원이란 이론적으로나 기술적으로 불가능하기 때문이다. 유적을 위해 가장 좋은 방법은 아무것도 건드리지 않고 그냥 놔두는 것일 수도 있다. 하지만 우리가 어디 그런가. 그럴듯하게 복원해서 보고 싶고, 알고 싶고, 느끼고 싶은 욕심이 앞선다. 그러다 결국 원형을 더욱 알기 어렵게 만든다.

우리나라의 수원 화성華城은 아주 특이한 사례다. '토목건축 공사 종합 정리서'라 할 수 있는 『화성성역의궤華城城役儀軌』에 설계도는 물론이고 벽돌 몇 개가 어디에 쓰였는지까지 세세하게 적혀 있다. 마야 피라미드 복원 작업과는 차원이 다르다. 1900년대 초에 행해진 멕시코의 발굴 복원 작업에서 생긴 문제에 얽힌 일화들은 기가 막힌다. 당시 멕시코 독재자인 뽀르피리오 디아스Porfirio Díaz의 지시로 떼오띠우아깐을 복원하는 과정에서의 에피소드를 떼오띠우아깐 편에서 설명하였다. 신전으로 올라가는 주 계단이 많이 소실돼 어떻게 복원할까 고민하다가 그보다 1,000년 뒤에 세워진 메시까 모델에 건축학적인 상상력을 동원해 양쪽으로 계단을 내어 놓은 점 말이다. 그런데 이런 엉터리 복원조차 100년이 지나면서 문화재급이 되었다. 정확한 원형을 알 수 없으니 복원에 확신이 있을 리 없다. 우리나라 『화성성역의궤』처럼 자세한 설계도가 있었다면 이런 혼란이 없었을 테지만 말이다.

세계 어디든 인류의 흔적이 없는 곳이 있을까? 수만 년 혹은 수십만 년 전 인류가 먹고 자고 사랑하던 곳에 우리가 살고 있다. 한마디로 우리가 사는 이 땅은 어디 하나 유적지 아닌 곳이 없다. 우리가 알지 못할 뿐이다. 그렇다면 그것을 어떻게 알아내고 의미를 부여하고 근사하게 꾸며서 보기 좋게 만드느냐가 관건이다. 그리고 이 모든 것은 돈과 연결된다. 이탈리아 파르테논 신전이, 파리의 몽마르뜨 광장이, 미국의 알라모 요새가 그 결과다. 수원 화성도 한국이 잘사는 한 세계적인 유적지로 주목받을 것이다. 잘 정돈해 놓은 성곽과 행궁, 그 주변에 단 등이 밤에도 성곽의 고색창연함을 돋보이게 한다.

각설하고, 십자가 신전군에서 두드러지는 빨렝께의 건축 특징은 내부의 이중 구조다. 보통은 피라미드 꼭대기에 신전이 있고 신전 안에는 복잡한 구조물이 거의 없는데, 이곳 빨렝께는 신전 안에 내실을 꾸미고 그 안에 신을 모시는 구조를 띤다. 한층 소중하고 은밀한 분위기를 풍긴다. 한편 빨렝께 유적에서는 건물 상단 장식인 끄레스떼리아^{Cresteria}가 발달한 것도 볼 수 있다. 상당 부분 허물어지고 없지만 일부는 남아 당시의 화려했던 모습을 상상하게 한다.

오똘룸 강을 건너

여기까지 무덤의 신전과 빨라시오, 십자가 신전군을 보고 나면 가장 중요한 곳, 혹은 복원 작업이 가장 많이 된 곳은 다 본 셈이다. 비문의 신전과 십자가의 신전 사이, 그러니까 남쪽 산으로 난 오솔길들이 있는데 이곳은 한참을 가도 기대를 충족시켜 줄 것이 없다. 다만 당대의 도시 규모를 상상하는 데 도움이 된다. 한편 사람이 다니는 길에서 조금만 벗어나도 산림이 엄청나게 우거져서 '처음 여기에 정착한 사람들은 어떻게 살았을까?' 하는 의문이 든다. 인간이 살기 힘든 조건에서 찬란한 문화를 만든 마야 사람들의 위대함이 느껴진다.

광장에서 북쪽으로 가면 공놀이장과 유럽 백작이 와서 살았다는 백작의 피라미드^{Pirámide del Conde}를 볼 수 있다. 그리고 십자가 신전군으로 향할 때 건넌 오똘룸 강을 다시 건너는데, 강을 건너는 사실을 인지하기 힘들다. 복개 공사가 되어 있기 때문이다. 마야 사람들이 이곳을 만들 때 이미 복개해 놓았다. 마야 사람들은 자연 지형과 식생을 해치지 않는 범위에서 도시를 만들고 생활했다. 그러나 필요에 따라 자연을 이용하는 지혜도 가지고 있었다. 서양과 동양의 문화 차이를 이야기할 때, 홍수가 나면 서양 사람들은 댐을 쌓고 동양 사람들은 이주를 한다고 한다. 지나치게 일반화한 경향이 있지만, 여기에 빗댄다면 마야는 좀 더 동양적인 문화를 지녔다고 하겠다.

오똘룸 강을 건너 길을 따라 내려가면 빨렝께 박물관으로 가는 길이 나온다. 중간에는 여러 건물군이 등장한다. 가장 먼저 만나는 'B그룹'의 건물에서는 증기 목욕탕 흔적을 볼 수 있다. 이 더위에 무슨 증기 목욕탕인가 싶지만 일반적인 목욕탕이 아니다. 종교적인 정화 의식의 하나로 증기 목욕을 했다. 더 내려가면 박쥐의 건물군 Grupo de los Murciélago 이 나온다. 폐허가 된 마야 건축물에 박쥐가 많이 서식하는데 그 때문에 마야 건물에는 박쥐가 들어간 이름이 많다. 이곳에서는 미로처럼 된 건물 구조를 눈여겨볼 필요가 있다. 윗부분은 부서지고 내부 벽만 남은 것도 있는데, 지붕이 온전히 있었다면 미로 같은 복잡한 구조에서 오래 헤매겠다는 생각이 든다. 이런 미로 구조는 십자가 신전군에서 신전 내실과 외실을 따로 만든 이중 구조 개념과 비슷한 것으로 이해할 수 있다. 내부 공간을 더욱 은밀하고 드러나지 않게, 혹은 한 겹 더 보호하려는 의미를 강조했다.

빨렝께 유적지박물관은 정교한 기술력으로 만든 각종 조각부터 십자가 신전의 귀퉁이에서 발견된 초대형 향로에 이르기까지, 유적지에서 보지 못한 미세하고 정교한 유적들을 전시하고 있다. 아니, 그보다 박물관의 에어컨 바람이 얼마나 반가운지 모른다. 충분히 어슬렁거리면서 더위와 땀을 식히자.

빨렝께 유적지는 관람이 수월하지 않은 환경이지만 정글이야말로 이곳의 진면목이다. 맑은 날도 햇빛 한 줄기 통과하지 않을 만큼 빼곡한

삼림과 그 안에 들어앉은 유적을 보고 있으면, 인간이 풍요롭고 쾌적한 장소에서 문명을 꽃피웠다는 서양 역사가들의 자기중심적인 세계관과 가치관에 딴지를 걸고 싶어진다.

지붕 무게는 어찌 감당할까

마야의 지역들은 고유한 건축적 특징을 나타낸다. 빨렝께 건축의 특징으로 먼저 꼽는 것은 건축물의 실내 공간 활용을 중시한 점이다. 그리고 건

십자가 신전의 끄레스떼리아

마야 루트

빨렝께

물 꼭대기를 단장하는 끄레스떼리아 장식을 포기하지 않았다. 다만 얇은 벽면으로도 지붕과 끄레스떼리아의 무게를 지탱하기 위해 끄레스떼리아에 구멍들을 뚫어 중량을 줄였다. 건물 내부에는 벽을 더 배치함으로써 무게를 분산시키는 방법도 적용되었다. 두꺼운 벽 하나가 아니라 얇은 벽 여러 개를 두는 것이 공간 활용 면이나 안전 면에서 효율적임을 알았던 것이다. 빨렝께 사람들의 이런 노력은 실내에 여유 공간을 확보하게 했다. 여유 공간에는 각종 그림과 마야 문자를 조각해 그들의 역사를 적었다. 지금까지 밝혀진 바에 따르면 벽면에 쓰인 마야 문자의 주 내용은 그들의 조상과 최고 지도자들의 이야기다. 하지만 다양한 노력에도 불구하고 마야 건축물을 복원하다 보면 무게 문제가 이들의 가장 큰 고민거리였음을 발견하게 된다. 건물이 얼마 가지 못하고 무너져 버리기도 하고 붕괴된 건물을 다시 고쳐 지은 흔적도 보인다. 재붕괴를 막기 위해 애초 만든 벽을 더 두껍게 보강하거나 아예 입구를 일부 막아 벽으로 개조하기도 했다. 지금도 발굴과 복원이 이루어지지 않은 지역을 가 보면 많은 건축물이 지붕의 하중 때문에 무너져 있다. 지붕 잔해가 건물 외벽에 쌓이고 나무들이 입구를 뒤덮고 있어, 밀림에 버려진 마야 건축물 안으로 들어가려면 무너진 지붕을 이용하는 것이 훨씬 효과적이다. 물론 1,000년이 훨씬 넘는 시간의 풍상에 어쩔 수 없다 치더라도 마야의 많은 건축물은 과중한 지붕 무게를 감당했고, 마야 사람들은 시행착오와 교정을 통해 건축술을 발전시켜 나갔다.

더 가 볼 곳

보남빡

빨렝께 주변에는 빽빽한 열대 우림 안에 솟아 있는 중요한 유적지가 많다. 역사책에 제일 많이 등장하는 곳이 보남빡Bonampak과 약실란Yaxchilan이다. 빨렝께에서 비행기나 차를 타거나 아예 걸어서도 간다. 다만 차량과 도보로 돌아보려면 텐트나 창고 같은 곳에서 잠을 자고 동행한 요리사가 해 주는 밥을 먹는 힘든 트레킹이 되기 일쑤여서 대개는 비행기로 샤방샤방하게 다녀오는 쪽을 선택한다. 나는 1990년대 이곳을 처음 방문했다. 물론 걸어서였다. 정글 칼을 휘두르며 4시간째 걷고 있을 때 머리 위로 지나는 경비행기 소리가 들렸다. 유적지에 도착해 보니 선크림이 그대로인 뽀얀 피부의 방문객들을 마주친 기억이 선명하다.

보남빡은 라깐돈Lacandon 정글에 위치한 작은 유적지로, 기원후 580~800년에 지어진 것으로 추정한다. 여기도 공식적으로는 1946년 서양인 가일스 힐리Giles Healey와 까를로스 프레이Carlos Frey가 발견했다고 보고된다. 당연히 원주민들이 이곳에 피라미드가 있다고 알려 주고 현장까지 안내했기에 가능한 일이다.

보남빡은 중앙 광장을 중심으로 건축물들이 둘러싸고 있는데 그중 몇몇 건축물에는

보남빡 유적 전경

| 보남빡 벽화

매우 잘 만들어진 비석이 서 있다. 대표 유적은 벽화의 신전$^{Templo\ de\ los\ Murales}$이다. 세 개의 방을 갖춘 이 신전에는 고전기의 그림이 아직도 잘 보존되어 있다. 마야의 전형적인 벽 마감 재인 회반죽 위에 색을 입혀 그림을 그렸는데, 첫 번째 방에는 사제들과 귀족들의 행렬이 주변에 악기를 연주하는 사람들과 함께 그려져 있고, 두 번째 방에는 전쟁 포로들로 추정되는 사람들이 있다. 세 번째 방에서는 신의 마스크를 쓴 무희들의 모습과 종교 의식을 치르는 장면을 만난다. 형형색색으로 그려진 이 장면은 마야 미술의 백미로 꼽힐 뿐 아니라, 현존하는 마야 벽화 중 규모나 내용면에서 단연 으뜸이다. 보존 차원에서 관광객들은 실물을 직접 보기 힘들고, 국립인류학박물관에 실제 크기로 재현해 놓았다.

약실란

약실란은 보남빡 유적에서 북동쪽으로 30킬로미터 정도 떨어져 있다. 멕시코와 과테말라의 국경인 우수마신따^{Usumacinta} 강변의 밀림에 위치하며, 다양한 종류의 새들과 모습을 드러내지 않는 원숭이들의 울음소리가 유적지의 정적을 깨트린다. 주변 지역에는 흰색 원피스를 입고 머리가 어깨까지 내려오는 맨발의 라깐돈 원주민들이 살고 있다. 약실란은 고대 마야 사회에서 여성의 역할이 어땠을까를 이해하는 중요한 단서를 쥔 곳이기도 하다. 주요 건물의 벽면 장식에 여성이 등장하는데 모두 이 지역의 권위를 상징하는 모습과 연관되어 있다. 여성이 공동체 권위의 원천이요 상징이었음을 짐작할 수 있다.

약실란 앞을 흐르는 우수마씬따 강은 마야의 심장이라고 할 수 있다. 과테말라 고원 지역 마야에서 발원해 멕시코만으로 이어지며 중요한 내륙 수상 교통을 담당했다. 그로 인해 주변에 발달한 약실란 등의 도시는 교통의 중심지로서 물류 기지 역할을 했다. 미국 남부나 유까딴반도, 멀리는 대서양과 중미, 남미 지역에서 생산된 물건들이 바다를 통해 와서 이 강을 거쳐 마야의 심장부까지 전해진 것이다.

▎약실란 벽면 장식

Palenque _ 123

7일 | 리오 벡과 체뚜말
Río Bec, Chetumal

이동	빨렝께에서 500킬로미터 거리, 7시간 소요
주요 볼 곳	리오 벡 유적지, 베깐, 치까나, 꼬훈리츠, 스뿌힐 체뚜말
자고 먹을 곳	체뚜말 시내

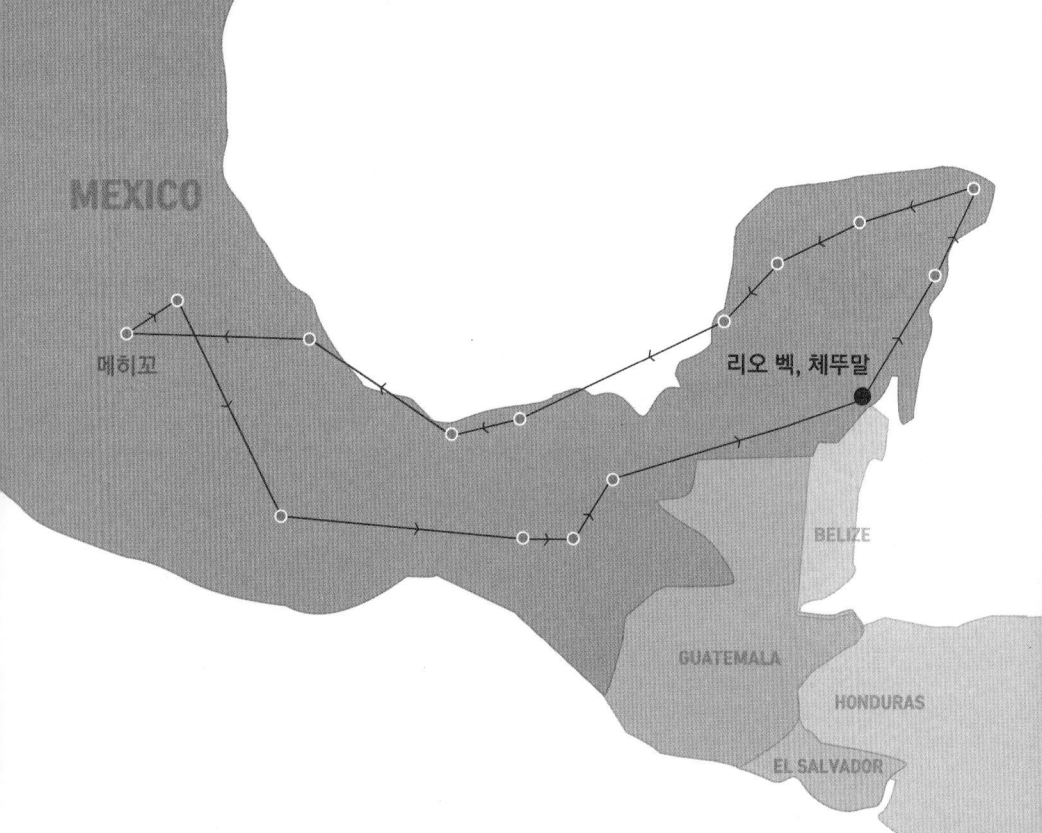

멕시코에서 식도락 즐기기

빨렝께를 뒤로하고 유까딴반도로 향한다. 산 끄리스또발을 벗어나면서부터 시작된 본격적인 더위가 한층 기승을 부린다. 유까딴반도에 가면 멕시코시티로 돌아가기 전까지는 선선하고 쾌적한 기후는 꿈도 꾸지 말아야 한다. 그러려니 하는 편이 정신 건강에 좋다. 지금부터 우리가 가려고 하는 멕시코 마야의 중심지 유까딴반도는 고온 다습한 환경이 항상 유지되는, 여행자에게 결코 쉽지 않은 곳이라는 말이다.

빨렝께에서 빌야엘모사 Villahermosa 방향의 주도로로 가다가 큰 갈림길에서 에스까르세가 Escárcega 쪽으로 우회전해 200킬로미터를 열심히 달리면 에스까르세가가 나온다. 에스까르세가를 거쳐 다시 300여 킬로미터를 더 가야 오늘 밤을 보낼 체뚜말 Chetumal 에 도착한다. 말은 간단하지만 빨렝께부터 이동 거리가 500킬로미터다. 그러니 먼 길을 가기 위해 준비를 잘 해야 한다. 에스까르세가는 교통의 길목이라는 이유로 발달한 작은 도시일 뿐 역사적으로나 문화적으로나 특별한 것이 없다. 그러나 여행객들에게는 중요한 도시다. 멕시코는 땅덩어리가 큰 데다 우리나라처럼 어딜 가나 골목마다 편의점이 있지 않다. 그러니 에스까르세가에 오면 반드시 필요한 것을 보충해야 한다. 물, 빵, 간식, 과일도 여기에서 사야 된다.

멕시코 여행의 재미 중 하나는 현지 특산물 먹기다. 특히 운전해서 다니면 '또뻬 Tope'라 불리는 과속 방지턱 앞에서 특산물을 먹을 기회가 많다. 무슨 말인고 하니, 또뻬는 보통 마을 입구와 사람이 많이 다니는 곳에 설치되어 있는데, 턱이 엄청 높아서 차 바닥을 긁히는 일이 많다. 그러다 보니 운전자들이 자연스럽게 속도를 줄이고 그 틈을 이용해 각 지방의 산물들을 들이밀며 파는 것이다. 가격도 싸다. 물론 흥정을 어떻게 하느냐에 따라 차이가 많이 나지만 말이다. 신선하기도 하고 가난한 이들에게 경제적인 도움도 되기 때문에 나는 자주 사 먹는 편이다. 빌야엘모사 근처에

마야 루트

리오 벡,
체뚜말

서 한국 돈으로 1,000원을 주고 산 몽키바나나 큰 가지 하나로 네 명이 일주일 동안 먹은 적도 있다. 한편 특산물 종류는 상상을 초월한다. 운전하면서 여행하는 사람들이 살 만한 것은 모두 다 판다. 각종 과일은 기본이고 꿀, 민예품부터 살아 있는 이구아나까지, 실로 다양하다. 한번은 열린 차창으로 느닷없이 이구아나를 집어넣으면서 건강한 놈이니까 하나 사 가라는 바람에 깜짝 놀란 일도 있다. 유까딴반도는 목장이 많아 치즈를 생산하는데, 치즈 한 다발을 사서 조금씩 먹다가 어느새 다 먹어 버려 저녁 내내 화장실을 들락거리기도 했다. 그렇지만 치즈의 고소한 맛을 생각하면 후회스럽지 않았다.

만 7년이 넘는 동안 멕시코에 살면서 먹었던 음식이 내게는 떼려야 뗄 수 없는 기호가 되었다. 이 글을 쓰는 지금도 본능적으로 입에 침이 고인다. 한데 이놈의 멕시코 입맛은 한국에서는 도통 채워지지 않는다. 미국을 가나 중국을 가나 많건 적건 한국 음식점이 있다. 그런데 한국에는 멕시코 음식을 제대로 하는 곳이 별로 없다. '멕시칸 치킨'이니 '멕시칸 샐러드'는 이름만 멕시칸이지 한국인의 순수 창작물이고, 패밀리 레스토랑이나 라틴아메리카 음식 전문점 같은 곳에서 멕시코 음식을 팔기는 하지만 그 대상이 한국인이니 정통 멕시코나 중남미 음식이라고 하기에는 많이 부족하다. 거기다 가격도 싸지 않다. 내가 좋아하는 멕시코 빈민가의 호박꽃 께사딜야 Quesadilla de Flor de Calabaza는 그곳 아니고서는 맛볼 수가 없는 것이다. 우리나라의 대형 마트에서 파는 비싼 치즈도 유까딴반도를 여행하며 또뻬 앞에서 사먹던 우유 즙이 뚝뚝 흐르는 신선하고 고소한 치즈에 비하면 감흥을 주지 못한다. 멕시코 사람들도 지방을 여행할 때면 차 트렁크에 지방 특산물을 사서 쟁여 다닌다. 그곳에서만 살 수 있는 물건, 그곳에서만 먹을 수 있는 음식을 경험하는 것은 여행의 큰 즐거움이다. 자동차가 있어야 가능한 일도 아니다. 버스가 잠깐씩 쉬는 곳마다 동네 주민들이 나와 각종 물건과 음식을 판다. 멕시코는 철도 교통이 느리고 노선도 적은데 바로 그런 이유로 기차 여행이 운치 있고 여유롭기도 하다. 멕시코에서 북쪽으로 가는 열차는 하루 한두 번 정도 지나는데 기차가 정차하면 동네 사람들이 다 달려들어 열차 창문에 매달려 물건을 판다. 그 기세에 질리지 말고 침착하게 물건을 선별하면 아주 훌륭한 식사도 할 수 있다.

먹는 이야기를 잔뜩 했는데 음료 이야기를 빼놓을 수 없다. 제일 중요한 팁은 '음료수를 줄여라'다. 엄청난 더위에 음료수의 유혹을 떨치기가 쉽지는 않다. 그러나 결과는 뻔하다. 음료수보다는 물을 선택하고, 가능하면 '꼬꼬Coco'라 부르는 야자수 물을 마시면 갈증이 확실히 줄어든다. 꼬꼬는 그냥 마시면 밍밍하고 맛이 없다. 더군다나 더운 날씨에 미지근한 것을 마시면 짜증이 난다. 거리 중간중간

꼬꼬

야자수 열매를 쌓아 놓고 '마체떼Machete'라는 칼을 든 사람들을 찾아보자. 사실 꼬꼬가 다른 먹거리에 비해 좀 비싸긴 하다. 꼬꼬를 시원하게 만들 얼음을 넣고 또 맛을 더하기 위해 설탕이나 럼주를 추가하기 때문이다. 이제 야자는 한국인에게도 친숙한 음료다. 그러나 음식과 마찬가지로 과일도 멕시코 현지에서는 뭐가 달라도 다르다. 꼬꼬를 마시며 멕시코식 신토불이를 느껴 보자.

한국 음식이 그리울 때 구두쇠 응급 처지 3단계

기본적으로는 멕시코 식도락을 추천하지만 그 반대의 경우를 대비한 나만의 팁도 풀어 보겠다. 외국 여행을 하다 보면 윤기 잘잘 흐르는 햅쌀밥에 총각김치 척 얹어 먹으면 소원이 없겠다는 생각이 마구 몰려올 때가 있다. 멕시코 유학 생활 7년 반 동안 한국 음식을 별로 먹지 않아 멕시코 음식이라면 고향의 맛이라고 느끼는 나도 몸이 아프거나 고단할 때면 이런 난처한 상황에 처하곤 한다. 역시 어머니가 해준 밥을 오래 먹은 몸의 기억은 죽을 때까지 지워지지 않나 보다. 아무튼 입과 배 속과 머리까지 고추장과 된장을 원할 때, 그러나 주변에 한국 음식점이 없을 때, 나는 비장의 무기를 꺼낸다. 당연히 돈을 최소한으로 쓰는 방법이다. 증상에 따라 1, 2, 3 단계가 있다.

- 1단계 : 그럭저럭 현지 음식도 견딜 만한데 가끔 한국 음식이 아쉬울 때다. 멕시코 음식 중에 한국의 곰탕과 비슷한 깔도 데 뽈요^{Caldo de Pollo}(닭곰탕)와 깔도 데 레스^{Caldo de Res}(소고기 곰탕)가 있다. 그런데 이것만으로는 좀 아쉽다. 여기에 멕시코 밥을 넣어서 먹어 보자. 보통 이런 음식을 시키면 멕시코식 볶음밥인 아로스 프리또^{Arroz Frito}가 같이 나오지만 그래도 미리 확인해야 한다. "깔도 데 뽈요 비에네 꼰 아로스?^{Caldo de Pollo viene con Arroz}(닭곰탕이 밥과 같이 나오나요?)"라고 물어보자. 많은 경우 밥이 아니라 빵이나 또르띨야^{Tortilla}만 주기도 한다. 이제 메인 메뉴와 볶음밥이 나오면 사정없이 밥을 곰탕에 집어넣고 후루룩 먹으면 된다. 좀 없어 보이기는 해도 멕시코 사람도 이런 식으로 먹을 때가 많아 이상하게 보지는 않는다. 한국 음식을 조금이나마 느낄 수 있다.
- 2단계 : 하얀 쌀밥에서 오르는 김이 머릿속에서 모락모락 피어나고

몸은 허기지고 상태가 별로라면 1단계로는 해결이 안 된다. 일단 나가자. 멕시코에도 중급 도시 이상에는 대형 마트와 큰 슈퍼들이 있다. 마트에 들어가 조리 음식을 파는 코너에서 아로스 프리또를 무게를 달아 산다. 500그램이면 밥 두 공기는 족히 된다. 그리고 김이 날 만큼 따뜻하게 데워 달라고 부탁한다. "깔리엔다, 뽀르 파보르.^{Calienta, por favor} (데워 주세요)" 보통은 이미 데워져 있지만 그렇지 않은 경우는 전자레인지^{Horno de Microondas}에라도 데워 달라고 하면 해 준다. 마트 안에 먹는 장소를 제공하는 곳이 많아 데워 달라고 해도 이상하지 않다. 일회용 숟가락도 챙기자. 여기에서 중요한 것이 등장한다. 아로스 프리또에 멕시코식 고추소스^{Salsa}를 곁들여야만 한다. 맵고 쌉싸름한 살사를 뿌리면 한결 맛이 좋아진다. 멕시코에서 고추소스는 어디서나 흔하다. 대형 마트의 패스트푸드 먹는 곳을 이용하면 된다. 참고로 로호^{Rojo}(빨간색)와 베르데^{Verde}(초록색)가 있는데 일반적으로 베르데가 더 맵다. 이렇게 배를 채우면 하루 지난 볶음밥을 먹은 듯한 효과를 볼 수 있다. 멕시코의 허름한 식당에서 그냥 아로스 프리또만 먹겠다고 흥정해 봐도 된다. 참, 아로스 프리또도 로호(빨간색)와 블랑꼬^{Blanco}(흰색)가 있는데 나는 토마토소스가 들어간 로호를 선호한다. 블랑꼬는 소금간만 약간 했다. 반찬이 아쉽다면 소시지^{Salchicha}나 햄^{Jamón}을 조금 사서 함께 먹어도 좋다.

- **3단계** : 마침내 중국 음식이다. 돈이 좀 들기 때문에 조심스럽지만(?) 비상 상황에서 효과가 만점이다. 중국 음식점은 멕시코에도 꽤 흔하다. 워낙 양이 많아서 남은 음식은 포장해 갈 수도 있다. 두 명이면 볶음밥에 요리 하나를 같이 시키면 훌륭하다. 한번 배터지게 먹고 나면 포만감이 밀려온다. 다만 중국 음식 특징상 상

당히 느끼하므로 김치 없이 못 사는 분에게는 추천하지 않는다.

이런 치료 과정을 거쳤음에도 불구하고 증상이 회복되지 않을 때는 일식당을 떠올리자. 물론 멕시코의 일식당은 중식당에 비해 많지도 않고 가격도 매우 비싸다. 그리고 일식 특유의 온화한 맛과 소박한 양은 비상 상황에 처한 우리를 달래 주기에 부족한 면이 있다.

마야 루트

리오 벡,
체뚜말

마야 도시를 볼 때는 상상력을 동원하자

정신을 추스르고 다시 유적지 이야기로 돌아오자. 빨렝께에서 체뚜말로 가는 길에 리오 벡^{Rio Bec} 유적지가 있다. 리오 벡 주변 유적지는 깔락물^{Calakmul}을 빼고 나머지는 규모가 크지 않다. 이제까지 거쳐 온 떼오띠우아깐, 몬떼 알반, 빨렝께와 비교하면 아담하다고 할 수 있다. 하지만 재차 강조한 것처럼 유적지 규모의 허구를 조심해야 한다. 현재 울타리를 두른 유적지 경계는 당시 도시의 실제 경계와는 상관이 없기 때문이다. 우리나라 옛 도시들은 성곽으로 성 안과 성 밖을 구분하는 경우가 많다. 그러나 마야에는 성이 있는 곳이 극히 드물다. 그나마 있다고 해도 군사적인 의미보다 종교적인 의미가 더 컸던 것으로 보인다. 이 점은 다음 일정인 뚤룸^{Tulum} 편에서 자세히 이야기하겠다. 하여간 마야는 토지의 개인 소유 개념도 없었을 뿐더러 성곽도 없어 도시 규모와 경계를 논하기가 상당히 어렵다. 소규모 원주민 전통 마을은 사람들이 다 모일 수 있는 중앙 광장과 부속 건물 주변으로 집이 둥글게 늘어서 있다. 30~40가구를 넘어서면 구조는 더 복잡해진다. 중심과 함께 부심들도 발달하는데, 서울 한복판에 명동이 있는가 하면 주변으로 영등포와 신촌, 청량리 등이 부심으로 중요한 기능을 담당하는 것과 같다. 따라서 마야의 도시 크기는 중심부 건물과 신전 지역의 규모에 비례한다고도 볼 수 있다. 물론 일반화의 오류를 범할 수 있어 조심스럽지만 보편적인 현상이다.

그렇다면 이곳 리오 벡 지역의 도시 구조를 살펴보자. 에스까르세가에서 깜뻬체로 향하는 도로상에 크고 작은 도시들이 존재한다. 어떤 것들은 서로 수 킬로미터밖에 떨어져 있지 않다. 주요 신전 구역이 일정한 거리를 두고 발달한 것이다. 외형적으로는 각기 다른 이름에 서로 다른 모습을 하고 있지만, 전체가 하나일 가능성도 있다. 도대체 어디부터 어디까지가 도시의 경계고 어디까지가 정치적 혹은 경제적으로 하나의 단위인지 구분하기 힘들다는 말이다. 그러니 유적의 경계도 의미가 없다. 유적지와 유적지가 아닌 곳의 경계는 입장료를 내는 곳과 내지 않는 곳 정도의 차이밖에 없다는 말도 가능하다. 하나의 신전 구역을 중심으로 촌락이 발달했고 그곳에서 멀어질수록 집들의 밀도도 낮아진다. 그러다가 조금 더 가면 다시 집들이 많아지면서 다른 중심 구역이 나타난다. 지금 우리가 통과하는 곳이 이런 마야의 특징을 잘 보여 준다. 그러니 어디 한 곳 마야인들의 삶의 터전이 아닌 곳이 없다. 불과 몇 분 혹은 몇 십 분만 가면 또 나타나는 서로 다른 유적지들을 이런 배경으로 이해하면 된다. 대표 유적지로 리오 벡, 베깐Becán, 치까나Chicanná, 꼬훈리츠Kohunlich, 스뿌힐Xpujil 등이 있다.

이야기한 대로 이 유적지들은 돈 받고 입장하는 대표적인 유적지 이름에 불과하다. 당시에 마야 사람들이 이곳을 그렇게 불렀다는 근거도 없고, 이곳들이 주변 지역의 중심지였다는 확신도 힘들다. 주변을 넓게 둘러보면 알 수 있는데, 근처에 크고 작은 피라미드들이 밀림 속에 완전히 방치된 채 서 있다. 이것을 발굴 복원하면 또 다른 유적지가 탄생하는 것이다. 그렇다면 어떤 이유에서 특정 유적지는 발굴 복원되고 다른 유적지는 안 되었는지 의문이 생긴다. 반드시 학술적인 이유로 결정되지는 않는다. 정치적, 경제적으로도 깊이 관련이 있다. 큰 도로 주변에 있는 유적은 아무래도 발굴 가능성이 더 크다. 관광 개발에 도움이 되기 때문이다. 작은 유적이기는 하지만 세계적 관광지인 깐꾼Cancún 근처의 뚤룸은 많은 사람이 알고 있다. 바다를 면하고 있어 아름답기 때문이다. 한편 떼오띠우아깐 같이 정치적인 이유로 치적을 높이기 위해 또는 시대적 상징성으로 유적지 개발에 돈을 쏟아붓기도 한다.

앞서 '도시 경계가 모호하다'는 말과 '정치, 경제적 이유로 유적지 개발이 이루어지는 경우도 많다'는 말을 통해 강조하고 싶은 것은, 마야 유적지를 '당시의 모습대로 객관적으로 보자'는 것이다. 당시는 오늘날 우리가 보고 있는 유적지의 경계나 모습과는 상당히 달랐기 때문이다. 근처에 서로 가까이 있는 다른 이름의 유적지들을 돌아보면서 부심들의 모습과 각자의 기능을 생각해 보는 노력이 필요하다. 우리가 차에서 내렸던 장소, 음료수를 샀던 가게, 마을 아이들을 위해 만들어 놓은 농구장, 농사짓는 밭도 마야 시대에는 중요한 건물들이 있던 중심 지역이었을 수 있다. 혹은 최소한 사람들의 왕래가 빈번한 외곽 주거 지역이었을 가능성도 있다. 가령 오늘날 경복궁을 둘러보면서 근방의 종로나 광화문이 중요한 도시 기능을 했음을 상상해 보자. 과거에 중요한 건물이 있던 장소에는 지금도 중요한 건물들이 있는 경우가 많다. 비록 모습은 변화를 거듭해 처음과 달라졌을지 모르지만 말이다.

그런데 마야 유적지는 이전에 화려

마야 루트

리오 벡,
체뚜말

한 건축물이 있던 곳에 지금은 아무것도 없는 경우가 많다. 허허벌판이거나 밭이거나 기껏해야 작은 동네가 있을 뿐이다. 주변 지역은 완전히 버려졌다. 이곳 리오 벡에서 그럴듯한 식당이 있는 곳까지 가려면, 그러니까 체뚜말까지는 100킬로미터 이상을 달려야 한다. 이런 점에 주의해 유적지의 옛 모습을 상상하고 가까운 거리에 있는 도시들과의 관계를 관찰해 보자.

인간이 오를 수 없는 계단

이곳에는 다른 마야 지역과는 구분되는 독특한 건축 양식이 있는데, 학자들에 의해 '리오 벡 양식'이라 불린다. 높은 탑, 넓은 단 위에 세운 복합 공간, 둥근 기둥의 커다란 건축물, 끄레스떼리아, 신의 입 모양으로 화려하게 장식한 입구 등이 특징이다. 대표 건축물로 쌍둥이 탑을 꼽는다. 이

리오 벡 유적지의 쌍둥이 탑 | 베깐 유적지의 수직에 가까운 계단

곳 유적지들에서는 건물 양 끝에 같은 모양의 높은 탑이 대칭으로 서 있는 모습을 종종 발견한다. 계단이 거의 수직에 가까운 점도 특이하다. 경사가 급해도 너무 급해, 계단이라기보다 장식의 일부처럼 보인다. 실제로 인간이 오르기 힘든 수준이다. 기능적인 면보다는 종교적인 상징성을 중요시 여긴 것으로 해석할 수 있다.

리오 벡 건축 양식으로 일컫는 이곳 도시들은 기원전 400년에서 기원후 1100년 사이에 발달했다. 도시 유적을 하나씩 살펴보자.

먼저 치까나 유적지에는 리오 벡 양식의 특징인 신의 입 모양을 한 건물 입구가 잘 보존되어 있다. 가장 유명한 '건물 II'에는 '이참나Itzamná'로 불리는 신의 얼굴 모양이 조각돼 있는데, 입이 건물 입구에 해당하며 그 위로 두 눈이 있고 좌우측으로 갖가지 장식물들이 조각되어 있다. 파충류의 이빨, 뱀의 몸통과 입 등 마야의 다양한 상징적 종교 문양을 볼 수 있다. 이 지방에 내려오는 전설에 의하면 치까나 건물에 들어가는 사람은 '신에 의해 먹히는 것'이라고 전해진다. 즉, 이 건물에 들어가는 행위를 인간이 신의 세계, 종교의 세계로 들어가는 것으로 표현했다고 볼 수 있다. 결국 신전으로 들어간다는 것은 신과 하나가 되는 일이다.

베깐 유적에서 가장 눈에 띄는 것은 전고전기 때 건설된 외곽 수로다. 기원전 100~250년경 지은 것으로, 길이가 1.9킬로미터고 방어용 해자가 아니었을까 추측한다. 그러나 근처 도시들에는 해자가 거의 보이지 않는다. 즉, 주변에 적들이 있었다면 다른 도시도 성이나 해자 같은 방어용 구조물을 두었을 텐데 그렇지 않다는 말이다. 이 때문에 베깐의 도시 외곽 수로를 방어용이라 하기에는 설득력이 약하다. 더군다나 이 도시가 건축물들을 집중적으로 짓는 등 발전기를 맞는 시기는 수로 건설과 수백 년의 차이가 있다. 수로가 건설될 당시 이 지

마야 루트

리오 벡,
체뚜말

치까나 유적지의 이참나

베깐 유적지 전경

역은 정치적으로 중요한 위치에 있지 않았다. 수로를 방어용으로 단정 짓기 힘든 또 하나의 이유는 그것의 깊이다. 가장 깊고 넓은 부분이 깊이 5미터에 폭 16미터 수준이고, 나머지는 이보다 좁고 낮아 방어용으로는 적합하지 않다. 베깐의 수로는 다른 마야 도시와 비교해도 상당히 예외적인 형태로, 기능을 정확히 이해하려면 더 많은 연구가 필요하다.

이 유적지에서 만나는 대부분의 건축물들은 고전기 후반인 기원후 550~830년에 건축되었다. '건물 I'과 '건물 IV'가 가장 규모가 크다. 그중 건물 IV는 특수한 미로 구조를 보인다. 지금은 많이 손상되었지

마야 루트

**리오 벡,
체뚜말**

| 스뿌힐 유적지의 건물 I

만 당시에는 이 건물 안쪽에 창문 하나 없이 폐쇄된 여덟 개의 방이 좁은 통로로 연결되어 있었다. 종교 의식에 사용되었을 가능성이 높고, 지하 세계를 상징적으로 표현했다는 추측도 가능하다.

베깐과 인접한 스뿌힐 유적지 역시 고전기 후반에 발달하였다. 특히 관심을 끄는 것은 '건물군 I'에 있는 '건물 1'이다. 이 건물은 다른 지역의 건물들과 다른 점이 있다. 세 개의 탑 모양을 가진 피라미드가 한 건물에 모여 있는데, 모두 독자적으로 계단과 신전을 갖추었다. 그런데 이 신전과 계단이 모두 장식적이라는 점이 특이하다. 인간이 오를 수 없을 정도로 가파른 계단 위 신전은 실내 공간이 없고 건물의 꼭대기를 장식하는 데 쓰

| 꼬훈리츠의 거대 얼굴 조각

였다. 이 건물을 만든 사람들은 건물에 올라가 제사를 지내던 전통에 변화를 주어 계단과 신전을 모형으로 만들어 놓고 건물이 장엄하고 아름답게 보이는 효과만 강조한 것이다. 왜 그랬을까? 정확한 이유를 알기는 힘들지만, 고전기 후반이 되면서 점차 건물의 내외형이 제사 기능보다 종교적 상징성을 더 중요시하는 쪽으로 변했다고 볼 수 있다. 이처럼 고전기 후기에는 여러 사람이 볼 수 있는 건물, 그러나 신전에 들어가 제사를 지낼 수 없는 건물이 만들어지기 시작한다. 이런 변화의 대표적인 사례를 스뿌힐 유적지에서 만날 수 있다.

꼬훈리츠는 고전기 초반, 즉 기원후 300~600년의 도시. 밀림 한가운데에 높은 첨탑이 솟아 있어 강한 인상을 준다. 3층짜리의 아름다운 중심 피라미드 층계에 1.5미터 남짓한 커다란 얼굴 조각Mascarones들이 회반죽으로 정교하게 제작되어 있는데, 이것이 이 유적지와 주변 리오 벡 양식의 상징이 되었다.

깔락물 유적지는 중심 도로에서 멀리 떨어진 정글 한가운데에 자리 잡고 있어 널리 알려지지는 않았지만 학계에서는 많이 언급된다. 유적지 규모가 크고 마야 문자 기록에 중요한 중심 지역으로 많이 등장하기 때문이다. 그래서 이 도시에 관한 연구는 1990년대에 가장 관심을 끈 분야 중 하나였다. '폴란William J. Folan'이라는 학자는 근방 30여 제곱킬로미터의 넓은 지역을 표면 조사하여 상세한 기록을 남겼는데, 기록에 따르면 약 6,000개의 건축물이 발견되었다. 엄청난 양의 건축물들은 당시 이곳이 얼마나 화려했고 사람들의 왕래가 빈번했는지 추측하게 한다. 전반적으로는 중앙 신전 지역을 중심으로 화려한 마야 아치를 가진 건물들이 모여 있고, 그 주변으로 건물들이 점차 감소한다. 중앙 신전 지역 외곽의 부심에는 돌로 벽을 쌓은 건축물에 씨족 단위들이 밀집해 살았던 것으로 보인다.

깔락물 유적지

당시 연구 붐을 타고 좀 더 구체적인 도시 구조가 드러났다. 중앙 신전 지역에 주요 건축물이 집중되었지만 부심 지역도 발달해 전체적으로는 중심과 부심이 균형을 이루고 있음을 알게 되었다. 부심의 발달은 마야인들의 정치, 사회 구조에 대한 새로운 개념을 이해하는 데 중요한 자료로 이용되었다. 발굴과 연구를 할수록 부심의 중요성이 부각되었고, 결국 오늘날에는 깔락물이 지녔던 당시의 정치적 위상이 인근의 강력한 중심지였던 빨렝께나 띠깔Tikal에 버금간다는 주장이 받아들여진다. 외형적으로 이 유적지의 규모는 다른 어떤 마야 유적지보다 크다. 인구 면에서도 이제까지 띠깔이 마야 도시 중 가장 크다고 알려졌으나 깔락물의 연구 결과가 속속 발표되면서 반론이 제기될 정도다.

일곱 색깔 호수의 기구한 운명

체뚜말에서는 바깔라르^{Bacalar} 호수와 쎄노떼 아술^{Cenote Azul}을 둘러보자. 바깔라르 호수는 길이가 55킬로미터나 되는 큰 호수로 '일곱 가지 색깔의 호수^{La laguna de los siete colores}'라는 별칭을 가지고 있다. 수중 식물과 산호들이 각기 다른 색을 내기에 이런 이름이 붙었다. 이 호수 초입에 '파란색 호수'라는 뜻의 쎄노떼 아술이 자리하고 있다. 작고 아담하지만 석회암으로 된 바위와 이국적인 식물들이 둘러싸고 있다. 물이 어찌나 투명한지 물속에 잠긴 나무의 뿌리까지 자세하게 관찰할 수 있다. 외국 관광객도 있지만 이곳은 수영장과 위락 시설이 발달해 현지인들에게 꾸준히 사랑받는 휴식과 레저 장소다. 특히 체뚜말 사람들이 주말을 즐기는 곳이기도 하다.

나는 이처럼 아름다운 곳에 오면 버릇처럼 숨은 역사를 찾아본다. 그 의미들이 꼬리에 꼬리를 물면 파란 물 색깔이 기구하게 느껴진다. 이곳은 화려한 역사를 지녔다. 에스빠냐 군대가 유까딴을 공식적으로 평정한 시기는 1500년대 초다. 그러나 바깔라르와 주변 지역은 여전히 반독립 상태로 원주민들이 자치를 유지했다. 그러다 마침내 정복된 때가 1600년대 중반이다. 에스빠냐 군대의 압박에 시달리면서도 100년 이상 자신들의 문화를 지킨 것이다. 그런데 정복 이후 이곳이 안정적으로 통치되었냐 하면 그렇지도 않다. 스코틀랜드, 영국, 프랑스 해적들이 다양한 이유로 이곳을 점령한다. 그 유명한 카리브의 해적들이 지나며 들르는 교통 요지인 데다가, 내륙과 깊숙이 연결된 수로 덕택에 숨을 곳도 많았다. 이곳 나무에서 나는 염료도 돈이 되는 특산물이었다. 상황이 이렇다 보니 이곳은 이권과 분쟁이 끊이지 않았다. 1800년대 중반 까스따 전쟁^{Guerra de Castas}이 일어났고 원주민들이 다시 반백 년간 독립을 유지한다. 전쟁이 끝나면서 반란 세력이 마

| 이국적인 분위기의 쎄노떼 아술

| 일곱 가지 색깔을 띤다는 바깔라르 호수

지막으로 숨어들어 온 곳이 바깔라르다. 그들은 그토록 지키고자 했던 신념과 함께 이곳의 푸른 물에서 최후를 맞았다. 수로가 복잡하고 내륙 교통이 불편한 데다 중앙 정부의 통제력이 미약한 반면, 외부 세력과 연계가 용이한 지리적 특성으로 이곳은 늘 분쟁의 한가운데 있었고, 최후의 저항지가 되었다. 이런저런 난리에 죽어 나간 사람이 한둘이었겠나. 바깔라르의 풍광은 아름답기 그지없지만 그 안에는 기구한 역사가 잠들어 있다.

8일 툴룸
Tulum

이동	체뚜말에서 250킬로미터 거리, 3시간 소요
주요 볼 곳	뚤룸, 꼬바 유적지
자고 먹을 곳	쁠라야 델 까르멘, 깐꾼

MEXICO
메히꼬
뚤룸
BELIZE
GUATEMALA
HONDURAS
EL SALVADOR

입장료 수입 1위 뚤룸의 비결

뚤룸Tulum은 멕시코 정부에서 관리하는 1,000개가 넘는 고대 유적지 가운데 입장료 수입이 가장 많다. 물론 세계적인 휴양지 깐꾼에서 가깝다는 (131킬로미터 거리) 지리적 이점도 있겠지만 그보다는 유적 자체의 아름다움이 사람들의 발길을 이끈다. 카리브해의 아름다운 물 색깔과 어우러져 해안 절벽에 우뚝 솟은 천년 고도는 그야말로 자연과 고대 유적의 조화가 절묘하다. 뚤룸은 바다를 끼고 있고 주변에 선착장이 발견된 점으로 미루어 해상 교통의 중요한 근거지였던 것 같다. 그래선지 바다가 잘 내려다보이는 곳에 피라미드를 짓고 제사를 올렸다. 바다와 관련한 인간의 삶과 종교관이 집약된 중심지로서 뚤룸의 모습이 그려진다.

뚤룸 유적지 전경

마야 루트

뚤룸

멕시코 외화 수입의 절대적 1위는 미국에서 일하는 멕시코인들이 모국으로 보내는 돈이고, 2위가 '굴뚝 없는 공장'이라고 말하는 관광 산업이다. 후자의 경우 외국인이 가장 많이 찾는 곳이 이 주변이고, 뚤룸은 명실공히 관광 산업의 일등 공신이다. 멕시코에 하루나 이틀밖에 머물 수 없는 여행자에게 멕시코시티와 깐꾼 중 어디를 권해야 좋을지 갈등할 정도로 이곳은 관광지로서의 매력이 크다. 짧은 일정에도 불구하고 마야 문명을 한 번이라도 보고 싶다는 사람이라면 나는 고민 끝에 뚤룸을 추천한다. 다시 말하지만 최소한의 일정일 때 말이다.

나는 세상 모든 곳은 그 나름의 아름다움을 지녔다고 생각한다. 고매한 개똥철학을 가지고 있어서가 아니라, 설악산이나 남미 안데스산맥이나 각자 스타일의 아름다움을 깊이 느껴 봤기에 하는 말이다. 세계 최고의 요리사가 가장 비싼 재료로 만든 요리와 내 어머니의 시원한 배춧국 중 어느 것이 더 맛있다고 말할 수 없는 것과 같다. 좌우간 아름다움의 '절대적인' 기준이란 존재하지 않는다는 전제하에, 내가 본 가장 아름다운 바다 중 하나로 유까딴반도의 카리브해를 꼽는다. 그리고 이 주변을 천혜의 관광지라고 자신 있게 말한다. 이렇게까지 강력히 주장하는 데는 세 가지 이유가 있다.

첫째, 자연환경 자체의 아름다움이다. 쪽빛 바다와 밀가루처럼 고운 모래, 열대 밀림의 장관이 어우러져 시원한 맥주 광고에서 볼 법한 환상적인 분위기가 펼쳐진다. 그런데 이 정도 아름다운 곳이야 전 세계에 많다. 동남아시아도 그렇고 지중해 해안도 아름답기로 둘째가라면 서럽다. 내가 제일 좋아하는 강원도 묵호 앞바다는 또 어떤가. 동해의 맑은 물과 어우러진 조그만 항구들, 해안가 절벽 바위틈에서 자란 소나무 가지가 흐드러진 해변 역시 더할 나위 없다.

뚤룸의 바다도 그만큼 아름답다. 처음 갔을 때도 그랬지만 가고 또 가

카리브해를 바라보고 선 뚤룸의 피라미드

도 여전히 감동이다. 유적지 입장권을 사서 듬성듬성 자리한 건물을 지나 바닷가 쪽으로 발걸음을 옮기면 갑자기 '헉' 하고 숨을 멈추게 된다. 쪽빛으로 빛나는 바다는 황홀하고, 이대로 물속에 들어가도 가라앉지 않을 것만 같다. 절대적인 자연의 미가 이곳을 유명 관광지로 만든 것이다. 그런데 이 첫 번째 이유보다 더 중요한 것은 두 번째와 세 번째다.

두 번째 이유는 마야 유적지다. 이렇게 아름다운 자연환경을 배경으로 수천 년 된 마야 도시가 떡하니 자리 잡고 있다. 신비 그 자체인 피라미드를 끼고 있는 자연은 더 큰 감동을 준다. 자연에 더해 스토리가 있고, 거기에 의미와 감동까지 더하면 금상첨화지 않은가. 그런 이유로 마야 유적이 함께하는 관광지는 다른 관광지에 비해 한층 가치가 높다.

세 번째 이유는 원주민이다. 자연과 유적 유물이 공존하는 곳에 그것을 만든 원주민들이 수백 수천 년 전과 크게 다르지 않은 모습으로 살고 있다. 물론 그것은 가난의 결과고 극복의 대상이기는 하지만, 외지인 입장에서는 '문명과 원시의 공존'이라는 묘한 대조가 이곳을 특별하게 만든다. 세계 최고의 관광지에서 차를 타고 20~30분만 들어가도 초가집을 짓고 살며 에스빠냐어에 서툰 원주민들이 신기한 눈으로 외지인을 바라보는 곳이 바로 여기다.

이런 이유들로 유까딴반도의 동쪽 카리브해안은 최소한의 시간으로 마야를 보고 싶은 사람 혹은 카리브의 아름다움과 멕시코 정취를 수박 겉핥기식으로라도 보고 싶은 사람에게 안성맞춤이다. 그리고 그 중심에 이곳 뚤룸이 있다.

지금으로부터 500여 년 전 이 땅을 정복했던 에스빠냐 침략자들도 뚤룸 앞바다를 지나면서 경탄을 아끼지 않았다. 최초로 유까딴반도를 돌아본 에스빠냐 정복자 그리할바^{Grijalva}의 기록에 뚤룸에 관한 이야기가 다음과 같이 전해진다.

> 하루 낮밤을 이 해안을 따라 항해하여 다음날 새벽 무렵 먼발치에 있는 큰 마을을 발견하게 되었다. 마을 규모는 세빌야보다 크거나 비슷해 보였다. 높은 탑도 보인다. 해안가를 따라 많은 원주민들이 양손에 깃발을 들고 올렸다 내렸다 하며 우리 배를 인도하는 것 같았다. 그러나 선장인 그리할바는 상륙하기를 꺼렸다.(『마야 문명$^{La\ civilización\ Maya}$』, 몰리^{Morley} 지음, 1991, 국내 미출간, 송영복 번역)

거꾸로 내려오는 '금성의 신'

뚤룸은 주변 다른 도시들에 비해 발전이 늦었다. 기원후 1200년경 도시 구조를 만들기 시작해 에스빠냐의 침략과 함께 멸망한 것으로 보인다. 그러나 현재 대영박물관이 소장한 출처가 불분명한 비석이 이 유적지 것이라는 주장이 사실이라면, 이곳은 이미 고전기 때부터 상당한 규모를 갖춘 셈이다. 즉, 고전기인 기원후 200년에서 900년 사이에 이미 도시로서 기능을 수행했을 가능성이 크다.

가장 큰 신전인 엘 까스띨요 El Castillo 는 바다와 유적의 조화를 그대로 보여주는 피라미드다. 바닷가에 접해 있으면서 그 아래 절벽이 있고 절벽 아래로 바닷물이 철썩거린다. 작기는 하지만 백사장도 있다. 유적과 바다가 만드는 전경이 일품이다. 마야의 바다, 아니 멕시코 바다를 생각하면 무의식중에 이곳이 떠오른다. 물론 달력의 표지 사진으로도 많이 등장한다. 노래방에서 이곳 유적지를 찍은 비디오를 보면서 노래를 부르는 상상을 해 본다. 화면에는 마야 유적지가 펼쳐지고 잔디밭을 지나 엘 까스띨요 피라미드의 계단을 오르는 미녀, 그리고 절벽 아래 바닷가에 풍덩 빠졌다가 물을 털면서 나오는 구릿빛 피부의 근육남…. 이런 상상이 어렵지 않다. 좌우간 마야 땅을 밟은 이상 뚤룸이 선사하는 풍광을 놓칠 수 없다.

이곳에서 눈여겨볼 것은 유까딴 동부 해안 양식이다. 뚤룸을 비롯해 유까딴반도 동부에 위치한 스카렛 Xcalet, 쉘하 Xel-Há, 쁠라야 델 까르멘 Playa del Carmen 등의 해안가 도시 대부분에서 나타나는 건축적 특징이다. 사실 유적지들을 돌아다니다 보면 건물은 모두 돌이고 모양도 비슷해 거기서 거기 같은 생각이 든다. 더워 죽겠는데 그만 보고 싶어진다. 이런 때 도시별로 다른 건축 양식의 특징을 알고 유적을 본다면 재미가 새록새록 돋는다. 유까딴 동부 해안 양식을 대표하는 건물은 역사다리꼴 신전이다. 말 그대로 신전이 사다리꼴을 뒤집어 놓은 형태다. 아래는 좁고 위로 갈수록 넓어지는데, 각도가 크지는 않다. 다른 곳에는 없는 이 지역만의 특징이다.

또한 금성의 신으로 보이는 형상을 건물 정면 위에 현판처럼 내건 점도 독특하다. 금성의 신 역시 거꾸로다. 마치 하늘에서 내려오는 것 같다. 다리는 하늘을, 몸은 땅을 향하지만 얼굴은 쳐들어서 정면을 보고 있다. 왜

마야 루트

툴룸

| 역사다리꼴 모양의 신전

거꾸로 해 놓았을까 궁금하지만 기록이 남아 있지 않은 한 명쾌하게 이해할 길이 없다. 이럴 때는 타임머신이 간절하다. "도대체 왜 이렇게 뭐든 거꾸로 만든 거요? 그리고 거꾸로 내려오는 인물이 금성의 신이 맞소?" 등 물어볼 것이 수천 개다.

벽화의 신전 Templo de los Frescos 은 이름처럼 벽화가 그려져 있는데 이곳에도 거꾸로 내려오는 신이 보인다. 길이 8미터 건물 중앙에 네 개의 거대한 기둥이 있고, 벽면에는 회반죽으로 마감된 신성한 신의 모습이 장식되어 있다. 이 건물은 2층으로 만들어진 것이 특징이다. 2층 사원에는 신들에게 제사를 지내는 장면으로 추정되는 검은 바탕에 푸른색을 칠한 그림이 있다.

벽화의 신전 꼭대기에 조각된 금성의 신 | 박물관에 전시된 금성의 신 |

성벽일까 담장일까

툴룸에서는 도시 주변을 둘러싼 담장이 눈에 들어온다. 담장은 바다를 제외한 삼면을 둘러싸고 있으며 출입구는 다섯 개다. 그런데 이것이 담장이냐 성곽이냐를 두고 논란이 있다. 이 논란은 간단히 넘어갈 문제가 아니다. 마야가 도시를 세우고 신물을 만들고 출판을 하는 등 외형적으로 가장 왕성하게 활동하던 고전기 말에 전쟁이 시작되었다고 주장하는 학자가 많다. 종교 의례였던 전투 행위가 정치적 성격을 띠면서 전쟁이 벌어졌고, 그 때문에 성벽이 만들어졌다는 것이다. 아니, 아메리카 대륙의 고대 문명에서는 아주 희귀한 몇몇 도시의 성벽 형태가 전쟁설을 낳았다는 편이 맞겠다. 이를 설명할 때 자주 언급되는 도시들이 있다. 도스 빨라스 Dos Pilas, 아구아떼까 Aguateca, 낌 치 힐람 Quim Chi Hilam, 뿐따 치미노 Punta Chimino 등인데, 군사적 목적으로 성벽을 세웠다고 추정하는 곳들이다. 특히 도스 빨라스에서는 기존 건축물과의 조화를 무시하고 성곽과 해자가 급조되었다는 연구도 있다. 그러나 이는 지금 과테말라의 뻬뗀에서 발견되는 예외적인 경우로 볼 수 있다. 마야 전체가 유럽이나 동양처럼 일상적으로 방어용 성곽을 만들었다고 보기는 힘들다. 후고전기 시대에도 방어용으로 추정되는 성곽을 건설한 도시는 얼마 되지 않고, 유까딴 반도의 마야빤Mayapán과 뚤룸 등지에서만 나타난다. 그러니 뚤룸을 둘러싼 건축물이 성곽인지 담장인지 애매하다. 이와 관련한 논란을 따라가 보자.

마야 유적지들을 방문할 때 무심코 지나치기 쉬우나 꽤 특이한 점이 성곽의 부재다. 과테말라 밀림 한가운데 평지에 세워진 띠깔 유적지도 규모로 보아 위용이 상당했을 텐데 어떤 형태의 성곽도 발견할 수 없다. 주변에 적대국이 없는 것도 아니고 정치적으로나 외교적으로

뚤룸을 둘러싼 담장

늘 안정적이지도 않았다. 고전기 메소아메리카의 메카로 여겨지는 고원 지방의 떼오띠우아깐도 당시는 지구상에서 가장 큰 도시였음에도 성곽은 고사하고 전쟁에 관한 그림이나 무기조차 발견되지 않았다. 다만 성곽처럼 생긴 담을 가진 마야 도시들은 드물게 있다. 그중 대표적인 곳이 이곳 뚤룸과 마야빤이다. 그렇다면 이 담들의 기능은 무엇일까? 대답을 찾기 위해 담들의 형태부터 살펴보자.

먼저 담의 길이는 지역에 따라 다르다. 수십 미터부터 수 킬로미터에 달하는 것도 있다. 뚤룸은 총 길이가 800미터고, 마야빤은 4.2킬로미터다. 이츠빠아뚠^{Ichpaatún} 유적지는 300여 미터, 쉘하는 50미터다. 이들은 모두 중요한 신전이나 도시 중심부를 둘러싸고 있다. 이렇게 보면 담들이 성곽이었을 가능성도 큰 것 같다. 담이 도시의 중요한 부분을 에워싸고 있는 만큼 방어용 성곽이라는 추론이 설득력 있다. 담의 형태를 좀 더 살펴보면, 높이에 비해 두께가 두껍다. 뚤룸은 두께가 평균 7미터, 높이가 평균 3~5미터 정도다. 착촙^{Chacchob} 도시의 담은 두께 10미터에 높이가 2~2.5미터다. 우리가 지나온 베깐 유적지에는 담이 아니라 해자 같은 물웅덩이가 있었는데, 길이가 1,890미터에 달하고 두께가 16미터, 깊이가 2.5~5.7미터였다. 역시 방어용으로 충분히 기능할 만한 조건이다. 실제로 식민지 시대나 독립 이후에도 이런 담이 방어용으로 쓰이기도 했다. 그러나 과연 그럴까? 쏘놋^{Dzonot}이나 아께^{Aké}에서 발견된 것은 두께가 3.5미터나 되지만 높이는 0.3~1미터고, 춘추밀^{Chunchumil}의 경우도 높이가 최대 1미터를 넘지 않았다. 꾸까^{Cuca}의 담은 두께가 35~50센티미터에 높이가 50센티미터밖에 되지 않았다. 이런 구조로는 방어 목적을 수행하기에 분명 무리가 있다.

담들이 낮다는 점 말고도 방어용이라는 주장의 설득력이 약해지는 요소들이 있다. 담이 존재하는 도시가 많지 않다는 점이다. 이 담들이 방어용이라면 동시대 주변 지역에도 담이 존재하는 것이 자연스럽다. 그러나 근처 다른 도시에는 담의 흔적이 전혀 없는 경우가 많다. 즉, 동시대에 적대적 관계의 두 도시가 인접해 있는데 한쪽에서는 방어용 성곽을 만들고 다른 한쪽에는 성곽이 없다는 말이 된다. 한쪽 도시에만 침략의 위협이 있었다고 보기에도 무리가 있다. 사실상 방어 기능을 수행할 수 있는 담은 고작해야 뚤룸과 마야빤 그리고 과테말라 뻬뗀 지방의 도스 삘라스 정도라고 조심스럽게 주장해 본다.

한편 담의 두께가 필요 이상으로 두꺼운 것도 의문이다. 방어가 목적이라면 마야의 무기 형태로 볼 때 성곽 높이에 더 주의를 기울였을 것이다. 그러나 높이에 비해 3~4배나 되는 담의 두께는 기능적인 면에서 이해하기 힘들다. 아께 유적지의 담도 폐쇄성이 결여되어 방어용으로는 적합하지 않다.

우리가 지나고 있는 북부 유까딴 지역에는 아주 낮은 것부터 높은 성벽 형태까지 다양한 담이 나타나는데, 당시의 건축 유행을 반영한 것으로 보인다. 즉, 방어용 성곽이 아니라 기능이나 미학적인 측면에서 다양한 형태의 담이 지어졌다는 이야기다. 고고학자 세고비아 빅또르 Segovia Victor는 이런 담장이 종교적으로 성스러운 구역을 신성시하기 위한 것이라고 말한다. 또한 이곳에서 발굴 작업을 한 고고학자 길예르모 고니 Guillermo Goñi는 유까딴 동부 해안 지역의 낮은 담들을 가리켜 구역을 나누는 표식인 '알바라다 Albarrada'라고 말한다.

마야 도시들에 방어용 성곽이 실제로 존재했는지의 논의는 지금도 진행형이다. 그러므로 이것들을 성곽으로 단정하는 성급함은 자제해야 한다. 오히려 방어용 성곽이 아닌 다른 기능을 수행했다는 주장이 더 설득력 있다고 생각한다.

말하는 신성한 십자가

자연의 아름다움과 고대 마야 유적들로 세계적인 관광지가 되었지만, 툴룸의 화려함 뒤에는 아프고 절절한 역사의 그림자가 숨어 있다. 깐꾼과 툴룸이 위치한 유까딴반도의 북동부 지역은 1800년대에 50년이 넘는 피비린내 나는 내전이 계속되었다. 제주에 4.3 항쟁이 있었다면 유까딴에는 까스따 전쟁이 있었다. 까스따 전쟁의 흔적은 유까딴반도 동부 지역에 위치한 낀따나 루Quintana Roo 주의 '펠리뻬 까릴요 뿌에르또Felipe Carrillo Puerto'라는 도시에서 발견할 수 있다. 이 도시에는 관광객이 잘 찾지 않는 특별한 사당이 있다. 사당은 200년 가까이 '말하는 십자가Cruz Parlante'를 모셔 왔다. 마야는 서양인들이 들어오기 전부터 독특한 사회를 구성하고 있었다. 마야에는 계층 구조가 발달하지 않았다. '꾸츠떼엘Cuchteel'이라고 부르는 씨족 국가의 형태를 크게 벗어나지 않았는데, 꾸츠떼엘은 혈연관계로 이루어진 일종의 집성촌이다. 꾸츠떼엘은 권력의 중심에서 정치, 경제, 종교, 군사 운영을 담당했고, 다른 상위 기관이나 왕 혹은 영주 같은 특정 인물에 영향받지 않고 녹자적으로 최종 결정권을 행사했다. 그러다 보니 강력한 중앙 집중 국가가 발달하지 못했다. 에스빠냐 사람들이 이곳을 침공했을 때만 해도 마야 원주민들은 백인들이 강요했던 중앙 집권적인 왕의 권력이나 국가라는 강력한 통제 수단을 경험해 보지 못한 상태였다. 그러니 친척도 아니고 본 적도 없는 에스빠냐 국왕에게 충성하는 것 자체가 이들에게는 '빵꾸똥꾸' 같은 일이었다. 충성 개념이 옅은 마야 사람들에게 식민지의 억압은 저항해야 할 체제였다. 에스빠냐의 지배가 끝나고 중앙 집중 체계가 제대로 갖추어지지 않은 혼란한 멕시코가 탄생했다. 어지러운 국가 운영의 틈 속에서 원주민들은 반란을 통해 독립적 위치를 회복한다. 이 과정에서 말하는 십자가가 원주민들의 정신적인 지주로 등장한다.

까스따 전쟁은 1847년 발발했다. 외형적으로는 멕시코가 독립 국가로 탄생한 뒤의 정치적 갈등이 도화선이 되었다. 원주민들이 정부와 백인들을 향해 불만을 터뜨리며 반란을 일으킨 것이다. 그래서 전쟁 이름도 '까스따^{Casta}(신분, 계층)'이다. 싸움은 곧 인종 전쟁이 되었다. 원주민들은 점령한 땅의 백인들을 죽였고, 백인이 지휘하는 정부군은 원주민 마을을 점령해 사람을 죽이고 약탈과 강간을 일삼았다. 초기 전투에서 원주민들의 활약은 대단했다. 그들은 유까딴반도 북부의 상당 지역을 점령했고, 마야 원주민 독립 정부가 탄생할 수 있을 것처럼 보였다.

그러나 원주민들은 옥수수 씨를 뿌리러 집으로 돌아가겠다는 농민 병사들을 막을 수 없었다. 정부군은 결정적인 약점을 노출한 무지렁이들을 가만두지 않았다. 1848년부터 대공세가 시작되었고, 옥수수 수확을 앞두고 급히 무기를 챙겨 나오던 원주민 병사들은 잘 훈련된 전문 살인 집단의 총칼에 쓰러졌다. 1849년이 되면서 전세는 원주민에게 불리해졌다. 지도자와 병사를 잃은 원주민들은 동굴 안으로 도망쳤다. 이때 말하는 십자가가 처음 등장한다. 하느님이 십자가를 통해 원주민들이 해야 할 바를 알려주었다는 것이다. 이후에도 정부군과 원주민의 전투는 지리하게 이어졌고, 전세는 불리했지만 원주민들은 마지막까지 말하는 십자가를 지키며 항복하지 않았다. 전쟁은 세기를 넘겼고 1901년이 되어서야 끝이 난다.

말하는 십자가 사당$^{Santuario\ de\ La\ Cruz\ Parlante}$은 펠리뻬 까릴요 뿌에르또 시내에 있다. 이 도시는 반란 세력의 본거지였고, 십자가를 모신 사당은 최초로 십자가가 발견된 장소다. 당시의 십자가를 오늘날까지도 원주민 공동체가 순번을 정해 정성스럽게 모시고 있다. 마야 원주민들의 피와 땀과 눈물로 만들어진 십자가에 까스따 전쟁의 역사가 온전히 새겨져 있으니 한번은 볼 만하지 않겠는가. 사당은 중앙 광장에

말하는 십자가 사당

서 500미터 정도 떨어져 있어 여유로운 걸음으로 10분이면 도착한다. 그런데 막상 가 보면 너무 허름해서 놀란다. 비싼 렌터카를 몰고 구경 오는 관광객들이 없어서일 것이다. 근처 뚤룸 유적지에 들이는 유지 비용의 1,000분의 1도 쓰지 않는 것이 확실하다. 한편으로는 여전히 정체성을 고집하며 살아가는 마야 원주민들의 정치적인 입지를 보여 주는 것 같아 씁쓸하기도 하다.

호수의 도시 꼬바

뚤룸이 오늘날 유명한 마야 도시인 것은 사실이지만 유럽 사람들이 침략하기 전의 마야 사람들에게는 해안가에 자리 잡은 고만고만한 항구 도시일 뿐이었다. 주변의 항구 도시 가운데 그나마 좀 큰 정도였다. 내륙 쪽으로는 규모가 더 큰 도시들이 발달해 있었다. 그중 하나가 꼬바^{Coba}다. 뚤룸에서 50킬로미터 정도 내륙으로 들어가면 밀림 한가운데에 다섯 개의 작은 호수가 있고, 호수 주변으로 사람들이 많이 살았는데 그곳을 통틀어 '꼬바'라고 부른다.

마야 유적 연구가 다양한 방식으로 폭넓게 진행되면서, 지표 조사가 확대되고 발굴 복원이 가속화되어 도시 규모를 포함한 새로운 모습들이 곳곳에서 드러났다. 꼬바 유적지 역시 공과 돈이 들어가면서 새로운 면모가 속속 드러나는 곳 중 하나다. 원래 이 고대 도시는 세간의 관심 대상이 아니었다. 식민지 시대나 19세기에 원주민 반란 분위기가 강했던 점과도 연관이 있다. 분쟁이 많다 보니 중앙 정부의 영향력이 느슨해지면서 상대적으로 개발이 더뎠던 것이다. 그러다가 점차 주변 지역의 지표 조사가 이루어지면서 도시 규모가 타의 추종을 불허할 정도로 크다는 사실이 밝혀졌다. 지금까지 6,500여 개의 건물과

마야 루트
툴룸

유구遺構가 보고되었는데, 이곳 주변이 건물들로 빼곡했음을 의미한다. 그 중에 '노호츠 물Nohoch Mul'이라는 피라미드는 높이가 42미터나 된다. 꼬바를 중심으로 주변 도시와 연결되는 도로망이 200킬로미터에 달하는 것도 특기할 점이다. 이 도로는 '삭베Sacbe'라 불리는데, 상업과 종교 그리고 정치적인 기능을 모두 가졌던 것으로 여겨진다. 즉, 이곳은 원주민들이 살던 시기에 유까딴반도의 정치, 경제, 교통, 문화의 중심지 가운데 하나였던 것이다.

꼬바는 기원 이전부터 사람들이 살다가 기원후 100~250년 사이에 본격적으로 도시 형태를 갖추기 시작한다. 가장 많은 건축물이 만들어지는 전성기는 기원후 600~900년 사이로 보이며, 잠시의 공백 기간을 거쳐 기원후 900~1200년에 걸쳐 또 다른 부흥기를 맞았다.

호수의 도시 꼬바

깐꾼

9 / 10 일

Cancún

이동	뚤룸에서 130킬로미터 거리, 2시간 소요
주요 볼곳	깐꾼 유적지
자고 먹을 곳	깐꾼
더 가 볼곳	꼬수멜 섬

멕시코 관광 일번지 깐꾼

9일 차 여행을 시작하면서 깐꾼^{Cancún}이라는 도시의 배경을 먼저 설명해야겠다. 도시 이름은 에스빠냐어가 아니라 마야어다. 깐^{Can}은 이곳 원주민어인 마야 유까떼꼬^{Maya Yucateco}어로 '뱀'을 뜻하고, 꾼^{Cún}은 '둥지'를 의미한다. 합치면 '뱀의 둥지'가 된다. 이곳 원주민들에게 뱀은 종교적으로 상당히 숭앙받는 동물인데, 특히 깃털 달린 뱀^{Kukulkán}은 마치 우리나라의 용처럼 이들 종교에서 최고 상징 중 하나다. 사실 이 이름은 상대적으로 최근에 지어졌다. 도시 역사도 짧다. 1974년을 기점으로 멕시코 정부에서, 그야말로 아무것도 없던 곳에 새로운 관광 도시를 뚝딱 만든 것이다. 우리가 '마야 문명' 하면 떠올리는 대표 도시 깐꾼은 생각보다 현대적인 도시라는 말이다.

외국인들은 이 도시를 영어식으로 '켕쿤'으로 발음한다. 그러나 에스빠냐어로 하면 '깐꾼'이고, 굳이 마야식으로 발음한다면 '까안꾼'에 가깝다. 켕쿤은 '경복궁'을 '경폭쿵'으로 발음하는 것과 비슷하다. 마야 여정을 따라가는 이라면 깐꾼으로 발음하는 편이 바람직하다. 그런 노력을 기울이다 보면 이들의 문화에 훨씬 가까이 있는 느낌을 받는다.

이제 본격적으로 깐꾼을 들여다보자. 개발 이전의 깐꾼은 한마디로 '아무것도 없었다'고 표현할 수 있다. 역사를 거슬러 올라가면 에스빠냐 사람들이 아메리카 대륙에 처음 도착해 정복을 위한 탐험을 시작한 곳이 바로 깐꾼이다. 사료에 깐꾼 앞바다의 섬인 이슬라 무헤레스^{Isla Mujeres}와 꼬수멜^{Cozumel}에 관한 기록들이 나온다. 당시 아메리카 대륙 탐험과 정복의 중심지던 쿠바에서 출발해 제일 먼저 기착한 곳이 깐꾼 주변이었던 것이다. 그러나 이곳에 살던 원주민들은 메시까만큼 중앙 집중적 형태를 보이지 않았고, 군소 집단이 씨족 국가 형태를 유지하며 살았다. 그런 깐꾼은 황금을 찾아 온 에스빠냐 사람들의 성에 차지 않았고, 그들은 깐꾼을 제쳐

▎깐꾼의 피라미드와 뒤로 보이는 호텔

▎관광지 깐꾼

두고 메시까 정복 길에 오른다.

1521년 메시까를 정복한 뒤 그들의 마수는 서서히 이곳 유까딴반도로 뻗친다. '프란시스꼬 데 몬떼호 Francisco de Montejo'라는 사람이 유까딴반도를 정복하겠다고 나선 것이 1527년의 일이다. 여러 아메리카 대륙의 정복기 중 가장 지루하고 뜨뜻미지근한 정복기라 할 정도로 그는 단번에 큰 성과를 내지 못하고 작은 씨족들을 일일이 하나하나 정복하는 수고를 한다. 그래서 사실상 유까딴반도와 마야 지역은 300여 년 동안 반자치 상태인 곳이 많았다. 식민지 정부가 정복을 시도하거나 이들에 대한 통제를 강화하려고 하면 반란도 서슴지 않았다. 그러다 보니 이곳은 원주민의 전통이 가장 강하게 유지되었고 아직도 원주민어를 모태어로 사용하는 인구가 백만 명에 육박한다. 한편 원주민어 사용자가 많다는 사실은 그만큼 그들이 고립된 생활을 했음을 설명한다. 그러다 보니 20세기에 들어서까지도 외지인과 원주민이 마찰을 일으키면 법의 통제를 벗어나는 사건들이 빈번했다. 마침내 1974년 멕시코 정부는 본격적인 관광 활성화 정책에 따라 깐꾼 개발 작업에 착수한다.

지금 화려한 호텔이 즐비하게 늘어선 지역은 과거에는 바다와 땅의 경계가 모호한 유까딴반도의 전형적인 북부 늪지 모습이었다. 도로가 발달하지 않은 늪지는 사람들의 왕래를 어렵게 만들었고 고립된 생활을 부추겼다. 그런데 이런 조건이 오늘날에는 바다의 에메랄드빛과 호수의 파란색 그리고 원시 우림의 진한 녹색의 환상적인 조화로 새롭게 태어난 것이다. 현재 깐꾼은 멕시코 제일의 관광지이자 멕시코 제2공항을 가진 그야말로 관광에 살고 관광에 죽는 도시가 되었다. 여담이지만 카리브해에 태풍이 자주 몰아치는데, 심한 태풍에 여행객이 줄면 우리나라 소고깃값이 들썩인다고 한다. 이곳에서 관광객이 소비했던 소고기를 처리하지 못해 우리나라에 저렴하게 팔다 보니 이런 소리가 나왔다. 그 정도로 깐꾼의 관광산업은 멕시코 산업과 외화벌이의 중추적인 역할을 하고 있다.

우리가 만나는 깐꾼의 두 얼굴

깐꾼 도시 외곽에는 또 다른 깐꾼이 있다. 세계적인 휴양지, 아름다운 해변, 비키니를 입은 미녀들, 밤의 화려한 조명과 대조되는 도시 외곽의 빈민가들이다. 깐꾼으로 들어오는 주도로 호세 로뻬스 뽀르띨요^{José López Portillo}는 이런 현실을 가르는 길이다. 길 하나를 사이에 두고 북쪽에는 빈민가가 밀집하고 남쪽에는 각종 향락이 판을 친다. 깐꾼 시내가 남쪽에 위치하다 보니 북쪽은 행정 구역상 깐꾼이지만 깐꾼이 아니다. 우리가 아는 세계적인 휴양지 깐꾼의 모습을 하고 있지 않다. 그러나 이곳에 사는 사람들이 아름다운 깐꾼의 밑바닥을 받치고 있다. 국제적인 호텔의 청소, 요리, 정리, 주차 등을 빈민가에 사는 사람들이 도맡는다. 관광객이 버린 해변의 쓰레기를 치우는 사람들, 호텔

| 깐꾼 외곽에 사는 사람들

의 고급스러운 방을 말끔히 청소하고 침대보를 갈아 주고 손님들이 남겨 놓은 팁으로 생활하는 사람들이 여기에 산다. 금발의 미녀가 둘렀던 비치타월을 걷어다 빨래를 하는 사람도 이곳 사람들이다. 그런데 인터넷에서 'Cancún'을 검색하면 빈민촌은 나오지 않는다. 호텔과 바다만 나올 뿐이다. 지붕 없는 고급 스포츠카가 다니는 곳은 몰라도 빈민가까지 깐꾼에 포함시키는 건 어울리지 않은가 보다. 그래서 북쪽으로 접어들 때면 한층 우중충하게 느껴진다. 금방 지나온 해변과 호화로운 호텔과 너무 대조되기 때문이다.

주도로 이름은 멕시코 대통령에서 따왔다. 호세 로뻬스 뽀르띨요는 1976년부터 1982년까지 멕시코 대통령이었다. 그는 중도 혹은 좌파 성향으로, 미국의 영향을 최소화하면서 멕시코도 잘살 수 있다고 믿

었다. 그러나 1980년 초반 멕시코가 신자유주의를 받아들이면서 그가 추구했던 지역 균형 발전은 비판받았고 경제 파탄의 주범으로 지목된 그는 쓸쓸히 정계를 떠났다. 이후 그에 대한 평가는 극단으로 쏠렸다. 그를 바라보는 두 개의 시선이 자신의 이름을 붙인 도로를 사이에 두고 한쪽은 남들에게 보여줄 수 없는 깐꾼이, 다른 한쪽에는 너무도 아름다운 깐꾼이 대조되는 풍경과 묘하게 오버랩된다. 멕시코는 호세 로뻬스 뽀르띨요 이후 신자유주의 대통령을 줄줄이 배출하다가 2018년에 중도 좌파 대통령을 뽑는다.

마야를 사랑한 코쟁이

마야 정복사에서 흥미로운 이야기로 낀따나 루 주에 정착한 최초의 서양인 헤로니모 데 아길라Gerónimo de Aguilar와 곤살로 게레로Gonzalo Guerrero를 빼놓을 수 없다. 곤살로 게레로는 깐꾼의 상징물에 자주 등장하는 전설적인 인물이다. 그는 참으로 기구한 운명, 영화보다 더 영화 같은 인생을 살았다.

두 사람 모두 1511년 난파한 에스빠냐 배의 선원이었다. 당시 에스빠냐는 아메리카 대륙에 관한 정보가 거의 없어 배를 타고 주변을 정찰하고 있었다. 우리에게 잘 알려진 1492년은 에스빠냐 배가 카리브해의 작은 섬에 도착한 연도일 뿐 아메리카 대륙은 꿈도 못 꾸던 시절이다. 30년이 지난 1521년이 되어서야 처음으로 아메리카 대륙의 중심부에 도달한다. 그러니 이들이 난파한 1511년은 이 지역에 대한 정보나 교류가 전혀 없던 때였다. 그러던 중 배가 풍랑에 난파하고 가까스로 살아 해안에 도착한 이들은 그곳에 살고 있던 마야 사람들을 마주친다. 마야 사람들과 10여 년을 어울려 살던 중 그들에게 운명적인 사건이 일어난다. 깐꾼 앞바다에 정박한 정복자 꼬르떼스가 원주민을 통해 이곳에 백인들이 살고 있음을 알게 된 것이다. 영리한 지략가인 꼬르떼스는 이들이 여기에서 오래 생활했다면 분명 이용 가치가 있을 거라 생각했고 둘에게 편지를 보낸다. 자세한 내용은 사료마다 조금씩 다르다. 다만 둘 중 헤로니모 데 아길라는 꼬르떼스의 편지를 받고는 고향으로 돌아갈 생각에 곧장 꼬르떼스를 찾아가 합류한다. 반면 곤살로 게레로는 다음과 같이 말하며 떠나기를 거부한다. "나의 형제인 아길라여. 나는 이미 결혼도 했고 아이가 셋인 데다 이곳 사람들이 나를 촌장이자 대장으로 대하는 것을 당신도 잘 알고 있지 않소." 그렇게 둘의 운명은 갈라진다. 헤로니모 데 아길라는 꼬르떼스와 원정 길에 올라 이곳에서 배운 마야어를 이용해 통역사로서 아메리카 대륙 정복에 혁혁한 공을 세운다. 곤살로 게레로는 끝까지 마야 편에 서서 정복자들과 맞서 싸우는 쪽을 택한다. 곤살로 게레로에 관한 역사적 사실은 자세히 밝혀지지 않았지만 그가 헤로니모 데 아길라와 대비되는 인물인 것은 분명하다. 결국 곤살로 게레로는 원주민들과 함께 자신의 고향인 유럽에서 온 백인들에 끝까지 대항하다 최후를 맞는다. 그래서 멕시코 사람들은 그를 애국자로 칭한다.

마야 200년 항전의 역사

에스빠냐 사람들은 16세기 초 빠른 속도로 마야 전체를 정복해 나갔고 대부분 지역을 식민지화했다. 그러나 마야 사회는 지방 분권적 사회로, 이런 정규전의 결과가 전체 마야의 굴종을 의미하는 것은 아니었다. 여러 지역에서 산발적인 저항이 끊이지 않은 것은 물론이요, 일부 에스빠냐 사람들의 손길이 미치지 않는 곳에서는 원주민의 자치가

곤살로 게레로 동상

그대로 존속되었다. 벨리스의 남서쪽과 과테말라 중앙부의 상당 지역이 에스빠냐 사람들의 행정력이 미치지 않거나 혹은 그들의 정복이 실패로 돌아가면서 자치를 유지한다. 바르똘로메 데 라스 까사스 같은 의식 있는 신부의 설득으로 자진해서 복속되는 원주민들도 생겨났다.

한편 에스빠냐 사람들의 침략을 받은 마야 사람들 일부가 밀림이 우거진 지금의 과테말라 이차Itzá 지역으로 피해 들어갔으리라 추정한다. 이들은 결국 200년간 마야의 저항이라 할 수 있는, 마지막까지 유럽인의 무력에 복속되지 않은 족속으로 남는다. 이들이 어디에서 이곳으로 들어왔는지는 정확히 알 수 없으나 마야 유까떼꼬어의 방언을 쓰는 점으로 미루어 볼 때 북부 유까딴 지역에서 왔을 가능성이 높다. 그러나 주의할 사실은 이들 모두가 에스빠냐 군대를 피해 이곳에 온 것은 아니라는 점이다. 기원후 10세기경부터 이곳에는 유까딴 말을 사용하는 사람들이 살았던 것으로 보인다. 즉, 일단의 그룹이 유럽의 침략에 항거하여 이곳에 왔을 수 있지만, 대부분의 사람들은 원래부터 이곳에 살던 원주민이었다. 또 이들이 복속되지 않고 남을 수 있었던 중요한 이유도 계획적인 항거에 따른 결과라기보다 열대의 우거진 수목이 정복을 어렵게 만들었을 거라는 주장이 설득력을 얻고 있다. 물론 침략이 없었던 것은 아니다. 침략자들이 몇 번에 걸쳐 원정대를 파견했고 자연 조건을 이용한 끈질긴 항전이 있었다. 이를 통해 볼 때 환경 조건이 이들을 도와 오랜 기간 자치를 유지했다고 보는 것이 옳다.

마야의 기본을 다시 보다

깐꾼에서는 일단 좀 쉬자. 빨리빨리에 익숙한 일상을 탈출하기 딱 좋을 만큼 여유롭고 아름다운 곳이니 말이다. 이제 우리 일정도 중간점을 찍었다. 그간 내륙을 따라 마야 발자취를 더듬어 왔는데, 깐꾼부터는 해안가 도시의 마야 흔적을 좇아 출발지로 돌아가는 여정이 시작된다. 2~3일 정도 이곳에 머무르며 주변 유적지를 둘러보거나 박물관을 방문하는 것도 좋다. 물론 그냥 '멍 때리기'도 강추다. 사실 깐꾼에서 우리가 유심히 살펴볼 만한 유적이나 유물은 별로 없다. 그래서 이 기회에 느긋이 쉬면서 마야의 어원과 창조 신화를 짚어 보려 한다.

'마야'는 우리나라뿐 아니라 여러 나라에서 하나의 국가, 문화, 민족을 가리키는 개념으로 사용된다. 그러나 실상은 그와 상당한 차이가 있고, 그 때문에 부적절하게 사용되거나 많은 오해를 불러일으킨다. 마야는 우리가 생각하는 고구려, 신라, 백제, 조선, 청나라, 프랑스, 터키 같은 하나의 국가가 아니다. 중앙 집권적 국가와는 다른 개념이다. 그래서 터키 왕이나 조선의 왕은 있을 수 있지만 마야 왕은 존재할 수 없다. 고려의 행정 제도는 말할 수 있지만 마야의 유일하고 동일한 행정 제도는 있을 수 없다. 한 국가도 아니요, 단일 행정체도 아니기 때문이다. 그렇다면 도대체 마야는 무엇을 지칭하며 어떻게 사용할 수 있는지 그 정의와 한계의 실체를 역사와 언어적인 배경에서 살펴보자.

'마야'라는 단어는 16세기에 만들어진 마야 사전에서 만나볼 수 있다. 식민지 초기에 만들어진 사전들은 마야를 유까딴 지역을 가리키는 말로 기록하고 있다. 그럼 유까딴은 어디서 비롯되었을까? 유까딴의 어원은 에스빠냐 사람들의 오해에서 비롯되었다. 에스빠냐 선원들이 지금의 유까딴 근처를 항해하며 원주민들을 만났고 땅 이름이 무엇이냐고 물었다. 에스빠냐어를 몰랐던 원주민들은 "당신들이 하는 말을 모르겠소^{Tectetan}"라고 대답했고, 에스빠냐 사람들은 이곳 지명을 '떽떼딴'이라고 받아들였다. 그 후 떽떼딴은 사람들의 입을 거치며 유까딴^{Yucatán}으로 굳어졌다. 따라서 마야는 지리적으로 유까딴 지방을 일컫는 데서 시작되었다가 지금은 마야 전 지역을 포함하는 말로 쓰인다고 생각해 볼 수 있다. 그렇다면 다음 질문이 이어진다. 유까딴 지역을 가리키는 마야는 도대체 어디서 나왔을까? 이 부분은 누구도 확답하지 못한다. 그냥 이 지역을 '마얍^{Mayab}' 혹은 '마야^{Maya}', '마야빤^{Mayapán}'이라 불렀고, 이는 유까딴 반도 북쪽의 마야빤 유적지와 연관 있다는 견해가 그나마 제일 진전된 해석이다. 마야의 뜻에 관해서는 여러 추정이 있지만 그 어떤 것도 마야의 어원이라고 단정하기는 힘들다. 결론은 이렇다. '마야 어원은 잘 모르겠고, 마야는 나라 이름이 아니라 문화와 지역의 이름이다.'

마야의 창조 신화 '뽀뽈 부'

곰이 굴에 들어가 100일 동안 쑥과 마늘을 먹고 사람이 되어 하늘님과 혼인하고 단군왕검을 낳았다는 설화가 우리에게 전해진다. 이와 유사한 것이 마야에도 존재한다. 그것도 아주 여러 버전이다. 그중 내용이 잘 보존된 대표적인 창조 신화가 '뽀뽈 부$^{Popol\,Vuh}$'다. 방대하고 복잡한 내용을 흥미진진하게 높은 완성도로 이끌어 가는 점에서 고대 문학의 백미일 뿐 아니라, 아메리카 원주민 문화를 이해하는 중요한 자료로 손꼽힌다. 이 설화는, 우리나라의 단군 신화가 그렇듯 신화적인 부분과 역사적인 부분이 어우러진다. 마야인들이 생각했던 천지 창조부터 오늘에 이르는 과정을 짜임새 있게 표현했는데, 동화 같기도 하고 공상 과학 영화 같기도 하다. 뽀뽈 부는 다양한 버전이 있지만 내용은 서로 비슷하다.

뽀뽈 부 내용은 크게 천지 창조와 현세로 나눌 수 있다. 천지 창조 부분을 한마디로 요약하면 '아무것도 없는 세상에 하늘님이 하늘과 땅과 세상과 인간을 창조하셨다'는 내용이다. 그리고 곧 이야기가 흥미진진해진다. 주인공은 쌍둥이다. 마야인의 조상이기도 한 이들은 이전의 불완전한 세상에서 살아남은 부꿉 까끽스^{Vucub Caquix}, 씨빠나^{Zipacná}, 까브라깐^{Cabracan}이라는 세 거인이 지배하는 세상에 들어가 용감히 싸워 승리한다. 그러나 시련은 계속되었다. 배다른 형들과의 싸움에서 살아남아야 했으며, 다음으로 할아버지, 할머니, 형제들과의 갈등이 이어진다. 쌍둥이는 자신들을 죽이려는 갖은 술수를 모면하고 공놀이에서 승리하는 식으로 고난을 극복한다. 처음에 이들은 외지 사람이니 유목민이니 가난한 사람이니 하는 이유로 보잘것없는 존재로 그려지지만, 싸움에서 승리하면서 점점 긍정적으로 묘사되기 시작한다. 마침내 쌍둥이는 투쟁으로 기존 질서를 극복하고 새로운 위상을 인정받아 오늘날 마야인의 선조가 된다.

뽀뽈 부는 옛날이야기를 통해 자신들의 기원을 미화하려는 신화의 일반적인 기능을 잘 보여 준다. 한편 이 기록의 마지막 부분은 원주민들의 유랑과 그 이후의 역사에 관해 구체적으로 서술한다. 즉, 지금 여기 살고 있는 내가 존재하기까지 이런 과정을 거쳤다는 점을 그 근원부터 이야기하는 것이다.

더 가볼곳

꼬수멜 섬

꼬수멜 섬 Isla Cozumel은 깐꾼에서 가까운 섬으로, 휴양지로 유명하다. 섬은 길이 50킬로미터에 폭 15킬로미터 크기고, 멕시코 전체 섬 중 세 번째 규모다. 또한 국제 페리의 기항지고 공항도 갖추었다. 마야 문명은 몰라도 깐꾼이나 꼬수멜을 아는 사람은 많다. 고운 모래사장이 해안을 따라 펼쳐져 있고 바닷물이 따뜻해서 해수욕하기에 안성맞춤이다. 또한 얕은 물속에는 온갖 산호가 서식하고 그 사이

| 꼬수멜 섬

로 화려한 색의 물고기들이 돌아다녀 다이버들에게도 각광받는 곳이다.
이런 천혜의 자연 외에 꼬수멜 섬은 역사적으로도 의미가 깊다. 이곳은 에스빠냐 사람들이 처음으로 아메리카 대륙에 발을 디딘 곳 중 하나다. 그들이 이곳에 도착한 것은 1511년, 난파를 당해서였다. 앞에서 본 곤살로 게레로와 헤로니모 데 아길라 그리고 그 일행이 풍랑에 간신히 살아남아 표류한 곳이 바로 꼬수멜 섬이다. 생존자들은 섬에서 각자의 방식으로 삶을 이어갔다. 곤살로 게레로는 족장의 딸과 결혼해 자식들을 두었고 그렇게 원주민들과 함께 살았다. 나머지 이야기는 앞쪽을 찾아보시라. 하여간 중요한 것은 아메리카 내륙 원수민간 최초의 혼혈이 탄생한 역사가 이곳에서 시작되었다는 점이다. 오늘날 라틴아메리카 인구의 절대 다수를 이루는 혼혈인 메스티소 Mestizo의 시초가 꼬수멜 섬을 배경으로 하는 것이다.
한편 유럽이 침략해 오기 전 이곳은 마야 사람들에게 성스러운 장소였다. 순례자들이 찾는 곳이고, 유까딴반도 해안가 항구에서 출발한 배와 다른 지역에서 들어오는 배들이 이곳에 도착해 종교 행사를 치르기도 했다. 지금은 섬 중앙에 위치한 산 헤르바시오 San Gervasio 유적지를 일반에 개방하고 있다.

11일 치첸 이차
Chichén Itzá

이동	깐꾼에서 250킬로미터 거리, 2시간 30분 소요
	메리다에서 120킬로미터 거리, 1시간 30분 소요
주요 볼 곳	치첸 이차 유적지
자고 먹을 곳	발야도리드, 메리다
더 가 볼 곳	마야빤

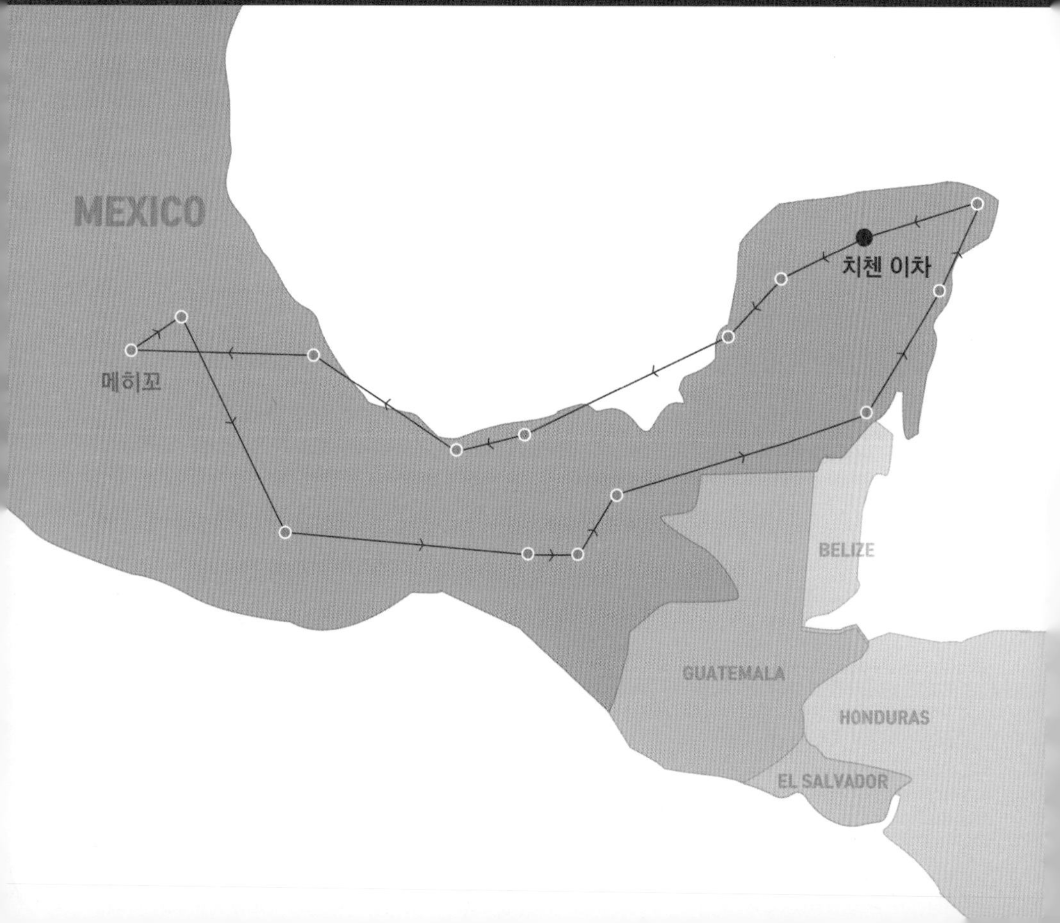

MEXICO

치첸 이차

메히꼬

BELIZE

GUATEMALA

HONDURAS

EL SALVADOR

마야 문명에 한 걸음 더 가까이

치첸 이차Chichén Itzá는 마야 도시를 말할 때 가장 많이 등장하는 유적지다. 규모나 중요도에서도 그럴 만하지만 깐꾼이라는 세계적인 휴양지와 가깝다는 지리적인 이점도 크게 작용한다. 깐꾼에 휴양 온 사람이 '여기까지 왔는데 마야는 한번 보고 가야지'라고 생각해 반나절 동안 뚤룸을 본다면, 치첸 이차는 반나절로는 어림도 없다. 거리도 멀고 공개된 구역만 해도 무척 넓다. 치첸 이차 유적지는 크게 세 구역으로 나뉘는데, 각 구역이 뚤룸 유적지 하나 혹은 몇 배로 크다. 그러니 깐꾼에서 이곳을 다녀가려면 하루를 꼬박 잡아야 한다. 가고 오는 길에만 다섯 시간은 족히 걸리기 때문이다. 여러 면에서 뚤룸보다 더 많은 관광객이 올 것 같지만 실제로는 뚤룸에 미치지 못하는 이유가 여기에 있다. 하지만 뚤룸이 맛만 보고 가는 마야 문명이라면, 치첸 이차는 마야 문명에 본격 입문하는 수준이라 할 수 있다. 건축물의 다양성이나 규모 면에서도 뚤룸과는 비교가 되지 않을 정도로 방대하다.

이곳 역시 더위는 말할 것도 없다. 한미디로 굉장히 덥다. 여름 최고 기온이 32도고 겨울 최고 기온은 28도로, 큰 차이가 없다. 아무리 추운 새벽도 웬만해선 20도 아래로 내려가지 않는다. 비가 오면 좀 시원할까? 기대도 마시라. 비가 와도 왕창 쏟아붓고는 다시 햇빛이 나는 때가 많고 그러면 습도가 높아져 더 괴로우니 비가 오지 않기를 바라는 편이 차라리 낫다. 최대한 좋은 조건이라는 게 구름이 해를 가려 주는 정도다. 이렇게 초반부터 더위로 겁을 주는 이유가 있다. 다른 마야 유적지보다 많이 걸어야 하기 때문이다. 한 구역에서 다른 구역으로 이동하는 거리만도 도보로 10~30분이 걸린다. 중앙 구역에서 시작해 남과 북 반대 방향에 있는 구역들을 보러 이동하는 데만 1시간 이상 걸린다는 이야기다. 여기에 유적지 구석구석을 살피는 시간은 따로 계산해야 한다. 더욱이 구역마다 놓쳐

선 안 될 특이점들을 차근히 보려면 시간은 더 많이 걸린다. 즉, 이동 시간에 쉬는 시간과 관람 시간을 합치면 아무리 적게 잡아도 3시간은 들여야 그나마 조금씩 맛이라도 본다는 결론이다. 그러니 마음을 단단히 먹고 준비하자. 나는 치첸 이차 유적지에 갈 때마다 물을 얼마나 들고 갈지 고민한다. 무겁고 귀찮아서 500밀리리터짜리 생수통 하나만 가지고 다니다가 낭패를 본 적도 많다. 유적지 안 남쪽과 북쪽 구역에 매점이 하나씩 있다. 물을 들고 다니기 부담스러우면 그곳을 이용해도 된다.

마야 루트

치첸 이차

미국에 빼앗긴 치첸 이차

치첸 이차가 '중요' 유적지가 되기까지 미국인들의 공이 컸다. 미국은 나라 자체의 역사가 짧다 보니 아메리카 대륙 전체 역사를 자기들의 역사로 생각해 각별히 관심을 가져 왔다. 그래서 중남미 국가들의 역사 연구에 일찍부터 본격적으로 나섰다. 이와 관련한 웃지 못할 에피소드가 많다. 치첸 이차에서 발견된 많은 유물들은 지금 미국 땅에 있다. 20세기 초반에는 유물이나 유적의 중요성에 대한 이해도가 높지 않아, 중남미에서 발견한 유물들을 미국으로 가져가는 데 별 어려움이 없었다. 미국의 개인과 기관이 자금을 대서 중남미 유적지 발굴 작업을 시작한 덕에 멕시코는 여러 혜택을 보기도 했지만 많은 유물을 잃어버리기도 했다. 혜택이라면 치첸 이차를 비롯한 많은 유적지가 세계에 알려지고 그 명성으로 오늘날 멕시코 관광 산업이 번창하게 된 점이다. 그러나 빼앗긴 유물은 돌아오지 않고 있다. 미국의 대학 박물관이나 기타 박물관 중 중남미 유물 몇 개쯤 안 가진 곳이 없다. 아니, 몇 개 정도가 아니고 상당 수준의 컬렉션을 박물관이나 개인이 소장하고 있다. 중미 지역에서는 개인이 단돈 50달러로 유적지 전체를 사는 일도 벌어졌으니 당시 상황이 짐작된다. 당대에는 중요성을 인정받지 못해 미국 사람들의 발굴 대상이 아니었던 유물만이 오늘날까지 멕시코에 그대로 남아 있다. 하여간 수많은 유물이 미국과 서양으로 반출되었고 그 대표적인 곳이 치첸 이차다. 미국의 피바디박물

| 미국이 연못 발굴에 사용한 장비

관과 워싱턴카네기재단이 특히 이런 작업에 앞장섰는데, 이들의 관심이 치첸 이차를 세계적으로 유명한 유적지로 만들었다. 당시 이곳의 큰 연못을 발굴하던 기구들이 아직도 매표소 부근에 전시되어 있다.

구와 신, 무의미한 시대 구분

치첸 이차를 이해하려면 먼저 치첸 이차의 시대 구분과 관련한 오해를 해결해야 한다. 지금도 치첸 이차를 구舊 치첸 이차와 신新 치첸 이차로 구분하는데, 결론부터 말하면 이 구분에는 근거가 없다. 치첸 이차는 7~12세기에 걸쳐 꾸준히 발전했다. 7~10세기는 전형적인 마야 양식이 발전했는데, 이후 등장하는 건축이나 미술 등과 양식이 달라 '구 치첸 이차'로 명명했다. 그리고 10세기를 전후해 잠깐 침체기를 맞았고 10~12세기에

는 멕시코 고원 지방에서 세를 떨치던 똘떼까족의 침입으로 새로운 예술의 기운이 퍼졌다. 이때 모든 것이 똘떼까 양식으로 바뀌었다는 가설하에 '신 치첸 이차'로 명명한 것이다. 그러나 다양한 연구를 통해 이런 구분은 근거 없음이 입증되었다. 가끔 현지 가이드의 설명이나 책자에서 구 치첸 이차과 신 치첸 이차를 구분하며 극단적인 변화가 있는 것처럼 묘사하는 경우가 있다. 그러나 이것은 잘못되었다. 다만 시대에 따라 건축과 예술에 변화가 있었던 점은 주목해야 한다.

똘떼까족이 세웠다는 멕시코시티 북쪽의 뚤라 유적지에서도 치첸 이차와 비슷한 예술과 건축 양식을 많이 볼 수 있다. 대표적인 것들로 '착몰Chac Mol'이라는 제단, 기둥을 많이 이용한 건축 양식, '쏨빵뜰리Tzompantli'라 불리는 연속된 해골 장식, 뱀을 형상화한 기둥 등을 들 수 있다. 한편 역사적으로도 뚤라와 치첸 이차를 연결할 만한 고리들이 발견된다. 2일차 떼오띠우아깐 여정에서 살펴본 퀘잘꼬아뜰 전설을 떠올려 보자. 전설에는 퀘잘꼬아뜰이 뚤라를 떠나 동쪽 바다로 갔다고 했다. 실제로 뚤라의 동쪽에 치첸 이차가 위치하며, 연관성이 있을 법한 전설이 치첸 이차에도 존재한다. 치첸 이차에는 '꾸꿀깐Kukulcan'이라는 신이 서쪽에서 배를 타고 왔다는 말이 전해진다. 에스빠냐 신부 디에고 데 란다Diego de Landa가 쓴 고대 마야 사료에도 이 도시의 가장 중요한 건축물 중 하나인 엘 까스띨요가 꾸꿀깐을 위해 만들어졌다고 기록되어 있다. 퀘잘꼬아뜰이 꾸꿀깐 신으로 이름이 바뀌었다고 추정할 수 있다. 이런 정황들은 치첸 이차를 뚤라 유민들이 만든 나라로 추정하게 만들었다.

그러나 더 구체적으로 연구해 보니 뚤라의 영향으로 알려진 예술과 건축 양식들이 뚤라 건립 전부터 치첸 이차에서 유행했다는 사실이 드러났다. 또한 마야 설화에 나오는 전설의 도시 뚤란Tulan, 똘란Tolan 혹은 똘라가 멕시코 고원에 위치한 지금의 똘라가 아니라 치첸 이차거나 혹은 신화적 장소라는 역사적인 해석이 더욱 설득력을 가진다. 이런 점들로 인해 치첸 이차의 후고전기 문화가 멕시코 고원의 똘라에 의한 것이라는 기존의 해석은 재고되고 있다. 그렇다고 이 두 지역 간의 상호 영향 관계를 부정하는 것은 아니다. 오히려 예술과 건축에서 보여 주는 유사성은 두 장소의 깊은 인연을 말해 준다. 아메리카 대륙의 고대 문명은 상호 교통과 무역으로 연결되어 있었고 이를 통해 많은 것을 공유했음을 떠올리면 일정 부분 이해가 된다. 다만 이를 두고 정복의 결과나 주종 관계로 규정하기는 힘들다는 뜻이다. 이런 점들을 잘 관찰하면 유적을 보는 재미가 더 쏠쏠하다.

'천 개의 기둥'과 착몰

이제 걸어 보자. 관람 동선을 따라가면 먼저 중앙 광장이 눈에 들어온다. 엄청나게 큰 중앙 광장 한복판에는 이곳 피라미드 중 가장 높은 엘 까스띨요 El Castillo가 자태를 뽐낸다. 좌우 대칭의 정사각형 피라미드는 높이가 30여 미터고, 네 방향으로 난 계단을 모두 합치면 365개가 된다. 이 피라미드 앞은 춘분과 추분에 인산인해를 이룬다. 건물 그림자가 계단 양쪽의 뱀 형상에 무늬를 만들어 마치 뱀이 꿈틀거리는 것 같은 모습을 연출하기 때문이다. 이때 신비한 기운이 생긴다는 이야기가 있어 사람들이 이 광경을 보기 위해 혹은 그 기운을 받기 위해 모여든다. 재미난 종교 의례를 행하는 사람들도 볼 수 있다.

엘 까스띨요에 올라 전경을 둘러보고 내려와 매표소 반대편 동쪽으로 가면 전사의 신전 El Templo de los Guerreros이 나오고 신전 양쪽에 세워진 빼곡한 기둥이 보인다. 똘떼까 양식은 신전에 기둥을 많이 사용했다. 이제까지 우리가 거쳐 온 마야 유적지에서는 기둥을 본 적이 없다. 이곳 치첸 이차와 그 주변부 유적지들에서만 보이는 독특한 특징이다. 이름이 '천 개의 기둥Mil Columnas'이라고 붙여질 정도로 많은 기둥이 있는데 실제로 1,000개는 아니고 많다는 의미에서 그렇게 불린다. 그런데 이 기둥들은 천장을 받치지 않고 그냥 세워져 있다. 기둥 그 자체로 미적 종교적 의미를 가진다고 생각한 듯하다. 혹은 기둥 위에 식물성 재료로 간단한 구조물을 얹은 정도다. 이렇게 건물에 기둥을 중시하는 양식은 같은 치첸 이차 안에서도 한 구역에만 두드러지게 나타나고, 남쪽으로 가면 전혀 보이지 않는다. 그러니 기둥이 나타나기 전에는 이곳에 '구 치첸 이차'라 말했던 다른 문화가 발전했고 이후 뚤라와 비슷

마야 루트

치첸 이차

치첸 이차의 중심 건물인 엘 까스띨요

한 기둥들이 새롭게 도입되었다고 추측할 만하다.

이곳 건축물은 경사 벽과 기단 면 장식이 다른 곳에 비해 화려하다. 건물 앞에 '착몰'이라 불리는 상®을 배치하는 점도 치첸 이차의 독특함이다. 착몰은 구 치첸 이차과 신 치첸 이차를 나누는 중요한 근거기도 하다. 똘라에도 '착몰'이 있었지만 마야 지역에서 착몰이 발견된, 아니 발견된 정도가 아니라 아주 많이 나타난 곳은 치첸 이차가 단연 으뜸이다. 착몰을 실물로 보기 좋은 곳은 멕시코 국립인류학박물관과 치첸 이차 매표소 건물에 있는 박물관이다. 재차 강조하지만 유물은 가능하면 현지에서 주변과 어우러진 모습을 함께 보는 것이 중요하다. 전사의 신전 착몰은 특히 두드러진다. 신전 앞 중심에 설치되어 있는데 용도는 정확히 알 수 없다. 대

전사의 신전 옆 기둥들

개는 제단이라고 하
며 특히 심장을 잘라 올
려놓았다고 하는데, 그것은
추측일 뿐 구체적으로 증명
되지는 않았다. 빨렝께의 향
로처럼 착몰이 향로로 이용
되었다는 추측도 가능하나
향을 피운 흔적이 발견되지

착몰 상

않았다. 그런데 사실 관계에 상관없이 말하기 좋아하는 사람들이 인간의 펄떡펄떡 뛰는 심장을 착몰에 올려놓고 신에게 제사를 지냈다고 설명하는 광경을 흔히 목격한다. 그때마다 당대 마야인들이 이 말을 듣는다면 무슨 생각을 할까 싶어 쓴웃음이 난다. 20세기 초 한국을 방문한 서양인이 찍은 사진에 한국 여성이 가슴을 내놓고 있는 모습을 보고 외국 사람들이 한국 여성은 모두 가슴을 내놓고 다니는 야만족이라 생각하는 것과 별로 다르지 않다.

인신 공양에 관한 오해와 이해

말이 나온 김에 인신 공양에 관해 이야기해 보자. 마야 사람들을 잔인한 원시인으로 묘사할 때마다 꺼내 드는 소재가 바로 인신 공양이다. 고대 마야 문명을 배경으로 하는 영화들을 보면 인간의 심장을 꺼내 손으로 들어 올리고 기괴하게 치장한 제사장이 이상한 동작을 계속한다. 피의 광기에 환호를 질러 대는 마야인들의 모습은 우리에게 지울 수 없는 강한 인상을 남긴다. '마야인들은 야만적이고 잔인한 데다 명청하기까지 하다, 이성이라고는 없고 도무지 용납할 수 없는 인간 같지 않은 존재다….' 이런 이미지가 우리 뇌에 남는다. 영화에만 시비를 걸 수도 없다. 이런 이미지는 이미 서양 학자들에 의해 만들어져 차곡차곡 쌓이고 굳은 것들이며, 자연스러운 공감대를 획득해 영화화된 것뿐이다. 하나 더 따진다면, 심장은 그렇게 간단히 잘려 나오지 않는다. 서양인들이 저술한 사료, 그 사료를 바탕으로 만든 영화, 그런 근거를 제시한 역사책들을 본 사람들이 심장 꺼내는 일을 마치 생선 내장 바르듯 간단하게 여긴다. 하지만 당시 원주민이 사용했던 흑요석 칼은 날카롭기는 하지만 부서지기 쉬웠다. 유리 같은 재질인데, 더 약한 유리라고 생각하면 된다. 더군다나 갈비뼈와 횡격막 안에 있는 심장을 약한 흑요석 칼 한 자루로 도려내는 건 쉬운 일이 아니다. 치첸 이차의 착몰을 설명하는 대부분의 비전문 서적과 가이드북에서는 인신 공양을 치첸 이차의 보편적인 일상인 양 다룬다. 이 부분은 반드시 재고되어야 한다.

그러면 인신 공양이 없었을까? 그렇지는 않아 보인다. 다만 그 수나 정도는 훨씬 축소되어야 한다. 그리고 마야에는 거의 존재하지 않았다고 추정된다. 제물로는 주로 노루를 사용했다. 작은 제사에는 더 작은 동물로 대신했다. 한국 사람들이 고사상에 돼지머리를 올리는 것과 비슷하다. 마야의 경우 고전기에는 인간을 제물로 바쳤으나 후고전기에는 그나마도 거의 사라졌다고 본다. 메시끼 지역에서는 인간 제물 전통이 전해 내려왔을 가능성이 있다. 그러나 다시 말하지만 그 정도나 숫자가 꽤 부풀려졌다. 신에게 인간을 제물로 바치는 풍습은 인류에게 보편적으로 나타나는 현상 중 하나다. 성경에는 아브라함이 자기 자식을 제물로 바치는 장면이 묘사돼 있고, 우리 고전에 심청을 인당수에 바치는 내용도 인간 제물 풍습의 산물이다. 인류의 역사를 바르게 이해하려면 다양한 상상력을 동원해 당시 정황을 이해할 필요가 있다. 인간의 신체는 가장 중요한 제물이 될 수 있었고 이런 생각과 풍습은 동서양을 막론하고 상당히 폭넓게 행해졌다. 그런데 마야 것은 잔인하고 야만스럽게 표현되고 다른 문화에서는 성스럽게 표현되는 것이 문제다. 서양의 찬란한 문화와 대조되는 원시적이고 잔인한 마야 문화라는 이미지를 굳히기 위해 교묘하게 의도한 왜곡이라면 더욱 그렇다.

치첸 이차의 건축 특징으로 눈에 띄는 것은 또 있다. 바로 건물 벽면을 인간 해골 문양으로 장식한 쏨빵뜰리다. 똘떼까와의 문화 교류를 통한 유행이 만들어 낸 건축 양식 중 하나다. 해골바가지 그림이 벽면 전체를 장식하고 있다니, 위에 지겹게 이야기한 '잔인한 마야 사람 만들기'의 중요한 재료가 아닐 수 없다. 인신 공양으로 죽은 사람들의 목을 잘라서 매달아 놓으니 그 모습이 아름다워 아예 해골바가지 조각을 해 놓았다는 것이다. 사실 마야 사람들은 인간의 신체와 죽음에 의문을 가지고 그 의미를 깊이 탐색하는 철학과 종교를 가지고 있었다. 그런 사유의 과정과 결과로 신전에 해골바가지를 장식한 것으로 보인다. 어찌 보면 죽음을 대하는 가장 솔직한 마야 사람들의 표현 방식인지도 모른다. 그에 반해 전쟁이나 화형, 마녀 사냥 등으로 죽은 인간을 길거리에 매다는 것이 일상이던 다른 동서양의 역사는 슬그머니 자취를 감춘다. 망나니, 단두대, 능지처참, 화형, 할복 등도 마찬가지다. 역적모의를 한 자들의 머리를 잘라 잘 보이는 곳에 걸어 두었던

| 해골 문양을 장식한 쏨빵뜰리

역사의 장면들은 어디로 간 것일까?

각설하고 치첸 이차의 건축 특징들은 상당 부분 똘떼까와의 깊은 영향에서 탄생했고, 그중 많은 부분이 마야인들을 잔인하고 원시적이라고 비난하는 데 이용되었음을 살펴보았다.

제례 의식인 마야의 공놀이

중앙 광장에서 빼놓을 수 없는 것이 메소아메리카 최대 규모의 '신성한 공놀이장Cancha de Juego de Pelota'이다. 고대 마야 도시에서는 예외 없이 신성한 공놀이장을 만난다. 일반적으로 도시의 가장 중심부는 중앙 광장이고, 그 한편에 각종 피라미드가 있으며 그 사이에 신성한 공놀이장이 위치한다. 따라서 이 공놀이장은 우리가 생각하는 단순한 놀이 장소가 아니라 종교나 행정에서 중요한 의미를 가진다는 것을 알 수 있다. 공놀이장의 종류를 구분하는 여러 기준 중 하나가 형태다. 공놀이장이 열려 있어서 턱이나 담의 방해 없이, 계단의 도움 없이 들어갈 수 있다면 '열린 경기장Cancha Abierta'이라고 하고, 그렇지 않으면 '닫힌 경기장Cancha Cerrada'으로 구분한다. 이외에도 일 자형과 공 자형이 있다. 일자형은 공놀이장 전체가 일자 모양이고, 공자형은 양쪽 끝에 튀어나온 공간이 있다 치첸 이차의 공놀이장은 공자형에 닫힌 경기장이다. 일자형에 열린 경기장으로는 앞서 뚤룸 근처 유적지로 소개한 꼬바 것을 꼽을 수 있다. 신성한 공놀이장의 형태는 양쪽으로 긴 평행의 플랫폼이 중심을 이룬다. 장소에 따라 공놀이용 고리, 벽면 조각, 경기 판, 외부 벽 등이 있거나 없으며, 각각의 형태에도 많은 차이가 있다.

치첸 이차 공놀이장은 길이가 166미터, 폭이 66미터에 이른다. 현재까지 메소아메리카에서 발견된 공놀이장 중 제일 크다. 양쪽 벽면이 부조

치첸 이차의 신성한 공놀이장

로 장식되어 있고 벽면 윗부분에 공놀이에 사용했던 고리가 배치되어 있다. 일반적으로 공놀이는 오락이나 현대적 의미의 스포츠로 여기기 쉬운데, 마야의 공놀이는 종교적 성격이 강한 일종의 제례 의식이라고 할 수 있다. 지난 일정에서 살펴본 마야의 기원 신화 뽀뽈 부에도 공놀이에 관한 이야기가 나온다. "사람들이 모여 두 명씩 편을 먹고 공놀이를 하였다." 디에고 데 란다 신부 역시 저서에서 다음과 같이 마야 사람들의 공놀이를 언급하고 있다. "각 마을마다 회반죽이 입혀진 큰 집을 사용하는데, 사방이 트여 있고 그곳에서 젊은이들이 모여 여가를 즐긴다. 공놀이도 즐기고 주사위 같은 것을 이용한 놀이 등도 있다."

그렇다면 공놀이를 어떻게 했을까? 애석하게도 그 대답은 반 정도만 가능하다. 오늘날 남아 있는 공놀이장의 형태와 부속물들이 각 지역과 시대에 따라 차이가 있는 것으로 미루어 볼 때, 마야를 비롯한 전체 메소아메리카 지역에서 동일한 공놀이가 행해진 것 같지는 않다. 말하자면 어떤 공놀이장은 고리가 있고 어떤 공놀이장은 고리가 없

| 공놀이하는 모습 | 박물관에 전시된 공놀이장 고리 |

는데, 이는 당시 공놀이 방법이 저마다 달랐음을 보여 준다. 마야의 공놀이를 짐작할 만한 자료가 전혀 없는 건 아니다. 일부 사료에 언급되기도 했고 비록 형태는 바뀌었겠지만 고대의 공놀이와 유사한 경기를 행하는 지역이 아직 남아 있다. 멕시코 북서부의 태평양에 면한 도시 마사뜰란Mazatlán의 작은 마을 야니또Yanito에서는 지금도 전통적인 공놀이를 한다. 내가 그 장면을 마지막으로 본 것이 20세기 끝자락이었으니 지금은 또 어떻게 달라졌을지 모른다. 아무튼 이곳에서는 속이 꽉 찬 통고무로 공을 만든다. 무거운 것은 4~5킬로그램에 이른다. 경기장은 '따스떼Taxte'라고 불리는데, 7~8명이 한편이 되어 경기를 진행한다. 공놀이 방법은 네트 없이 하는 배구와 비슷하다. 공을 서로 주고받으며 상당히 복잡한 규칙을 가지고 점수를 매기며, 공은 오로지 엉덩이 옆면으로만 칠 수 있다. 10미터 이상 되는 거리와 높이로 날아오는 무거운 공을 엉덩이 옆면으로 치는 경기 방식이 독특하다. 한편, 우리가 지나온 멕시코 중부의 오아하까에서는 더 작은 공으로 하는 전통 공놀이도 있다. 그러나 각각 공놀이 도구나 방식, 경기장, 경기 규칙이 너무도 다르다. 그러니 치첸 이차의 공놀이장

Chichén Itzá _ 183

에서 정확히 어떻게 놀이 혹은 경기가 진행됐는지 알기 힘들다. 일단의 무리들이 두 팀을 이루어 안이 꽉 찬 고무로 만든 공을 가지고 놀이를 행했다고 추정할 따름이다. 다만 경기장 벽면의 다양한 조각에 등장하는 인물들과 연결해 유추하면, 전사들이 모여서 공놀이를 빙자한 전투를 벌였으리라는 상상도 가능하다.

깐꾼 주변 관광지는 밤에 다양한 쇼를 하는데 이 공놀이를 하나의 공연으로 선보인다. 선수들이나 경기 형태는 이곳에서 수천 킬로미터 떨어진 멕시코 북부 지역의 전통 공놀이를 근간으로 한다. 그러니 이곳 유까딴반도에서 똑같은 공놀이가 행해졌다고 보기는 힘들다.

증기 목욕탕은 종교 시설이다

중앙 광장에서 공놀이장과 중앙 신전을 보고 천 개의 기둥 광장을 지나 남쪽으로 가다 보면 증기 목욕탕을 만난다. 치첸 이차 유적지는 관람 동선이 다소 복잡하고 옵션이 다양하니 미리 지도를 보고 동선을 계획하는 것이 좋다. 증기 목욕탕도 계획 없이 다니다 보면 그냥 지나치기 쉬운 위치에 있다.

증기 목욕탕에 관한 가장 큰 오해는 이것이 특권자들을 위한 호화 시설이라는 주장이다. 그런데 한 번 더 생각해 보면 이 주장에 문제가 있음을 쉽게 발견할 수 있다. 이 더위에 어떤 사람이 뜨거운 증기 목욕을 하겠는가? 가만히 앉아 있어도 땀이 흐르는 판에 뜨겁고 습기 가득한 증기 목욕탕에 들어가는 것은 차라리 고문에 가깝다. 그러니 권력을 자랑하기 위한 시설이 아니다. 이곳의 증기 목욕탕은 종교적인 성격을 띠었음을 먼저 이해해야 한다. 마야 사람들은 제례 의식을 행하기 전 다양한 정화 절차를 거쳤다. 그중 대표적이고 일반화된 것이 손끝 등 자신의 신체 일부에 상처를 내 피를 바치는 피 공양Autosacrificio이다. 증기 목욕탕에 들어가 몸을 씻는 것도 같은 맥락이다. 천지신명에게 제사를 지내기 위해 몸을 정갈히 하는 것이다.

여러 형태의 증기 목욕탕이 있는데 대부분 좁은 공간에 사람이 간신히 들어갈 만한 문을 냈다. 목욕을 할 때는 열을 차단하기 위해 천이나 나무 등으로 문을 막았던 것으로 보인다. 밖에서 장작을 지펴 건물 벽면을 달구고 안쪽에서는 달구어진 벽면에 물을 뿌려 증기를 생성한다. 벽면에 물이 흐르는 장치를 해 놓고 그 물이 달구어진 벽면을 타고 내리면서 수증기를 만드는 곳도 있다. 증기 목욕탕 안을 보려고 간신히 기어 들어가서 펄펄

치첸 이차의 증기 목욕탕

Chichén Itzá _ 185

끓는 물이 수증기가 되어 안개처럼 피어나는 상상을 해 본다. 운치야 있지만 더위는 어쩌란 말인가! 상상은 곧 멈추고 찜질방의 삶은 달걀이 떠오르고 만다.

과테말라의 삐에드라스 네그라스$^{Piedras\ Negras}$, 유까딴반도의 치첸 이차 등 대부분의 마야 도시에 증기 목욕탕이 있었다. 증기 목욕탕 시설과 이용은 마야 사람들의 전유물은 아니고 전체 메소아메리카 지역에서 널리 행해진 풍습이다. 멕시코 고원 지방의 메시까 유적지에서도 이런 형태의 건축물들을 볼 수 있다. 증기 목욕탕은 상당수 지역에서 '떼마스깔^{Temascal}'이라 불리며 오늘날까지 이어진다.

커다란 연못 쎄노떼

중앙 광장 지역은 이 정도로 보고, 이제 북쪽으로 가 보자. 엘 까스띨요에서 정북으로 난 길을 따라 10여 분 걸으면 자연 연못인 쎄노떼^{Cenote}가 나타난다. 치첸 이차의 상징적인 장소다. 지름이 60여 미터나 되고 지표면에서 물까지의 높이가 15미터나 되는 대규모 연못이다. 주도로와 연결되는 작은 신전이 이 연못의 입구에 떡하니 버티고 서 있는데 마치 이곳에서 준비 운동을 하고 연못으로 다이빙해야 할 것 같은 플랫폼이 설치되어 있다. 이 연못에 제사를 지내는 사람이 연못 가장자리에서 의식을 행하기 편하도록 만들어진 것으로 보인다.

앞서 자주 등장한 디에고 데 란다 신부의 기록에는 이곳에서 신에게 제물을 바쳤다고 적혀 있다. 그렇다. 또 지겨운 '야만적인 마야인' 타령이다. 내용은 이렇다. "가뭄이 들면 사람들은 이 연못에 산 사람을 그대로 던져 버리는 인신 공양 의식을 치렀는데, 그렇게 제물이 된 사람들을 다시 볼 수는 없지만 죽지 않고 살아 있다고 믿었다. 또한 귀

| 석회암 암반이 함몰되 생긴 자연 연못 쎄노떼

중한 물건을 비롯해 각종 보석류도 연못에 바쳤다." 인신 공양 형태는 수십 가지에 달하는데 그중 하나가 산 사람을 연못에 빠뜨리는 것이다. 19세기 초 미국 카네기재단의 지원을 받은 고고학자들이 이 연못을 파서 두개골 50여 점을 건져 올림으로써 이곳에서 제사를 지냈다는 란다 신부의 말이 사실로 밝혀졌다. 그렇지만 인신 공양이 쉽게 확대 과장되는 점은 조심해야 한다.

달팽이 신전에서 하늘을 바라보다

쎄노떼를 보고 돌아나와 중앙 광장을 지나 남쪽으로 간다. 구 치첸 이차로 부르던 곳이다. 여기도 발굴 복원 작업이 이루어지고 있어 하루가 다르게 풍경이 변한다. 이 지역에서 가장 눈에 들어오는 것은 역시 천문대다. 이미 이야기한 대로 마야 사람들은 천문학에 관심이 지대했고, 지식

수준 또한 당대 세계 최고였다. 천문학에 관심이 많다 보니 하늘을 관측하는 장소도 당연히 많았고 잘 발달했을 테다. 그런 면을 잘 보여 주는 곳이 치첸 이차 남쪽 지역에 있는 천문대, 달팽이 신전^{El Caracol}이다. 천문학이라는 것이 지금이야 특별한 사람들이 하는 공부가 되었고, 보통 사람들은 밤하늘 쳐다볼 일이 별로 없다. 마야뿐 아니라 옛날 사람들은 밤하늘을 매일 보면서 살았다. 달을 보며 보름이니 그믐이니 날짜를 따지고, 별자리를 보며 방위를 가늠했다. 이런 면에서 옛사람들의 천문학 지식은 우리보다 훨씬 나았다고 할 수 있다. 좌우간 고대 사람들은 보편적으로 하늘에 깊은 관심을 가졌는데, 이 지식을 어떻게 발전시켰느냐가 각 문명의 고유한 특징이 되기도 한다.

마야는 하늘을 보며 느끼는 신비와 궁금증에 관해 다른 문명보다 더 깊은 열의를 보였다. 건물을 만들 때는 항상 방위를 고려해 자리를 잡았고, 건물 입구와 출구도 별의 움직임이나 방향과 연관 지었다. 이뿐

| 달팽이 신전과 꼭대기의 천문대

아니다. 한 건물의 모서리와 다른 건물의 모서리를 연결하는 선이 춘분점이 되기도 하고, 비석과 건물의 끝이 만나는 선을 연장해 보면 금성의 중요한 천문 현상과 일치하기도 한다. 금성이 584일을 주기로 이 천문대의 서쪽에서 떠서 동쪽으로 지는 것을 확인할 수 있는데 이러한 금성의 5주기는 태양력으로는 정확히 8년의 기간에 해당한다. 이런 것들이 소위 '고고 천문학'이란 분야로 발전했다. 이런 천문학적인 지식이 건물에 투영된 사실을 가장 먼저 알려 준 장소가 바로 달팽이 신전이다. 지금은 절반 가까이 무너져 창문 위치를 정확히 알 수 없지만 잔존 부분을 측정한 결과, 각 창문의 모서리를 연결한 선이 춘분과 추분 같은 중요한 천문학적인 지표를 가리킨다는 사실이 드러났다. 다른 건물에 비해 키가 큰 이 건물들은 넓은 개활지에 만들어져 천체를 관측하는 데 유리한 조건을 갖추었다. 더군다나 유까딴반도는 수백 킬로미터를 달려도 산이라고는 없는 지역이다. 당시에 이렇게 높은 건물에 올라서 보는 밤하늘이 어땠을지 가히 짐작이 된다. 6일차 빨렝께 유적지에서도 빨라시오의 천문대를 만난 적 있지만, 빨렝께는 동쪽과 남쪽이 높은 산에 가로막혀 천체 관측소라고 확정하기는 무리가 있다. 그래서 천문대가 아니라 탑으로 보기도 한다. 그러나 치첸 이차의 천문대는 다른 어떤 지역에서 천문대라고 부르는 것들보다 진짜 천문대일 가능성이 아주 높다

마야인의 신념과 정성 그리고 기원

달팽이 신전에서 더 남쪽으로 보이는 건물들은 전형적인 유까딴 북부의 건축 양식을 띤다. 욱스말이나 뿌욱 건축이 보여 주는 화려한 벽면 장식과, 착 신의 얼굴이 벽면에 조각되어 있는 점 등이 그렇다. 건물 벽면에 새겨진 착의 얼굴을 보고 있으면 여러 가지 생각이 든다. 어쩌면 저렇게 같

은 모양을 반복적으로 그리고 정교하게 조각해 놓았을까? 보통의 노력으로는 불가능했을 집요함과 꾸준함에 감탄이 나온다. 다음 일정에서 만날 욱스말이나 욱스말 근처 까바 유적지에서는 이런 반복이 극에 이른다. 수십 미터나 되는 건물 벽면을 모두 이 조각상으로 장식하고 있다. 종교적 수준의 신념 없이는 가능한 일이 아니라는 생각이 든다. 착의 모습도 특이하다. 동그란 눈동자를 가진 부리부리한 눈, 길쭉이 뻗어 나와 꼬부라진 코, 괴물을 연상하기에 충분한 이빨과 치켜 올라간 입가, 언제나 빠지지 않는 귀걸이 등이 기하학적으로 형상화되어 건물 전체를 메우고 있다. 그것도 입체적으로 말이다. 그 건물을 보면서 혹은 그 안으로 들어가면서 압도당하지 않을 사람이 있을까 싶다. 어쩌면 수많은 신의 얼굴을 통해 반복이라는 가장 효과적인 세뇌를 하는지도 모른다. "이곳에는 하늘님이 살고 계셔. 물의 신 착이 계신 곳이지. 너는 신이 계신 곳으로 들어가는 거야. 이곳에서 네가 보고 있는 것이 얼마나 신성한지 느끼겠지?"

그렇다면 신성한 신의 세계를 형상화해 강조한 것은 무엇일까? "신성한 물의 신을 만났으니 죄짓지 말고 착하게 살아야 해!" 이런 것이었을까? 그들의 종교가 추구하는 바는 무엇이었을까? 정성을 다해 공들여 조각한 수많은 착의 얼굴을 보면서 생각해 본다. 신은 인간들이 어떻게 살아야 한다고 말했을까? 아니 인간은 그들의 신이 무엇을 요구한다고 믿었을까? 십일조를 많이 내면 천국에 간다는 믿음, 매일같이 108배를 하면 자식이 대학에 붙는다는 믿음을 심어 주지는 않았기를 바란다. 하여간 마야인들은 기원을 담아 이 도시를 만들고 정성을 다해 건물을 장식했다. 우리는 단순한 돌조각을 보고 있는 것이 아니라, 그런 그들의 정성과 소망과 그리고 철학을 보고 있는 것이다.

더 가볼 곳

마야빤

이 유적지 이름에서 마야 문명이라는 말이 생겨났다. 전설에 의하면 기원후 1250년 경 꾸꿀깐 신이 마야빤Mayapan을 세웠으나 200년이 지난 1450년에 멸망한다. 에스빠냐 사람들이 침공해 오기 80여 년 전에 이미 이 도시의 인구는 급격히 줄었던 셈이다. 원주민 구전 역사에 따르면 치첸 이차와의 전쟁에서 승리한 꼬꼼Cocom 집안 사람인 후낙 첼Hunac Ceel의 후손이 이곳을 통치하다가 시우Xiu 집안의 공격으로 멸망한다. 그러나 이곳에 살던 사람들은 그때까지도 자신들을 마야빤 사람이라 여겨 '마야'라고 불렀고, 그 이름이 우리가 사용하는 마야 문명 혹은 마야로 굳어졌다.

이곳 건축물들은 대부분 치첸 이차와 비슷해 치첸 이차의 축소판을 보는 듯하다. 주변을 둘러싼 성벽도 주요 특징 중 하나다. 성곽 이야기는 앞의 뚤룸 편에서 자세히 설명했으니 참조하자.

마야빤은 현존하는 사료에 성립 배경 등이 상당히 자세히 설명되어 있다. 16세기 에스빠냐 정복자들과 함께 온 디에고 데 란다 신부는, 그들이 오기 전까지 가장 융성한 문화를 꽃피웠던 대표 지역으로 마야빤에 관해 자세히 이야기한다. 실제로 마야빤에 가서 보면 건물 규모나 도시 크기 등에 실망할 수도 있다. 그러나 이 도시는 마야 문명의 후고전기를 대표하는 유적지이자 사료에 빈번히 등장하는 점에서 중요성이 크다.

| 치첸 이차의 축소판 같은 마야빤

12일 육스말
Uxmal

이동	메리다에서 80킬로미터 거리, 1시간 소요
주요 볼 곳	육스말 유적
자고 먹을 곳	메리다
더 가 볼 곳	까바, 롤뚠 동굴 유적지

치첸 이차에서 메리다로

유까딴반도는 관광 중심지다. 그러면서 원주민 문화가 여전히 살아 숨 쉬는 곳이기도 하다. 이 두 현실이 얽혀서 묘한 대조를 이룬다. 치첸 이차는 지리적으로 유까딴반도의 북쪽 정중앙에 위치한다. 치첸 이차에서 동쪽으로 가면 깐꾼이고 서쪽으로 가면 메리다Mérida다. 그런데 치첸 이차를 기점으로 깐꾼으로 가는 길과 메리다로 가는 길은 느낌이 아주 다르다.

치첸 이차와 깐꾼을 연결하는 길은 관광객들이 쉼 없이 오고 간다. 치첸 이차를 보고 바로 깐꾼으로 돌아가기는 좀 아쉽다. 더구나 2시간 이상 걸리기 때문에 유적지 관람에 지친 관광객이 쉬고 배를 채우고 각종 놀이를 할 수 있는 곳들이 많다. 다양한 민예품점, 식당, 자연 동굴 등이 관광객을 유혹한다. 오가는 차량에 들러붙어 물건을 파는 아이들도 프로급이다. 관광객의 기호에 맞춘 상품을 능숙하게 판매하는 고도의 마케팅 능력을 가졌다. 그렇게 치첸 이차에서 깐꾼으로 가는 길은 번화하다.

| 에네껭(용설란) 농장과 인부들

반면에 치첸 이차에서 메리다로 가는 길은 상대적으로 외롭다. 이 길은 전통 마을 분위기를 더 많이 간직하고 있다. 우리나라 최초의 이민사 중 하나인 유까딴반도 에네껭Henequen 농장도 이 근처에 있다. 에네껭은 합성 섬유가 나오기 전까지 밧줄을 만드는 재료로 사용되어 당시는 상당히 발전한 산업으로 많은 노동력을 필요로 했다. 1905년 일본 제국주의 정부의 농간으로 고향을 떠나 이곳에 팔려 온 한국인들은 반노예 상태로 일했다. 이미 100년도 더 지난 일이고 에네껭 산업도 사양 산업이

되어 옛날만큼 농장이 많지는 않지만, 아직도 농장을 유지하는 곳이 이 길 위에 드문드문 남아 있다.

물론 깐꾼도 메리다도 잘 닦인 고속 도로로 직행할 수 있다. 하지만 국도를 따라가다 보면 주변 풍광이 확연히 느껴진다. 특히 깐꾼에 가까워질수록 싫건 좋건 깐꾼의 경제권이 미치는 마을들이 마야 전통을 잃어 가는 모습을 목격할 수 있다.

시나브로 정겨워지는 욱스말

개인적으로 욱스말 하면 가장 먼저 떠오르는 것이 모기다. 스킨로션을 쓰지 않는 사람이라 선크림도 발라 본 적 없고 당연히 모기 퇴치제도 뿌리지 않는다. 모기한테 물려도 북북 긁으며 적당히 사는 스타일이다. 그러나 욱스말에서는 예외다. 공포의 아마존 정글에서도 모기약 한 번 안 뿌렸건만, 욱스말 모기와는 쓰린 기억이 많다. 외지고 사람이 덜 찾는 곳이어선지, 지형의 굴곡이 다른 곳보다 심해서인지, 그저 나의 개인적이고 우연한 경험인지 몰라도, 이곳 모기는 유난히 작지만 물리면 몹시 괴롭다. 공포스러울 정도로 떼를 지어 집요하게 사람을 공격한다. 그러다 바람이 불거나 기상 변화가 있으면 싹 사라지기도 한다.

욱스말은 가장 규모가 큰 마야 유적지 중 하나다. 관광 차원에서는 빨렝께와 치첸 이차가 제일 크다. 하지만 전체 도시 규모와 건물 크기로는 이곳 욱스말이 먼저다. 그런데도 방문객 수는 빨렝께와 치첸 이차에 훨씬 못 미친다. 유적지 주변 시설들도 상대적으로 열악하다. 이곳에 오면 가장 힘든 결정이 어디서 잘 것인가다. 메리다에서 자고 오자니 거리가 80킬로미터로 꽤 멀어 아침 시간을 길에서 다 써 버린다.

물론 욱스말 주변에도 숙소는 있다. 유적지 부근에 고급 호텔이 몇 있지만 가격이 만만치 않다. 이밖에 중간급 호텔들도 있지만 숙박 시설이 워낙 적다 보니 가격 대비 시설이나 서비스가 도무지 마음에 들지 않는다. 그러니 이곳에서 저렴한 숙소를 구한다면 가성비는 기대하지 말자.

모기한테 시달리고 숙소도 여의치 않지만, 나는 가장 좋아하는 유적지로 욱스말을 꼽는다. 물론 이유가 있다.

일단 사람들이 붐비지 않아 좋다. 빨렝께와 치첸 이차의 복작대는 분위기는 이곳에서 찾아보기 힘들다. 사람이 적은 것은 아니지만 다른 유명 유적지에 비교할 바가 아니다. 이 엄청난 유적지를 온전히 혼자서 호젓하게 즐기는 기분이다. 그럴 때면 감흥이 더 깊어진다. 빨렝께는 아늑하긴 해도 군데군데 산으로 둘러싸여 탁 트인 느낌이 없다. 탁 트인 전경이라면 치첸 이차가 제격이지만, 치첸 이차의 엘 까스띨요 피라미드 위에 올라가면 계속해서 밀려드는 관광객으로 발 디딜 틈이 없다. 깐꾼 해수욕장에서 곧장 온 수영복 차림의 남녀가 "오 마이 갓"을 연발하고, 옆에서는 독일어로 프랑스어로 왁자지껄 떠드는 소리에 정신이 하나도 없다. 운 좋게 사람이 적은 타이밍이 와도 눈 아래 펼쳐지는 모습은 온통 사람이다. 한창 더울 때는 피라미드 꼭대기에서 건조한 흙바닥을 내려다보며 한숨을 쉰다. '내려가며 얼마나 더울까? 초록색 하나 없는 저곳을 또 열심히 걸어야겠지.' 그래서 치첸 이차 관람은 사람에 치이고 더위에 맞서는 전투 같은 느낌이 든다.

반면 욱스말은 다르다. 마법사의 피라미드 Pirámide del Adivino 에서 바라보는 탁 트인 전경은 장관이다. 숲의 바다 같은 엄청난 광경이 펼쳐진다. 인파로 복작거리지 않아 피라미드에 올라오는 낯선 이들과 감동을 나누고 싶은 마음도 생기고, 먼저 인사를 건네는 여유도 부린다. 피라미드 꼭대기에서 유까딴반도의 지평선을 보며 마야 사람들도 수천 년 전 여기서 이런 광경을 보았겠구나 하고 생각한다. 건물 꼭대기에 화려한 문양이 장식된, 마야의 전형적인 건축 양식 중 하나인 끄레스떼리아가 자연과 조화를 이루고 있다.

욱스말 유적지는 건물들이 가까이 밀집해 있어 걸어 다니는 부담이 적다. 멀리 보이는 피라미드들 중에는 일반에게 공개하지 않는 곳이 많다. 이런 점들 때문에 더 가슴이 설렌다. 거기다 '빛과 소리의 쇼 Luz y Sonido'라는 야간 행사를 열어 밤에도 유적지 입장이 가능한 몇 안 되는 곳 중 하나다. 물론 돈을 내고 예약해야 한다. 밤에 달빛을 받으며 유적지에 들어와 보면 낮과는 또 다른 느낌이다. 색다른 신비함과 고즈

전경이 일품인 욱스말 유적지

넉함이 있고 색색의 빛으로 유적을 비추는 조명 쇼 덕분에 눈이 즐겁다. 마야의 전사가 어떻고 사랑이 어떻고 하면서 그야말로 '쇼'를 하는 부분은 마음에 들지 않지만 그래도 쇼를 보기 전에 밤의 피라미드 사이를 걸어 보는 건 무척 귀중한 경험이다. 이런 이유들로 욱스말에 대한 친밀감이 시나브로 깊어진다.

체네스-뿌욱 양식

이곳의 건축과 조각은 뿌욱^{Puuc} 양식으로 대표된다. 뿌욱 양식의 특징은 극도로 화려한 모자이크를 반복해 건물 벽면을 장식하는 것이다. 보통 '꼬즈 뽑^{Codz Pop}'이라고 부른다. 한편 '체네스^{Chenes}'라 불리는 건축 양식이 이와 상당히 비슷해 '체네스-뿌욱 양식'이라고도 한다. 둘을 나누는 것이 의미가 없고 구분도 모호하기 때문이다.

어쨌든 욱스말 유적지에서 가장 눈에 띄는 것은 건축물 전면을 뒤덮은 화려한 조각이다. 같은 이미지를 집요할 만큼 반복적으로 배치했다. 특히 꼬부라진 긴 코를 가진 비의 신 착 얼굴이 반복된다. 종교적인 성격을 띠는 건물, 즉 제사를 올리는 건물에 인간 생활에 가장 필요한 비를 기원하며 착의 얼굴을 조각했다는 해석이 가능하다. 유까딴반도는 강이 발달하지 않아 비가 중요했다는 점을 생각하면 그럴 듯한 해석이다. 신전 입구를 신의 입처럼 표현한 점도 재미있다. 신의 세계로 들어가는 것을 신의 입속으로 들어가는 것으로 생각했다. 신의 세계로 들어간 인간(제사장)이 의식을 행함으로써 비를 얻는다.

이런 조각들이 건물 전체와 어떻게 조화롭게 배치되어 있는지를 보는 것도 중요하다. 전체 도시를 계획해 구획을 나누고 각각 건물을 배치했으며, 건물 한 면 한 면에 세심하게 다듬은 조각들을 입체적으로 잘라 넣어 전체 도시를 하나의 예술 작품 혹은 종교적 상징으로 승화시켰다. 각 조각품은 전체 도시에 대한 아이디어의 총체이자 부분이다. 그러니 각 조각이 어떻게 건너편 건물의 모양과 조화를 이루는지를 보자. 자그마한 구릉 위에 우뚝 선 피라미드의 꼭대기 끄레스떼리아가 어떤 연결선상에서 광장과 어우러지는지 생각해보는 것이 마야인의 관점에서 이 도시를 바라보는 방법이다.

| 착의 얼굴이 무한 반복되는 체네스-뿌욱 양식

무심히 걷다 보면 돌은 돌이요, 땅은 땅이고, 장식은 그냥 장식일 뿐이다. 하지만 다른 유적지와 비교해 이곳만의 특징과 그 의미를 생각하며 본다면 아는 만큼 보이는 재미를 느낄 수 있다. 말은 이렇게 해도 사실 아무 계산 없이 자연과 인간을 느끼는 것이 으뜸이기는 하다.

하루 만에 피라미드를 만든 마법사

욱스말 유적 중에서 가장 많은 사람의 발길을 붙잡는 곳은 마법사의 피라미드다. 다섯 차례에 걸쳐 재건축한 이 피라미드는 구전으로 이어지는 오랜 전설을 간직하고 있다. 19세기에 에스빠니스라오 까릴요

Estanislao Carillo 신부가 기록한 전설에 따르면, 욱스말에서 남동쪽으로 22킬로미터 떨어진 까바에 늙은 여자가 혼자 살고 있었다. 어느 날 그녀는 얇은 막에 싸인 특별하게 생긴 알을 발견했다. 집으로 가져와 잘 돌보았더니 아이가 알을 깨고 나와 무럭무럭 자랐다. 아이는 할머니가 아궁이 곁을 떠나지 않고 열심히 지키는 것을 항시 궁금히 여겼다. 그래서 꾀를 내어 할머니의 물동이에 구멍을 내고 할머니가 물을 뜨러 갔다 오는 사이 아궁이에 숨겨진 '뚠꿀Tunkul'과 '쏘옷Soot'이라는 북과 나팔을 찾아냈다. 아이가 북을 두들기고 나팔을 불자, 그 소리가 천지 사방에 메아리쳐 모든 사람이 들을 수 있었다. 마침 당시 욱스말의 최고 지도자는 이 나팔을 부는 사람이 장차 최고 지도자가 된다는 전설을 알고 있던 터라 아이를 데려와 시험을 치르게 했다. 아이는 모든 시험을 통과하고 마침내 최고 지도자에 오른다. 아이는 마법 능력을 지닌 신성한 존재였던 것이다.

어린 마법사가 치른 시험들 내용이 재미있다. 첫 번째 과제는 그가 살던 까바와 욱스말을 연결하는 길 '삭베Sacbé'를 만드는 것이었다. 최고 지도자에게 돌만 가져다 놓으면 길을 만들어 주겠노라 제안한 어린 마법사는 결국 길을 완성해 시험을 통과한다. 두 번째 시험은 하룻밤 사이에 피라미드를 만드는 것이었다. 어린 마법사는 할머니에게 도움을 청했고 할머니는 걱정하지 말고 편히 자라고 한다. 다음 날 아침 어린 마법사가 깨보니 마법사의 피라미드 꼭대기였다. 시험을 통과한 어린 마법사가 최고 지도자가 될 것을 두려워한 욱스말 최고 지도자는 그를 죽일 요량으로 '꼬꼬욜레스Cocoyoles'라는 단단한 열매를 머리로 깨라는 과제를 낸다. 결과는 예상한 대로. 어린 마법사는 열매를 깨는 데 성공했고 최고 지도자도 같은 시도를 했다가 머리가 깨져 죽고 만다. 그렇게 어린 마법사는 최고 지도자가 된다. 이 믿거나 말거나 전설은 버전이 여러 개지만 맥락은 크게 다르지 않다.

마법사의 피라미드는 신비한 전설만큼이나 예술적인 아름다움도 가지고 있다. 다른 피라미드들은 기단부가 사각형인 경우가 많은데 이곳은 독특하게 타원형을 하고 있다. 타원형의 기단부는 근처의 다른 유적지와 대조될 정도로 규모가 압도적이다. 피라미드 높이도 35미터나 된다.

둥근 기단이 특징인 마법사의 피라미드

흔적으로 유추하는 빨라시오의 용도

빨라시오 Palacio del Gobernador와 수도원 Cuadrángulo de las monjas도 욱스말을 대표하는 건축물이다. 마야 유적지에서는 피라미드와 부속 건물들로 이루어진 공간을 가리켜 '빨라시오'라고 부르는 경우가 많다. 달리 대체할 말이 없어서 서양의 '성'이나 '궁전'에 붙이는 단어를 차용했지만, 편의상 붙인 말이지 실제로 최고 지도자나 신하들이 기거한 궁궐이라고 할 수는 없다. 한국말도 애매하니 여기에선 원어에 충실하게 빨라시오로 쓰겠다. 빨라시오는 한 개나 여러 개의 방을 가진 단일 건물 또는 여러 개의 건물로 이루어진다. 이 공간들은 제사장의 주거지나 행정 관서, 작업장, 창고 등으로 쓰였다. 각종 피라미드가 종교적인 제사를 주관한 장소라고 하면, 그 주변 건물군인 빨라시오에서는 의례를

준비하고 거행하는 제반 업무를 수행했다고 볼 수 있다. 제정일치 사회였으니 국가 행정 업무도 봤을 것이다.

빨라시오 건물 용도에 관해서는 사료가 존재하지 않기 때문에 고고학적 방법을 동원하는 것이 유일한 길이다. 방바닥이나 벽을 조사해 재의 흔적이 발견되면 음식을 만든 주방으로 볼 수 있다. 또한 곡식의 화분(花粉)이 많이 발견되면 식량 창고일 가능성이 높고, 흑요석 같은 광물 부스러기가 발견되면 제사에 사용하는 흑요석 공예품을 만든 곳이라는 추측이 가능하다. 한편 구체적인 흔적이 없는 곳도 많은데, 이럴 때는 주변 환경과 함께 다른 시대의 비슷한 문화를 가진 지역, 혹은 동시대의 주변 지역 사료를 총동원해 건물 용도를 유추한다. 이런 방법에도 한계는 있다. 불을 피운 흔적 때문에 주방이라 생각한 곳이 실질적으로는 신에게 제사를 올

욱스말의 수도원

리며 불을 피운 제실일 가능성도 있기 때문이다. 지구상의 다른 문명과 비교했을 때 마야의 사료는 양이나 질에서 극히 제한적이다. 그나마도 유럽인들이 아메리카 대륙을 정복한 시기와 그 이후 자료가 대부분이다. 이전 시대, 그러니까 후고전기 초기나 고전기 혹은 전고전기의 정보는 절대적으로 부족하다. 마야 도시들의 건물이 어떤 기능을 했는지 단정적으로 이야기하기는 사실상 불가능하다는 말이다. 따라서 고고학적인 연구와 사료를 보완해 더욱 분명한 과학적인 결과를 만들어 가야 한다.

욱스말의 빨라시오는 동서남북에 배치된 네 개의 커다란 건축물들로 이루어졌다. 주요 감상 포인트는 건축물마다 정면에 새겨진 정교한 부조들이다. 동쪽 건물에는 죽음을 상징하는 부엉이 모양을 머리에 쓴 여덟 마리 뱀 부조가 여섯 점 있다. 중앙 문과 건물 귀퉁이에는 착의 얼굴이 조각되어 있다. 북쪽 건물은 높이 솟아오른 기초 위에 세워졌는데 26개의 방이 있다. 정면에 커다란 인간의 형상, 새, 원숭이 등의 무늬가 반복적으로 보이며, 머리가 둘인 깃털 달린 뱀이 새겨져 있다. 역시 착의 얼굴도 빠지지 않는다. 서쪽 건물 윗부분의 넓은 띠 모양 장식은 여러 형상들이 복잡한 모자이크로 구성되어 있다. 특히 중앙 문 위의 형상은 거북이를 숭상하는 전통을 보여 준다. 깃털 달린 뱀도 등장한다. 남쪽 건물은 돌을 정교하고 균형감 있게 세공한 기술이 돋보이고, 바둑판 모양의 장식에 착의 얼굴과 깃털 장식이 두드러진다.

마야의 고속 도로 '삭베'

욱스말은 기원후 600~1000년 사이에 가장 융성했다. 이곳에서는 잘 발달된 도로의 흔적이 발견되었는데, 욱스말과 까바 유적지를 연결하는 18킬로미터 길이의 삭베가 그것이다. 앞서 마법사의 피라미드를 이야기할 때 마법사가 하루 만에 만들었다는, 하나도 안 그럴듯한 이야기에 나오는 그 길이다. 사실 18킬로미터는 아무것도 아니다. 전 유까딴을 연결하는 도로망이 수천 킬로미터에 달했던 사실을 떠올려 보자. 이 주변의 삭베는 그나마 소실이 적어 흔적이 잘 남아 있어서 주목받는 것뿐이다.

마야 문명은 중북미 전역에서 발달한 전체 메소아메리카 문화와 많은 부분을 공유한다. 이들의 문화적인 유사성 혹은 동질성은 도시들이 서로 빈번하게 지속적으로 교류한 결과다. 물물 교환을 목적으로 한 경제적 이유뿐 아니라, 정치, 사회, 문화적인 측면에서도 교류가 왕성했다. 강이나 협곡이 많아 길을 만드는 데 특수한 구조물이 필요했던 안데스 문명과 달리, 마야 지역의 길은 자연적인 계곡과 평지를 이용해 쉽게 만들 수 있었다. 시대적으로도 특정 시기가 아니라 모든 시대에 걸쳐 마야의 도시와 도시를 연결하는 길이 잘 정비되어 교류에 중추 역할을 담당했다. 특히 산지가 없는 유까딴반도 지역에서는 포장도로인 삭베가 발달했다. 삭베는 전고전기부터 있었으나 절정을 이룬 시기는 고전기 초반부터라고 본다. 삭베는 크게 도시 내부에 건설된 내부 도로와 도시와 도시를 연결하는 외부 도로로 나누는데, 내부 도로는 전고전기부터 상당한 발전을 보였고 외부 도로는 고전기에 많이 만들어졌다. 어떤 것들은 수백 킬로미터 떨어진 도시들을 연결해 현대적 의미와 기능을 가진 대단위 도로 역할을 한 것으로 보이는데, 꼬바와 약슈나(Yaxuna) 사이의 삭베 길이는 100킬로미터에 달한다.

삭베를 만드는 방법은 집의 기초를 세우는 것과 비슷하다. 지형에 맞추어 크고 작은 돌들로 기반을 만든다. 이때 기반이 높은 것은 1미터가 넘기도 한다. 기반 위를 회반죽으로 포장했는데, 석회로 만들어진 바닥면이 흰색

^Sac^이어서 이 길^Be^을 '하얀 길'이라는 뜻의 삭베로 부르게 되었다. 오늘날 포장도로와 같지만 도로 표면에 아스팔트나 시멘트 대신 회반죽을 입힌 점이 외형적으로 가장 큰 차이점이다.

| 멀리 개선문이 보이는 삭베

삭베는 이동 편의라는 기능적 측면도 중요하지만 종교적 의미도 크다. 삭베가 순수하게 종교적인 목적으로 만들어졌는지에 관해서는 논란이 있다. 나 역시 수백 킬로미터에 달하는 길을 단순히 종교적 이유로 만들었다고 보기는 힘들다는 쪽이다. 그러나 많은 학자들이 종교적인 성격에 더 비중을 둔다. 그 근거로 도로 중간에 건설된 개선문들이 종교적인 건축물이며, 도로의 시작점과 끝 지점이 종교 행사를 주관하는 신전이라는 점을 든다. 이런 견해 차이는 근본적으로 마야 종교의 성격과 운용에 대한 시각 차이에서 비롯된다. 아이들에게 추석

은 맛있는 음식을 실컷 먹을 수 있는 날이요, 친척들이 다 모이는 마음 부푼 놀이의 장이다. 성인 자녀들이라면 고향을 찾아가 부모 친지를 만나는 뜻깊은 날이고, 노부모 입장에서는 자식과 손자를 만나는 설레는 날이다. 그뿐이랴. 상인들에게는 큰돈을 버는 대목이다. 삭베의 종교성을 논하다 갑자기 명절을 들먹이는 이유를 눈치챘는가? 마야 사람들이 치렀던 종교 행사가 우리의 추석 같지 않았을까 생각해 보자는 뜻이다. 즉, 종교 행사가 사회적 기능과 경제적 기능까지 담당하는 것이다. 추석이라는 명절과 이때 행해지는 제사는 외형적으로는 한국의 전통적인 종교 행사로 볼 수 있다. 물론 경제적인 기능, 사회적 기능도 수행한다.

다시 우리의 관심사인 삭베로 돌아가 보자. 삭베가 기본적으로 종교적인 성격을 띤다는 데는 동의할 수 있다. 그러나 앞선 장들에서 보았던 것처럼 마야의 종교 의식은 마을 사람 모두가 참여하는 중요한 사회, 문화, 경제 행사이기도 했다. 제사에 쓸 용구를 멀리 떨어진 외지에서 운반해 오는 통로가 삭베였을 것이다. 신성한 제단을 만들 먼 곳의 돌도 삭베를 통해 들여왔을 것이다. 그리고 그 물건들을 짊어진 상인들의 노동과 생활이 이 길 위에서 펼쳐졌을 것이다. 그 과정에서 종교와 경제와 사회가 서로 얽힐 수밖에 없고, 각각의 경계는 모호해진다. 그래서 나는 삭베가 순수하게 종교적인 발로와 기원에서 만들어졌다는, 신성성을 강조하는 의견에는 동의하지 않는다. 마야는 절대적인 권위를 가진 종교나 정치 혹은 사회 구조를 발전시키지 않았다는 점을 다시 상기하자.

더 가 볼 곳

까바

까바Kabah는 욱스말, 랍나Labná와 함께 뿌욱 양식의 대표적인 유적지다. 체네스-뿌욱 양식 중에서도 뿌욱 양식이 더 도드라진다. 꼬즈-뽑이 장관이라 이것만 볼 목적으로도 갈 만하다. 화려한 조각이 연속적으로 반복되는데 조각 기법의 완성도도 놀랍지만 그것들을 잘 배치해 건물 벽면에 조화시킨 예술성 또한 탁월하다. 기하학적 문양은 사람을 압도한다. 마치 공상 과학 영화에 나오는 미래의 우주 정거장에 들어온 느낌이라고나 할까. 일정한 얼굴 조각들이 각기 푹 들어간 눈, 불쑥 솟은 코, 귀걸이를 한 귀, 입과 이빨을 뚜렷이 나타낸다. 그 각각의 얼굴들이 모여 다시 커다란 얼굴을 만든다. 자세히 보면 전체 건물이 수많은 착의 얼굴이고, 각 건물의 입구 주변에 여러 조각이 모여 또 하나의 더 큰 얼굴을 만들고 있다. 그래서 신전에 입장하는 사람은 착 신의 코를 계단 삼아 신들의 공간 한가운데로 들어가게 된다. 보통 30여 개 돌로 이루어진 하나의 착이 건물 전체에 300개 이상 장식되어 있다. 멀찌감치 떨어져서 조망하면 '저렇게까지 미련스럽게 같은 모양을 반복하면서 신의 세계를 보여 주고 싶었을까' 하는 생각이 든다. 참 고집스러운 사람들이다.

멕시코 고대 문명이 만들어 놓은 건축과 미술에서 그들의 성격을 짐작해 본다. 뿌욱 양식의 유적에서는 이들이 강박증적인 기질을 가지고 있지 않았을까 생각한다. 모양도 크기도 같아서 마치 공장에서 틀로 찍어 내 붙여 놓은 듯하다. 한 치의 오차도 허락하지 않는 이곳 사람들의 성격이 엿보인다. 이런 것이 누구 한 사람의 성향으로 만들어질 리 없다. 수십 수백 년간 계속된 성향이고, 만든 사람과 보는 사람 그리고 여러모로 도움을 주고 지지해 준 지역민 모두의 종합적인 결과물이다.

그런데 잠깐! 동일한 모양의 무한 반복이라고는 하지만 가까이서 보면 조각상을 일일이 손으로 만들어서 완전히 똑같지는 않다. 조각 사이의 미세한 차이를 발견하는 것도 관찰 포인트다. 디테일을 놓치지 마시라.

롤뚠 동굴 유적지

롤뚠Loltún은 유까딴의 특수한 지형이 만들어 낸 거대한 자연 동굴이다. 규모도 클 뿐더러 초기 인류부터 현대에 이르기까지 이 근처에 살았던 인간의 삶이 기록된 유서 깊은 장소다. 이 동굴에서는 구석기 시대 것으로 보이는 벽화들과 함께 다양한 시대에 걸쳐 인간이 살았던 흔적이 발견되었다. 고전기 때는 주변 지역에 사는 사람들이 이곳에서 식수를 얻었고, 근대에는 유까딴 농민 반란의 마지막 항거지로 이용돼 전투의 흔적이 그대로 남아 있다.

미치도록 더운 욱스말과 까바 주변의 유적지를 둘러보고 이 동굴로 향할 때는 마음이 설렌다. 동굴 안이 선선한 데다 신비로운 분위기까지 더해져 사막에서 오아시스를 만난 기분이 되기 때문이다. 관광객 추이나 시즌에 따라 입장 시간과 방법이 다르니 방문 전 확인은 필수다. 현장에서는 가이드가 인솔하므로 아무 때나 간다고 해서 바로 들어갈 수도 없다.

▎꼬즈-뽑의 백미를 만나는 까바 유적지

▎자연 동굴 유적지 롤뚠

13일 | 에드스나와 깜뻬체
Edzná, Campeche

이동   메리다에서 180킬로미터 거리, 2시간 30분 소요
주요 볼 곳   에드스나 유적지
                깜뻬체 유적지
자고 먹을 곳   깜뻬체, 참뽀똥

고즈넉한 깜뻬체

에드스나Edzná와 깜뻬체Campeche 주변은 마야의 고즈넉한 정취를 즐길 수 있는 곳이다. 사실 마야 원주민 지역을 두고 '고즈넉하다'는 표현은 좀 어색하다. 500년 전이나 지금이나 별로 달라진 것이 없을 정도로 '현대화'의 이득을 누려 본 적이 없으니 말이다. 물론 초호화 호텔들이 즐비한 관광지는 제외다. 이곳의 고즈넉함을 좋게 이야기하면 옛날 정취를 그대로 간직했다는 뜻이고, 솔직하게 이야기하면 징그럽게 못산다는 말이다. 현대의 우리에게 '못사는 것'은 이를 악물고서라도 극복해야 할 대상이다. 그러나 이들에게는 그럭저럭 견딜 만한, 아니 그렇게 살아가야 할 것이기도 하다. 이들이 가난을 긍정적으로 받아들이거나 부자나 발전을 원하지 않는다는 말이 아니다. 가난도 미개발도 이들에게는 끔찍한 지옥이라기보다 고즈넉하게 살아가는 삶의 모습인 것이다. 그런 면에서 이곳 깜뻬체는 특히나 고즈넉하다. 관광 산업이 활성화되지 않아 관광객이 적고, 그래서 가난하지만 고즈넉하게 살아가고 있다.

원래 유까딴반도에서 가장 낙후되고 원시적이라 할 수 있는 곳은 동부 지역으로, 지금의 깐꾼 주변이었다. 이 지역은 까스따 전쟁의 영향으로 1847년부터 1901년까지 거의 독립적인 상태로 원주민 자치가 유지되었다. 당연히 삶의 형태도 전통적이었다. 바꾸어 말하면 낙후되었다는 뜻이다. 그런데 이곳에 개발 열풍이 들이닥치면서 오늘날 멕시코의 굴뚝 없는 산업을 견인하는 가장 유명한 도시가 되었다. 깐꾼과 뚤룸 그리고 그 주변으로 이어지는 카리브해 관광지에는 하루가 다르게 공항이 세워지고 길이 넓어지고 레저 시설과 국제적인 휴양 단지가 들어섰다. 당연히 생활상도 많이 변했다. 반면에 이곳 깜뻬체는 개발 지역과 떨어져 있는 데다 유까딴반도의 주도이자 행정과 상업의 중심지인 메리다와도 거리가 있다. 외국인 관광객도 다른 지역에 비해 훨씬 적다. 더군다나 마야의 주요 유적지들이 깜뻬체에서도 한층 내륙에 있다 보니, 오가는 길에서도 고즈넉한 정취를 느낄 수 있다.

사람들로 북적이는 피라미드를 상상하다

에드스나는 기원 이전부터 발전하기 시작해 기원전 600년경에 도시로서 자리를 잡은 것으로 보인다. 기원후 400~1000년 사이에 가장 번성했다가 점차 인구가 줄어들고 활동도 미약해져 기원후 1450년, 그러니까 에스빠냐 사람들이 이곳을 침략하기 70여 년 전에 이미 버려진 도시가 되었다고 추정한다.

이곳은 산이나 구릉이 발달하지 않았고 저지대와 작은 수로가 많다. 마야 사람들은 이런 자연이 주는 한계와 혜택을 효과적으로 이용하기 위해 관개 시설을 발달시켰다. 물을 잘 이용하는 지식과 지혜를 가지고 있었던 것이다. 유까딴반도의 고속 도로 시스템인 삭베의 흔적이 이곳에서도 나타난다. 한편 마야의 여느 도시와 마찬가지로 광장은 주변 건물들과 조화를 이루면서 도시의 중심 역할을 한다. 큰 광장과 작은 광장이 독자적이면서도 서로 긴밀히 소통하는 모습도 보여 준다.

에드스나의 건축물들은 큰 키를 뽐내지 않는다. 가장 눈에 띄는 5층 피라미드 Edificio de los Cinco Pisos 만 봐도 그렇다. 헌데 키가 작은 것도 아니다. 실제 이 피라미드는 높이가 32미터나 되고 폭도 60여 미터에 이른다. 여기서 방점은 '뽐내지 않는다'에 있다. 이 피라미드는 다른 유적지의 중심 피라미드들이 풍기는 위압감이 상대적으로 적다. 가로세로 비율이 편안해 곧추선 느낌이 덜하기 때문이다. 외형이 아기자기해 친근감을 주는 점도 한몫한다.

피라미드는 이름에서 알 수 있듯 5개 층이고 각 층마다 방들이 빼곡

에드스나 유적지

히 들어차 있다. 우리나라의 아파트를 보는 듯도 하다. 물론 모든 방에 사람이 살지는 않았을 것이다. 대부분 의례 용품을 보관하거나 의례를 준비하고 의식을 수행하는 등 종교 기능을 담당했을 것이다. 건물 내부 공간을 이렇게 꼼꼼하게 활용한 마야의 피라미드는 많지 않다. 더군다나 이 피라미드는 누가 뭐래도 도시의 중심이 되는 제일 큰 피라미드다. 상징적인 면에서 보면 굳이 실용성을 목적으로 방을 많이 배치했을 것 같지는 않다. 그렇다면 여러 기능을 가진, 그래서 사람들이 북적대는 구조를 계획하지 않았을까? 여러 신들에 올리는 제례 의식이 다양한 방에서 이루어졌으리란 상상도 가능하다. 그러니 이 피라미드는 그냥 바라보는 대상이 아니라 수많은 사람들이 이 방 저 방을 오가느라 붐비는 곳이었다. 대개의 피라미드가 꼭대기에 신전을 두고 그곳에서 제사를 지냈다고 추정하는 만큼 피라미드 내부 활용도는 낮았을 것이다. 하지만 에드스나에서는 방들로 꽉 찬 피라미드 안에서 사람들이 부지런히 무언가를 하고 있었을 모습을 상상하니 이색적이다.

5층 피라미드는 끄레스떼리아가 아름다운 자태를 뽐낸다. 초기 피라미드에는 끄레스떼리아가 없는 것도 많다. 후기로 들어서면서 많은 지역에서 끄레스떼리아가 발달한다. 일반적으로 초기 피라미드는 '하늘과 더 가깝게' 혹은 '하늘의 한가운데'라는 의미를 살리기 위해 피라미드를 높게 지은 것으로 보인다. 자연스럽게 규모에 더 집중했다. 그러나 시간이 지나면서 점차 상징성이 강조되었고, 크기보다는 각각의 건물 혹은 장식품들이 가진 기능이나 의미가 더욱 중요해졌다. 이를 통해 종교적인 목적에 가까이 갈 수 있다는 믿음이 널리 퍼지고 자연스럽게 건물의 장식적인 면이 늘었다. 그렇게 등장한 것이 끄레스떼리아다. 신을 위한 공간, 신에게 제사를 지내는 공간임을 강조하는 것

마야 루트

에드스나, 깜뻬체

5층 피라미드와 끄레스떼리아

이다. 자신을 상징하는 문양을 새긴 장식을 보며 신들은 '나를 위한 공간이구나' 하고 생각했을지 모른다. 아니, 신이 그렇게 느낀다고 마야 사람들은 생각했을 것이다.

끄레스떼리아를 실제로 만드는 데는 여러 기술적인 문제가 뒤따랐다. 마야 사람들이 돌을 다루는 기술이 뛰어나 작은 조각품들을 견고하게 만드는 데까지는 어느 정도 성공한다. 1,000년이 지난 오늘까지도 끄레스떼리아 장식이 그대로 남아 있으니 말이다. 그러나 돌로 만든 끄레스떼리아를 건물 위에 올리다 보니 그 무게를 지탱하기 위해 불가피하게 신전의 기둥과 벽이 두꺼워졌다. 때로는 무게를 견디지 못해 건물 전체에 균열이 생기거나 무너져 내리기도 했다. 마야 건축가들은 끄레스떼리아를 포기하지 않으려 다양한 건축 방법을 동원했다. 여러 개의 기둥을 촘촘히 배치하거나 벽을 더 두껍게 만들었다. 어떤 경우에는 아예 창문을 없애고 벽돌로 메워 가면서까지 끄레스떼리아를 고집했다. 마야 건축가들이 이렇게까지 지키려 했던 끄레스떼리아를 에드스나에서 잘 관찰할 수 있다.

'거짓 아치'가 아니라 '마야 아치'

5층 피라미드를 오르다가 중간중간 각 층과 연결된 계단 아래쪽을 보며 재미난 형태의 아치를 발견한다. 보통 '아치Arco'라고 하면 서양식 아치 모양을 떠올린다. 서양의 아치는 독립적인 벽돌이나 재료들이 반원형을 구현하는 형태다. 그런데 마야의 아치는 형태나 구조면에서 이와 다르다. 문이나 창의 돌들을 조금씩 안으로 쌓아서 천장 부분에서 양 끝을 만나게 한다. 이런 아치를 보통 '마야 아치Arco Maya'라고 한다. 서양 아치와는 다르다. 마야 아치는 에드스나에만 나타나는 것은 아니고 대부분의 마야 건축물 천장에 사용되었다.

마야 아치

서양 사람들은 마야 아치를 '거짓 아치$^{Arco\ Falso}$'로 불러 왔다. 그러나 '거짓'이라는 단어를 사용하는 자체가 지극히 유럽 중심적인 사고방식이라는 점이 지적되면서 지금은 마야 아치가 널리 쓰인다. 마야 건축을 다루는 몇몇 책에는 아직도 거짓 아치로 쓰는데 마야 아치로 바로 잡아야 한다.

깜뻬체 성과 카리비안의 해적

에드스나에서 서쪽으로 50킬로미터 정도 가면 바닷가 도시 깜뻬체가 나온다. 깜뻬체에는 유까딴반도에서 가장 먼저 만들어진 서양식 성이 있다. 이 성은 마야 문명을 몰락시키고 들어선 에스빠냐 식민지 시대를 이해하는 재미난 공부거리다. 공부니 의미니 이해니 해도, 우리가 다니며 보고 느끼는 최고의 가치는 재미에 있다. 게다가 식민지 시대 성 구경이 재미난 가장 큰 이유는 아름다운 경치다. 성의 성격상 감시가 유리하도록 사방이 훤히 내려다보이는 곳에 세우는 경우가 많은데, 특히 이곳은 푸른 바다 빛깔을 더해 장관이 펼쳐진다. 멕시코만의 베라끄루스Veracruz, 베네수엘라의 까르따헤나Cartagena에도 역사적으로 중요하면서도 아름다운 경치를 가진 성이 많다.

깜뻬체도 그렇다. 식민지 시대 바닷가에 인접한 중요 도시라면 해적과 성은 필수 연관 검색어다. 에스빠냐의 주도권에 맞서 자신들의 이권을 쟁취하려는 프랑스, 영국, 네덜란드, 독일 등 서구 열강들은 공식 또는 비공식적으로 해적이나 군대를 보내 식민지 지역들을 약탈했다. 깜뻬체는 16세기 동안 유까딴반도를 통틀어 유일한 항구였다. 그러니 해적들이 가만히 놔둘 리 없다. 1588년 그 유명한 에스빠냐 무적함대Armada Invencible가 영국 해군에게 박살 난 뒤 아메리카 대륙의 바다는 힘 있는 놈, 싸움 잘하는 놈들의 각축장이 되었다. 1685년에는 프랑스 해적 로렌실요Lorenzillo가 깜뻬체를 유린한다. 에스빠냐는 로렌실요를 비롯한 해적들로부터 자신을 지키기 위해 깜뻬체에 성을 쌓았다. 그 성이 지금 우리가 보고 있는 푸에르떼 데 산 미겔Fuerte de San Miguel이다. 이 성은 1771년 짓기 시작해 30여 년이 지난 1801년에야 완성했다. 지금은 깜뻬체 지역 박물관으로 사용되고 있다.

여기서 잠깐, 해적들이 얼마나 기승을 부렸기에 성을 쌓지 않은 바닷가 도시가 없었는지 그 배경을 이해해 보자. 아메리카 대륙에 첫발을 디딘 에스빠냐 사람들은 그야말로 일확천금을 얻는다. 말이야 지구가 둥글다는 것을 증명하고 싶다느니, 새로운 탐험, 개척 정신 운운하지만 사실 신대륙 발견의 본질은 '돈'이다. 그리고 등장한 것이 '황금의 도시'를 의미하는 엘도라도El Dorado다. 신대륙에 대한 환상이 유럽 전역에 퍼지면서 많은 이들이 일확천금을 꿈꾸고 신대륙으로 건너왔다. 이와 함께 환상적이고 흥미로운 이야기들이 퍼져 나갔다. '아마존'이라 불리는 여전사들이 온통 황금으로 만들어진 도시에서 살고 있다는 소문도 무성했다. 실제로 남미 아마존 밀림 일대에서는 오늘날에도 '빠이띠띠Paititi'라는 황금 도시를 찾는 사람들이 있을 정도다. 아메리카 대륙에서 생산한 막대한 양의 보물은 유럽 은값을 반 이상 떨어뜨렸다. 여기에 참여한 상당수가 황금 방석에 앉았고, 에스빠냐를 부유하게 만들었다.

주변 나라들은 처음에는 에스빠냐의 발전에 숟가락을 얹는 것만으로도 행복했다. 항해에 필요한 물건을 만들어 주거나 부자가 된 에스빠냐 상류층들의 소비재를 만들어 파는 대가로 신대륙에서 실어 온 황금과 각종 산물을 받는 것으로도 엄청난 비즈니스가 됐으니 말이다. 그런데 욕심이란 게 그런가. 기껏 물건이나 만들면서 그들이 잘나가는 것을 보고만 있자니 성에 차지 않았다. 변화하는 세상에서 새로운 기회를 잡고 싶은 욕망이 유럽을 온통 흥분의 도가니로 만들었다. 유럽의 목동과 농부들은 수백 년간 이어 오던 정치, 경제, 사회의 틀을 깨고 일확천금을 꿈꾸며 바다로 향했다. 그러나 대서양은 이미 포르투갈이나 에스빠냐가 공식 점령하고 있었기에 이들은 카리브해의 해

마야 루트

에드스나,
깜뻬체

| 바다가 훤히 내려다보이는 방어용 성, 푸에르떼 데 산 미겔

적이 된다. 프랑스, 네덜란드, 이탈리아, 독일, 영국 등이 해적 대열에 끼었다. 아메리카 대륙에서 생산되는 금과 은의 상당량은 대서양을 건너는 과정에서 해적들에게 약탈 당해 주변국들의 배만 불려 주었다. 해적들이 약탈하는 선박은 대부분 유럽 상선이었다. 그렇게 금은보화를 빼앗는 해적들의 이야기가 『캐리비안의 해적』이고, 그들이 약탈한 보물을 카리브의 작은 섬에 숨긴 이야기가 『보물섬』이다. 『피터팬』의 후크 선장도 여기서 나온다. 실존한 유명한 해적이 무수히 많다.

이런 카리브 해적을 방어하기 위해 만든 것이 푸에르떼 데 산 미겔이다. 성에 올라 바다를 바라보며 카리비안 해적들을 상상하면 아메리카 대륙 식민지 시대 영욕의 역사를 만날 수 있다.

허세 작렬 침략자 꼬르또바

욱스말에서 다음 여정인 빌야엘모사 Villahermosa 로 가는 길에 '참뽀똥 Champotón'이라는 작은 도시가 나온다. 이곳은 아메리카 대륙 역사에서, 아니 전 세계 역사에서 아메리카 원주민과 서양인이 처음으로 본격적인 싸움을 벌인 곳이다.

1492년 아메리카 대륙 앞의 조그만 섬에 도착해 약탈을 일삼던 에스빠냐 사람들은 이곳저곳에 탐험대를 보낸다. 자신들이 엄청나게 큰 대륙의 한 귀퉁이에 있다는 사실도 모른채 육지에 정박하거나 내륙으로 들어가기는 두려워 탐험대를 보내 주변을 살피게 했다. 그러던 중 깜뻬체 근처 마을 참뽀똥에서 첫 전투를 치른 것이다. 1517년의 일이다. 마을 촌장 모츠꼬우오 Mochcouoh 는 원주민 전사들을 보내 에스빠냐인들을 공격했다. 침략자 프란씨스꼬 에르난데스 데 꼬르또바 Francisco Hernández de Córdoba 는 곤경에 빠졌고 대포를 발사했다. 원주민 전사들은 대포에서 나는 소리와 연기, 불꽃을 처음 보았지만 조금도 위축되지 않고 함성을 지르며 달려들었다. 결국 에스빠냐는 물러가고 꼬르또바는 심각한 부상을 입고 쿠바로 돌아갔다.

사료에 따르면 원주민 5만 명과 에스빠냐인 수백 명이 맞붙었다고 한다. 사료마다 증언이 다르기는 해도, 당대에 쓰인 중요한 사료인 에르난 꼬르떼스의 편지에는 에스빠냐 병사 150명과 말 두 필을 가지고 원주민 5만 명에 대적했다고 한다. 계산해 보면 1대 333명으로 싸운 셈이다. '허세 작렬'이란 단어가 떠오른다. 5만 명이라는 원주민 병력은 주변 지역의 인구 분포로 미루어 볼 때 불가능한 숫자다. 수많은 적과 맞서 싸운 에스빠냐인들의 용맹함을 찬양하고 패전을 합리화하기 위해 적군의 숫자를 부풀린 것이다. 한편 이때 전투를 지휘했던 꼬르또바는 33군데 부상을 입었다고 하는데 이 역시 그를 영웅으로 미화하는 것으로 해석할 수 있다.

그렇다면 진실은 무엇일까? 마야 사람들뿐 아니라 모든 아메리카 대륙의 원주민들은 처음 마주한 신기한 서양 사람들을 극진히 대우했다. 최소한 그들이 원주민들의 형제자매와 자식과 부인을 죽이기 전

원주민과 서양인이 최초로 격돌한 참뽀똥

까지는 말이다. 대서양을 건너와 죽을 지경에 빠진 콜롬버스와 그의 부하들이 쿠바에 처음 도착했을 때도 섬 원주민들의 도움으로 원기를 회복할 수 있었다. 지금의 미국 땅에 도착한 영국인들은 북미 원주민의 도움으로 추운 겨울을 버티고 살아남았다. 마야 사람들도 다르지 않았다. 꼬수멜 섬이 에스빠냐 해군의 기착지였으니 말이다. 어느 한 곳도 낯선 서양인에게 무작정 시비를 걸지 않았다.

정리하면 서양과 아메리카 간 최초의 전투는 원주민의 승리로 보인다. 하지만 이후로 더는 그런 일이 일어나지 않는다. 처음이자 마지막으로 원주민이 승리한 애절한 식민지 역사를 이 조그만 도시 참뽀똥에서 만나는 것이다.

물 반 땅 반의 도시

참뽀똥 근처에는 원시에 가까운 해안 지형이 펼쳐진다. 지금은 다리로 연결되어 있지만 원래는 해안 사구 형태의 섬이었다. 이곳을 지나 180번 도로를 따라가면 씨우닫 델 까르멘Ciudad del Carmen과 쁘로그래소Progreso, 프

고즈넉함이 절정인 180번 해안 도로

론떼라^{Frontera}라는 도시가 연이어 나타나는데, 이 도로는 깜뻬체의 고즈넉한 정취가 한층 짙다. 자가용으로 이동한다면 참뽀똥에서 씨우닫 델 까르멘까지 이어지는 150킬로미터의 해안 도로에서 한두 번쯤 차를 멈추고 나만의 해수욕을 즐겨 보자. 아무도 없다. 수 킬로미터를 달려야 드문드문 사람 사는 흔적이 나타나는 정도라, 우리나라 해운대같이 복작거리는 해변은 있을 수가 없다. 물론 불편한 점도 있다. 샤워를 할 곳도 음식을 사 먹을 곳도 없다. 목이 마르면 주변에 널린 야자수에서 적당한 열매를 골라 구멍을 내고 즙을 마시면 된다. 아무 것도 넣지 않은 밍밍하고 미지근한 야자즙은 청량감은 없지만 갈증 해소에는 도움이 된다. 이제 여유를 가지고 그늘에 앉아 바다를 바라보자. 정말이지 인간이 이곳을 한 번이라도 밟은 적이 있을까 싶은 생각이 들다가 갑자기 깊은 감동이 밀려오기도 한다.

깜뻬체에서 따바스꼬^{Tabasco} 주로 넘어가는 씨우닫 델 까르멘을 지나면서는 주변 경관이 서서히 바뀌기 시작한다. 이곳에서 우리가 주의 깊게 보아야 할 것이 있다. 마야의 높은 농업 생산력을 가능하게 한 농업 기술의 일면을 만나기 때문이다. 주변 지역은 거대한 늪지다. 가로세로 수백 킬로미터에 이르는 넓은 지역에 크고 작은 하천이 실핏줄처럼 이어져 있다. 마야 사람들은 이곳에 인공 수로를 만들었다. 우기가 되어 범람한 강은 유기물을 실어 날라 자연 비료 효과를 주고, 이는 농작물의 성장을 촉진시켜 수확량을 늘렸다. 치수 사업은 농업 생산성에 큰 영향을 미친다. 마야 사람들은 인공 수로를 많이 만들어 홍수를 조절하고 농수를 공급했다. '치남빠스^{Chinampas}(Floating Garden)'라 불리는 일종의 수경 재배 기술도 발전시켰는데, 이는 땅과 땅 사이 혹은 땅 밑으로 물의 흐름을 원활하게 해 농작물에 유기물을 전달하는 효과가 있다. 이를 통해 다모작이 가능했을 뿐 아니라 동일 면적당 수확량도 증가한다. 한편 인공 수로를 확대해 내륙과 연결하는 운하로 활용한 흔적도 발견된다. 이곳으로 배가 오갔을 것으로 추정되는 단서들이 나타났다. 이곳 주변에서 바다와 만나는 큰 강과 지천들은 마야의 심장

| 거대 늪지를 활용한 수경 재배

부인 우수마씬따 강과 연결되어 도시가 융성했던 내륙 지방과 이어진다. 이 지역을 지나면서 보게 되는 강과 개천, 늪지, 호수 등 물 반 땅 반의 지형은 애초의 자연과 마야인의 손길을 거친 인공의 중간 지점에 있는 것이라 생각하면 된다.

꼬말깔꼬
Comalcalco

14일

이동	참뽀똥에서 빌야엘모사까지 320킬로미터 거리, 5시간 소요
주요 볼 곳	꼬말깔꼬 유적지
자고 먹을 곳	빌야엘모사

MEXICO

메히꼬

꼬말깔꼬

BELIZE

GUATEMALA

HONDURAS

EL SALVADOR

마야 문명의 서쪽 교두보

꼬말깔꼬Comalcalco 유적지는 사람들에게 많이 알려진 곳은 아니다. 멕시코에 워낙 고대 유적지가 많다 보니 고만고만한 규모의 것들은 알려지지도 않는다. 그런데도 꼬말깔꼬를 소개하는 이유가 있다.

마야를 비롯한 아메리카 대륙의 장단거리 교역이 상당히 발전한 점은 앞서 언급했다. 마야의 경우 남쪽 끝자락에 있는 온두라스의 울루아Ulúa 강과 그 주변이 중미와 남미로 뻗어 가는 교통의 중심지였고, 서쪽으로 가는 교통 요지가 바로 멕시코 만에 위치한 꼬말깔꼬다. 이 유적지는 마야 문명의 가장 서쪽 경계에 면해 주변 지역과 왕성하게 교류했다. 우리나라의 호남과 영남을 이어 주는 화개장터처럼, 꼬말깔꼬도 마야 지역과 메시까 지역을 이어 주고 나아가 전 메소아메리카 지역을 잇는 교통 요지이자 물물 교환 장소였다. 이곳은 육로뿐 아니라 해상 교통에도 적합한 환경을 갖추었다. 멕시코만에 인접해 카리브해나 대서양으로 나가는 길목이자, 내륙 수상 교통의 연결점들과도 가까웠다.

다양한 문명이 이곳에서 꾸준히 번성한 점도 교통 발달에 한몫했다. 마야를 포함해 주변 문화를 아우른 메소아메리카 문화의 기원 혹은 모태 문명으로 일컬어지는 올메까 문화가 이 주변에서 꽃피었고 기원후에도 꾸준히 발전했다. 꼬말깔꼬는 기원전 200년에서 기원후 1000년에 걸쳐 최고의 발전을 구가한다. 여러 문화권의 경계에 위치한 점, 바다와 강에 접한 점 등이 꼬말깔꼬를 문물 교류의 중심지로 만든 셈이다.

꼬말깔꼬 유적지가 처음으로 학계에 공식 보고된 것은 1925년 덴마크 탐험가 프란스 블롬Frans Blom에 의해서다. 1966년에는 건축가 조지 엔드루스George F. Andrews가 처음으로 지표 조사를 실시해 111개의 건물과 유구를 보고했다. 1972년에는 뽄씨아노 살라살 오르떼가Ponciano Salazar Ortega와 루르데스 마르띠네스 구스만Lourdez Martínez Guzmán이 7,000제곱미터 지역에서 282개에 달하는 건축물들을 조사 기록했다. 이 조사들은 다른 유적지에 비해 늦은 편이다. 그만큼 덜 중요하게 인식했던 것이다. 예술적인 기교나 장식 면에서는 직선거리로 150킬로미터 떨어진 빨렝께와의 상호 영향이 깊어 보인다.

아메리카 대륙 최고의 시장

꼬말깔꼬 유적지에 들어서면 일단 넓다는 인상을 받는다. 평원에는 드문드문 열대 나무들이 자라고, 유적 주변은 푸른 잔디가 깔려 있다. 유적지 박물관을 들렀다가 본격적으로 유적지를 향해 걸으면 한적함과 풍요로움에 기분이 좋아진다. 높이 솟은 아파트 단지도 없고 공간을 구석구석 활용하는 각박함도 느껴지지 않는다. 관리사무소에서 유적지까지 거리를 멀리 두고, 길을 곧고 넓게 만들어 놓았을 뿐이다. 그래서 다른 어떤 마야 지역보다 여유롭다. 중부 지방 마야의 높은 산지가 주는 포근함과 아기자기함도 아니고, 유까딴반도의 울

창한 밀림이 주는 숨 막힘도 아니다. 멕시코만을 낀 또 다른 생태와 환경이다.

지금은 한적하지만 이곳에는 당대 최고로 번성한 시장이 있었다. 분주히 오가는 상인들, 흥정하는 사람들 사이로 온갖 물건이 쌓이고 여기저기로 팔려 나가는 모습이 그려진다. 1,000년도 더 된 과거지만 이곳을 걸으며

꼬말깔꼬 유적지 전경

옛 풍경을 상상하면 쾌감과 흥분을 느낀다. 역사학과 고고학이 주는 즐거움은 뭐니 뭐니 해도 과거로 시간 여행을 떠나 수백 수천 년 전 사람들과 대화할 수 있다는 점이다. '미국 남부에서 버펄로 가죽을 가지고 몇 달 걸려 도착한 사람이 앉아서 쉬던 곳을 내가 지금 걷고 있다. 중미 지역에서 배를 타고 온 사람들은 이곳에서 흑요석을 고르기도 했겠지. 지금 내가 유적을 보러 가는 이 한적한 길은 당시 사람들이 분주히 오갔을 것이다.' 그런 상상을 하며 고개를 돌리면 갑자기 마야 사람들이 보인다. 나무 그늘 아래서 꼬마 녀석이 퀘잘 새의 깃털을 파는 아버지와 장난을 치고, 한편에는 총각들이 광주리를 들고 가는 아가씨를 힐끔거리며 쳐다본다.

이렇듯 생생하게 당시를 상상할 수 있는 것은 16세기 현장 모습을 기록한 귀중한 자료들 덕분이다. 디에고 데 란다 신부가 남긴 기록에 마야 시장에 관한 이야기가 있다. 이곳에 서서 이 대목을 한번 읽어 보자.

마야 루트

꼬말깔꼬

> 그들이 가장 선호한 직업은 울루아와 따바스꼬[Tabasco] 지역까지 소금, 옷, 노예들을 교역하는 상인이었다. 그들은 까까오[Cacao]나 돌 구슬로 거래를 했고 이것으로 더욱 정교한 구슬과 훌륭한 노예들을 사기도 했으며, 촌장[Señor]들은 행사가 있을 때 이 구슬로 치장을 하곤 했다. 그리고 색깔 있는 조개로 만든 것을 그물주머니에 넣어 다니며 화폐나 보석처럼 사용했다. 시장에서는 이 지역의 모든 것을 다 거래했다. 외상 거래를 하고, 돈을 빌려주고, 폭리를 취하지 않는 등 (상거래의) 예의가 잘 지켜졌다. (『마야 이야기[Relación de las cosas de Yucatán]』, 1864, 국내 미출간, 송영복 번역)

시장에 관해서는 지금의 멕시코시티인 메시까 지역 역시 아주 상세하게 기록되어 있어 당시 모습을 상상하는 데 도움이 된다.

최고 지도자는 띠앙기스(시장)도 관리했는데, 그곳에 사는 주민들뿐 아니라 외지에서 온 상인을 위해서도 문제가 생기지 않게 한다. '띠앙기스빤Tianquizpan', '뜨라야까께Tlayacaque'라는 이름의 관리들이 물건을 구역에 맞게 전시하고, 시설 유지 보수는 물론 가격 결정에도 관여해 부정이나 불공정 거래가 일어나지 않도록 감독한다.
시장 한편에는 금은보석뿐 아니라 전쟁 무기와 방패에 쓰이는 다양한 종류의 아름다운 깃털이 있다. 그리고 다른 한편에는 까까오와 '우에이나까스뜰리Ueinacaztli', '뜨릴쏘치뜰Tlilxochitl', '메까소치뜰Mecaxochitl'이라 불리는 향기 나는 물건도 판다. 큰 천, 흰색 천, 자수가 놓인 천뿐 아니라 화려한 막스뜰레스Maxtlec(남성 하의)와 자수가 놓인 화려한 여자 옷도 판다. '꾸아츠뜰리 아야뜰Quachtli ayatl'이라는 일반 천도 판매한다. (『누에바 에스빠냐의 역사Historia General de las cosas de Nueva España』, 사하군Sahagún 지음, 1989, 국내 미출간, 송영복 번역)

마야의 시장은 보통 도시 중심부 광장에서 열렸다. 그러나 광장 한가운데보다는 이면 공간을 더욱 많이 활용했다. 특별한 건물이 있는 건 아니고 약속한 날 지정된 공간에 모여 교환할 물건을 쌓아놓고 거래를 했다. 우리나라의 전통 장 형태와도 유사하다. 대개 마야 도시의 중앙 광장은 마을 사람들이 모여 종교 의례를 치르는 곳으로, 시장은 광장 옆에 펼치는 것이 일반적이다. 이는 식민지 시대 도시 구조에서 흔하게 발견된다. 중앙 광장에 가톨릭 성당이 들어서고 그 옆으로 정부 청사기, 또 그 측면에 시장이 선다. 고대를 거쳐 식민지 시대에도 유지되던 전통은 오늘날에도 크게 변하지 않았다. 시장이나 대형 쇼핑 단지가 도심의 주요 부분을 차지하는 것은 친숙하다. 명동 옆에 남대문시장이 있고, 조선 시대에도 경복궁에서 가까운 종로에 상가가 늘어섰다. 사람들이 많이 오가는 곳, 사람들이 많이 모이는 곳에 시장이 서는 것은 극히 자연스러운 현상이다. 지금은 푸른 잔디로 뒤덮여 축구 한 판 벌이고 싶은 충동이 이는 꼬말깔꼬 광장에서 1,000년 전 아메리카 대륙에서 가장 큰 장이 열리는 장면을

마야 지역의 현대 시장 풍경

마야 루트

꼬말깔꼬

상상해 보자. 1,000년의 시간을 통과해 우리가 서 있는 것이 신기하기도 하고, 덧없기도 하다.

마야 시장을 움직이는 동력

개인적으로 나는 군대와 무기가 발전하고 정치가 이를 뒷받침하는 것이 인류의 보편적인 현상이라는 주장, 영리 추구의 철학 없이는 인간의 발전이 한계를 가질 수밖에 없다는 주장에 의문이 든다. 인간의 역동적이고 긍정적인 문명의 꽃이 자본주의에 의해 완성되었다는 견해도 찬성하지 않는다. 가령 반드시 경쟁이 있고 돈이 연관돼야 훌륭한 경기를 하는 것은 아니다. 프로 선수 없이 아마추어만 존재하는 쿠바가 2021 올림픽에서 한국보다 금메달을 더 많이 땄다. 친선을 목표로도 얼마든지 건전하게 경쟁할 수 있고, 돈과 상관없는 순수한 열정으로 좋은 물건을 만들 수 있다고 생각한다. 그러니 시장은 재화고, 재화의 자극과 유혹은 그 어떤 동력보다 효과적으로 인간을 행복하게 만든다는 오늘날의 분위기에 동조하기 어렵다. 물론 물질이 주는 기쁨이나 부를 부정하는 건 아니다. 일방적이고 획일화된 일반화에 동의할 수 없는 것이다. 좌우간 마야의 시장 발달을 욕망의 산물로 단정하지 말고, 생각의 폭을 넓혀 보자는 말이다.

마야 사람들은 개인 소유의 땅 개념을 갖지 않았다. 땅은 공기나 햇빛 같아서 애초 누가 가지고 말고 할 성질의 것이 아니라고 생각했다. 농업이 가장 중요한 산업이자 경제적인 부의 원천인 시대에, 농사짓는 땅이 공동의 소유라고? 그런 마야 사회를 이해하려면 현대를 사는 우리는 상상력을 총동원해야 한다. 개인의 부를 추구하지 않고도 물물 교환을 통해 마을의 물자가 원활하게 수급되고, 이를 지방 촌장들이 관리하던 시스템이 얼마나 가능했을까. 아니면 철저한 재화 축적을 위한 상업이 있었을까? 물론 후자를 주장하는 학자가 훨씬 많다. 그러나 아메리카 대륙의 상업적 성격과 그 이전의 재화의 성격은 오늘날 우리가 습관처럼 말하는 '인간이라면 당연히 그럴 것'이라는 도식과 분명히 달랐다.

마야는 실질 혹은 가상의 혈연으로 엮인 '꾸츠떼엘'이라는 집단이 정치, 경제, 군사, 문화 등 거의 모든 분야에서 자치를 유지했다. 꾸츠떼엘이 하나의 작은 국가인 셈이다. 그러다 보니 완전히 독립된 개인이나 가족의 개별적인 경제 활동보다는, 집단적인 소유와 상호 부조 그리고 협업의 전통을 지켜 왔다. 공동 운명체적인 특징도 나타난다. 그러니 같은 마을 안에서 부자와 가난뱅이를 명확히 구분하기가 쉽지 않았다. 이는 언어에도 나타난다. 부자를 일컫는 마야어 '낄리스Kiliz'는 우리가 생각하는 경제적 부자가 아니라 '가족이 많은 사람'을 가리킨다. 이것은 에스빠냐 정복자들에게도 이해할 수 없는 낯선 것이었다. 그들이 남긴 사료에도 "가난한 사람이나 부자나, 주민이나 촌장이나, 다 쓰는 것이 비슷하다"고 기록돼 있다.

남미의 잉까도 이와 비슷하다. 안데스산맥으로 인해 잉까는 고산 지대와 해안가 등 상당히 다른 농업 환경을 가지고 있었다. 당연히 특산물도 차이가 났다. 그러다 보니 서로가 서로의 특산물을 상대 마을에 가져다주는 전통이 생겨났다. 그리고 그 마을은 또 다른 마을에 자신들의 특산품을 가져다주었다. 재화를 매개로 하지 않고도 일종의 상부상조 문화가 전통과 정부의 조절을 통해 자연스럽게 굳어졌다는 주장이다.

동서고금을 막론하고 부가 삶의 가장 중요한 가치로 자리 잡은 것은 인류사적으로 볼 때 꽤나 최근의 일이다. 한국도 예외가 아니다. 돈보다는 더불어 살기를 중시한 전통이 꾸준히 있어 왔다. 이렇게 사설이 장황한 이유는 하나다. 마야의 시장 발달과 물물 교환이 돈을 벌기 위한 경제 활동이라는 단정에서 벗어나자는 것이다. 아메리카 대륙의, 마야의 경제 시스템은 우리가 생각하는 시장과는 많이 다른 철학과 개념을 지녔다. 과연 이들에게 시장이란 무엇이었을까? 재화는 어떤 의미를 가졌을까? 갑갑한 노릇이다. 당시로 날아가 마야 시장 한 귀퉁이에서 그저 몇 시간만 지켜봐도 모든 의문이 시원스럽게 풀릴 텐데 말이다. 답 없는 물음은 매번 타임머신을 상상하는 것으로 끝이 난다.

마야 유일의 벽돌 도시

꼬말깔꼬의 원래 지명은 마야어 계통인 촐란Cholano어로 '조이 찬Joy Chan'이다. 해석하면 '하늘에 둘러싸인 (장소)'다. 조이 찬이 꼬말깔꼬로 굳

꼬말깔꼬의 특징인 벽돌 건물

어진 이유는 당시로는 일반적이지 않게 이곳이 벽돌로 만들어졌다는 건축적인 특징과 무관하지 않다. 기원후 1000년이 되기 전, 이 도시는 서서히 버려진다. 수백 년이 흘러 멕시코 고원에서 활동하던 메시까족이 이곳으로 온다. 그들이 발견한 도시는 특이하게도 벽돌로 조성돼 있었다. 벽돌을 사용하지 않던 메시까족은 벽돌을 대체할 말로 또르띨야Tortilla(옥수수 빵떡)를 구울 때 사용하는 옹기 꼬말Comal을 떠올렸다. 흙으로 일정한 형태를 만들었다는 점에서 비슷하게 느낀 것이다. 그래서 '꼬말이 있는 곳'이라는 뜻의 꼬말깔꼬가 탄생했다.

이름의 유래에도 나타나듯이 벽돌로 만들어진 도시라는 점은 상당히 특이하고 중요한 요소다. 현재까지 발견된 마야 건축 중에 벽돌을 이용해 주 건축물을 만든 곳은 꼬말깔꼬가 유일하다. 여느 마야 지역들과는 주변 환경이 달라 충분한 양의 돌을 구할 수 없었기에 그들로서는 결핍을 해결하기 위한 대안으로 벽돌을 고안해 냈을 것이다. 벽돌을 만드는 데도 주변에서 찾기 쉬운 다양한 재료를 활용했다. 모래와 진흙을 섞고 여기에 굴이나 조개껍데기를 쪼개 넣었다. 자연 조건을 적절히 이용한 마야인들의 삶의 지혜를 벽돌로 만든 이 도시에서 다시 한번 확인하게 된다.

마야 도시에는 몇 명이나 살았을까?

상업의 도시, 교통의 도시다 보니 꼬말깔꼬에는 상주 인구뿐 아니라 유동 인구도 많았을 것 같지만, 우리가 보아 온 다른 마야 도시들에 비해 규모가 작아서 인구도 적었으리라 추정한다. 마야 문명이 도시화를 시작하고 기원 원년을 넘어서면서 10~20만 명 정도의 인구를 가진 도시들이 생겨났다. 널리 알려진 도시로 과테말라에 있는 띠깔이 대략 9만 명이고, 온두라스의 꼬빤^{Copán}이 2만 명, 꼬바나 깔락물에 5만 명가량 살았던 것으로 추정한다. 그러므로 꼬말깔꼬는 그보다 인구가 적었다고 짐작할 수 있다. 다만 오가는 사람들이 많아 항상 붐비기는 했을 테다.

고대 마야 도시의 인구를 정확히 계산하기는 사실상 불가능하다. 여러 학자들이 각기 다른 방법으로 인구를 계산하고 수치도 천차만별이다. 패트릭 컬버트^{Patrick Culbert}와 그의 동료들이 계산한 방식을 보면, 먼저 그 도시에서 확인할 수 있는 모든 건축물의 수를 센다. 거기에 발견하지 못한 건축물이 존재한다는 가정하에 10퍼센트를 더하고, 같은 시대의 것이 아닌 건축물이 포함되었을 것을 고려해 5퍼센트를 뺀다. 주거용 건축물이 아니라고 간주해 16.5퍼센트를 또 뺀다. 즉, 처음에 10퍼센트를 더하고 다시 21.5퍼센트를 빼는 식이다. 이 수치에 최종적으로 5를 곱하는데, 동일한 건축물에 사는 가족의 수를 고려한 것이다. 이런 방식으로 한 도시의 예상 인구를 계산한다.

복잡한 계산 방식을 상세히 설명하는 이유는 간단하다. 이런 계산 결과를 너무 신뢰하지 말자는 것이다. 물론 나름 의미는 있다. 인구 추정을 통해 역사의 기초 토대를 세울 수 있기 때문이다. 그러나 이를 맹신해 고대 도시의 인구를 정확한 수치처럼 이야기하는 것은 오류를 부르기 쉽다.

라 벤따

La Venta

15일

이동	빌야엘모사에서 120킬로미터 거리. 1시간 30분 소요
주요 볼곳	라 벤따 유적지 라 벤따 공원박물관
자고 먹을 곳	꼬악사꼬알꼬

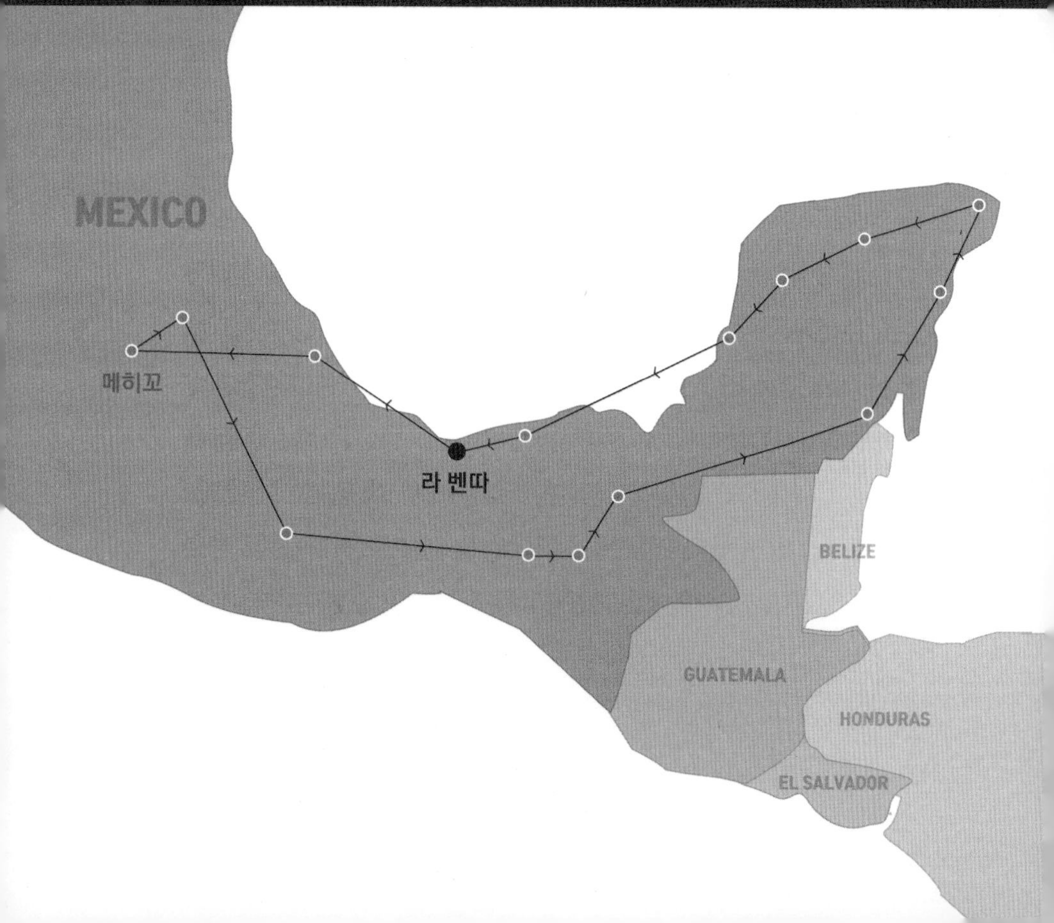

MEXICO

메히꼬

라 벤따

BELIZE

GUATEMALA

HONDURAS

EL SALVADOR

언덕처럼 보이는 원뿔형 피라미드

하늘에 가까운 신전

라 벤따 La Venta 는 마야 유적지는 아니다. 마야 이전에 발달한 혹은 마야가 시작됐을 때 이미 문화적인 전성기를 구가한 올메까의 유적지다. 이곳은 올메까와 관련해 가장 많이 알려지고, 가장 많은 사람이 찾는 곳이나. 그렇다고 유까딴반도의 유적지처럼 줄을 서서 구경할 정도는 아니다. 전체 규모도 작고, 대단하다 할 것이 없다. 논밭 사이에 작은 동산 하나가 있는 듯한 느낌이다. 이 도시를 이해하는 핵심은 라 벤따 유적지에서 120여 킬로미터 떨어져 있는 빌야엘모사의 라 벤따 공원박물관 Parque Museo La Venta 에 있다.

유적지에 도착하면 작은 동산을 하나 마주한다. 언뜻 보면 자연 지물 같지만 실제로는 3,000년 전에 만든 피라미드다. 형태가 일정하지는 않지만 지름이 120미터 정도 되는 원뿔 모양이며 높이는 32미터가량이다. 기원전 1000년을 전후해 만들어진 것으로 본다. 지금 우리는 아메리카 대륙에 최초로 생긴 도시에서 최초로 만든 피라미드를 보고 있다. 비록 공상 과학 영화나 온라인 게임에 등장하는 화려하고 번쩍이는 모습은 아닐지라도, 당시 사람들은 커다란 구조물을 정성 들여 만들고 이곳에서 하늘과 땅에 제사를 지냈다.

우리의 지난 여정 중 원뿔형으로 된 피라미드를 만난 적이 또 있다. 둘째 날 일정인 멕시코시티의 꾸이꾸일꼬 피라미드가 그것이다. 꾸이꾸일꼬 피라미드는 기원전 800년경부터 공사를 시작해 기원후까지 이어진 것으로 추정한다. 이곳 라 벤따 피라미드보다 조금 늦지만 대략 전고전기라는 점에서는 비슷하다. 이를 통해 당시의 피라미드, 즉 최초의 피라미드는 원뿔형이었을 가능성이 높다고 유추할 수 있다. 인간의 노력으로 하늘과 가까운 산을 만들고, 이곳에서 신을 위한 제사를 올리려는 염원의 발로다. 이것이 원뿔형 피라미드를 만든 이유라고 생각할 수 있다. 또 다른 원뿔형 피라미드는 욱스말 유적지에서 만난 마법사의 피라미드인데, 이는 기원후 500~900년 정도로 훨씬 후세의 일이다. 고전기 끝자락에 만들어진 피라미드는 다양한 시도 끝에 원뿔형을 선호했던 것 같다. 즉, 라 벤따와 꾸이꾸일꼬의 원뿔형 피라미드가 산을 흉내 냈다고 하면, 고전기를 거치면서 사각형 피라미드가 주종을 이루다가 이후 형태와 기법이 다양해지면서 원뿔형 피라미드가 다시 시도되었다고 볼 수 있다. 일종의 레트로 혹은 복고풍 감성이다.

라 벤따 주변에는 종교적 기원을 담은 것으로 보이는 많은 조각품과 제단이 배치돼 있었다. 우리가 빌야엘모사의 라 벤따 공원박물관에서 만날 많은 작품이 원래 이곳에 있다가 옮겨졌다.

올메까 문명 길라잡이

올메까 문명은 시기적으로 제일 앞서 있다. 그래서 아메리카 대륙 문명 형성기의 대표적인 문화로 그 중요성이 강조된다. 대략 기원전 1200년 혹은 그 이전부터 시작되어 기원전 400여 년까지 지속되었다고 보는데, 여러 번 언급한 대로 이런 시기 구분이 고무줄임은 염두에 두어야 한다. 우리나라처럼 어느 날 어느 시에 무슨 왕조가 멸망하고 다른 왕조가 들어서는 구체적인 사건이 있었던 게 아니라, 하나의 문화 형태가 쇠퇴하고 다른 문화 형태가 들어서는 개념이기 때문에 명확하게 구분하기 힘들다. 좌우간에 올메까의 전체 연도는 기원전 1200~400년 정도로 잡으면 된다. 그중에서도 올메까의 대표 도시인 라 벤따는 기원전 900~400년쯤 번성했다고 추정한다. 한국 사람들이 좋아하는 수능 총정리 스타일로 올메까 문화를 요약하면 다음과 같다.

- 위치_멕시코만을 중심으로 발달했으나 문화적 특징은 북중미 전 지역에 걸쳐 나타난다.
- 연대_기원전 1200~400년
- 최초의 것_도시, 피라미드, 문자, 달력, 재규어 숭배, 두개골 변형 등
- 발전 분야_천문학, 문자, 종교, 건축, 조형 예술 등
- 예술적 특징_거대 두상, 제단, 석상, 비석, 난쟁이 혹은 작은 아이 숭상, 자유로운 상상력 등
- 기타_이후 문명들에 막대한 영향을 끼쳤으므로 마야를 포함한 메소아메리카의 모태 문명으로 일컫기도 한다.

두 개의 올메까

학술적인 면에서 '올메까'는 넓은 의미에서 하나의 문화 형태를 가리키는 말로 사용된다. 그래서 이 경우에는 올메까를 특정 국가나 민족이 아니라 르네상스처럼 일종의 문화적 흐름으로 이해해야 한다. 이전까지만 해도 거대한 단일 국가 형태를 가진 올메까가 존재했고, 그것이 전체 메소아메리카 지역에 막대한 영향력을 행사했다고 주장했다. 그래서 올메까를 아메리카 대륙 혹은 메소아메리카의 모태 문명이라고 했다. 심지어는 이런 영향이 군사 정복의 결과라고까지 했다. 그러나 이는 메소아메리카 지역 전반에서 올메까스러운 유행이 많이 나타나는 것을 잘못 해석한 것이다. 올메까 특유의 문양이나 조각이 멕시코 고원이나 마야 혹은 오아하까 등지에 걸쳐 나타나는데, 이것을 올메까라는 나라의 중심지가 멕시코만에 있고 그 외곽은 올메까에 복속된 국가라고 생각했다. 멕시코만 지역의 올메까가 원형이고 나머지는 그 영향력 아래 만들어진 식민지 또는 아류라고 여긴 것이다. 그러나 올메까는 마야 지역, 멕시코 고원 지역 혹은 오아하까 지역에 이르기까지 폭넓게 유행한 문화적 흐름이었다.

한편 올메까 문화가 같은 시기에 멕시코만 지역에서 더욱 두드러져, 이곳이 올메까 문화의 중심지고 또 제일 발전했다고 볼 수 있다. 그렇다고 원형이라 말할 수는 없다. 예를 들어 불교는 인도에서 시작되었음에도 불구하고 사실상 중국과 한국 등 다른 지역에서 더 발전된 모습을 볼 수 있다. 이는 인도가 중국이나 한국을 정복한 결과도 아니고, 더욱이 우열 관계를 설명할 수도 없다. 정리하면, 올메까는 좁게는 멕시코만 지역에서 올메까 문화를 강하게 지닌 일부 부족 공동체를 일컫고, 넓게는 당시 전 메소아메리카 지역에 나타난 커다란 예술 문화의 흐름이라고 이해하면 된다.

마야 루트

라 벤따

그럼 '올메까'의 뜻은 무엇일까? 결론부터 말하면 올메까는 이 문화와 별 상관없이 아무렇게나 붙인 이름이다. 문헌 등의 자료가 서양인들에 의해 모조리 파괴되고 부정되다 보니 우리가 참고할 만한 자료를 찾기가 힘들고, 그때그때 적당히 이름을 붙인 경우가 다반사다. 올메까가 대표적인 사례다. 좀 긴 이야기를 간추리면 다음과 같다. 16세기에 향토 사학자 디에고 무뇨스 까마르고^{Diego Muñoz Camargo}가 처음으로 '올메까 시깔랑까^{Olmeca-Xicalanca}'라는 말을 사용한다. 하지만 이는 멕시코시티 동쪽으로 100여 킬로미터 떨어진 까까스뜰라^{Cacaxtla} 지역을 부를 때 사용한 단어로, 올메까와는 관련이 없다. 까까스뜰라의 조각과 그림이 지금 우리가 살펴보는 올메까 문화와 비슷해서 이 지역이 올메까 문화의 영향을 받았다고 생각한 것이다. 그렇게 시간이 흐르면서 올메까 시깔랑까를 줄인 올메까가 기원전 발달한 올메까 문화를 부르는 말로 굳어졌다.

오늘날 멕시코 사람들도 15세기의 올메까 시깔랑까와 기원전의 올메까를 헷갈린다. 역사에 관심 있는 사람이나 올메까 시깔랑까를 기원 이전의 올메까와 구분하는 정도다. 한편으로는 아메리카 대륙의 고대 문화가 서양 사람들에게 무참히 짓밟힘으로써 얼마나 큰 무지와 왜곡과 오해를 일으키는지를 보여 주기도 한다. 올메까의 문어적인 뜻은 '고무' 혹은 '고무가 나는 장소'나. 고무를 최초로 사용한 곳, 고무의 원산지기 바로 우리가 지나는 이곳 라 벤따다.

하늘을 바라보는 원숭이

앞서 말한 대로 라 벤따 유적지와 주변에서 발굴된 유물들은 박물관에 가 있다. 라 벤따로 오는 길목에 있는 빌야엘모사의 라 벤따 공원박물관이 그곳으로, 올메까와 라 벤따를 이해하는 최고의 장소다. 그런데 공원박

라 벤따 공원박물관 입구

마야 루트

라 벤따

물관이라는 명칭이 좀 특이하지 않은가? 왜 이런 이름이 붙었는지는 들어가 보면 안다. 넓은 평지의 공원에 자연환경을 그대로 유지한 채 1킬로미터가 넘는 꾸불꾸불한 길을 만들고 곳곳에 마야 유물들을 자연 상태로 전시해 놓았다. 관람에는 더없이 좋은 환경이지만 유물들이 비바람에 유실되지 않을까 걱정스럽다. 거기다 담장이나 철망을 치지 않아 손으로 만지기도 쉽다.

나도 처음 방문했을 때 '하늘을 바라보는 원숭이 El mono mirando al cielo'라는 별칭으로 유명한 '56호 유물'에 매료되어 한참을 서 있었는데, 코앞의 진귀한 작품을 손으로 느끼고픈 욕망을 참느라 힘들었다. 지나가는 사람도 없어 유혹은 더 컸다. 목 뒤로 깍지를 끼고 있는 기발한 형상의 이 유물은 아메리카 대륙 문화를 만든 사람들의 무한한 상상력과 기발함을 유감없이 자랑하고 있었다. 원숭이가 하늘을 바라보며 무슨 생각을 한단 말인가? 올메까 사람들은 왜 원숭이를 이리도 요상하게 만들었을까? 원숭이가 깊은 사색을 한다고 혹은 하늘의 모습을 즐긴다고 생각했나? 이들에게 자연이나 동물은 인간과 비슷한 존재였을까? 아니면 목 디스크에 걸린 원숭이를 상상해 보아야 하나? 오만 상념에 빠져들었다.

이런 유물이 훼손 가능성에 노출돼 있는 것은 심각한 문제다. 실제로 이곳 유물들의 훼손 정도는 다른 곳에 비해 심하다. 그러나 한편으로는 "이 작품이 있을 자리는 바로 여기야"라고 말하는 듯하다. 박물관의 좁은 유리 상자 안에 모셔진 유물을 보는 것보다 훨씬 자유롭다. 새장 속의 새와 하늘을 나는 새를 보는 차이라고 할까? 고대 아메리카 대륙의 예술품은 화려한 건물 안에서 인공 조명을 받아 말끔하고 신비스러운 분위기로, 그러니까 특권 계급이 보고 즐기기 위해 만든 것이 아니다. 나무와 풀과 어우러진 자연 채광에서 모두가 즐길 것을 염두에 두고 제작했다. 이런 점에서는 유물들을 야외에 배치한 것이 자연스럽고 더 가치 있기는 하다. 그러니 사랑스러운 원숭이가 하늘을 바라보며 사색하는 모습을 혹은 목 디스크 통증을 해소하는 애잔한 모습을 오래오래 즐기려면 우리가 의식을 가지고 보전하려는 노력을 기울여야 한다.

| 하늘을 바라보는 원숭이(유물 56호)

La Venta _ 243

자유롭고 서민적이다

유물의 소재와 주제가 다양한 점은 메소아메리카와 남미 안데스 문명을 포함한 아메리카 대륙 전체 예술이 가진 일반적인 특징이다. 여기에서는 아메리카 문명 태동기에 융성했던 올메까 문화의 기발하고 다채로운 모습을 제대로 볼 수 있다. 이들의 상상력은 동물, 식물, 인간 등을 있는 그대로 표현하는 데 그치지 않았다. 예술이라는 자유세계 안에서 동물과 식물을 결합하고 인간과 동물을 섞었으며, 식물과 인간을 하나로 탄생시키기까지 한다. 반인간 반동물의 모습과 반인간, 반식물을 만들었으며, 각각을 자유자재로 변형하는 것은 기본이었다. 다양한 소재를 거리낌 없이 자유롭게 표현한 점이야말로 올메까 예술의 전형적인 특징이자 후세에 전하는 이들의 독창성이다. 마야 문명의 예술 작품을 볼 때도 이 점은 중요한 관찰 포인트다.

그런데 다양한 소재와 주제라는 특징은 과연 왜, 어떻게 생겨났을까? 어떤 문화적인 배경과 분위기가 영향을 미쳤을까? 그런 다양함은 다

마야 루트

라 벤따

돌고래 조각

른 어떤 특징들로 연결되었을까? 나는 여기에 '자유로움'을 덧붙이고 싶다. 더 나아가 이들 예술이 엘리트적이지 않다고 말하고 싶다. 대부분의 작품들은 실내가 아니라 야외의 자연 채광에서, 일부 특수한 사람들이 아니라 모두가 본다는 전제로 제작했다. 그들에게는 특권적인 것이 존재하지 않는다. 특권 문화가 지정해 놓은 메시지와 교훈은 마야인의 눈에 들어오지도 않았다.

걷다 보면 그냥 지나치기 쉬운 조각들이 있다. 돌고래 형태의 작품도 그 중 하나다. 도대체 이런 조각품들은 뭐란 말인가? 왜 만들었나? 무엇을 의미하나? 당시의 사회, 경제, 정치, 예술에 대한 총체적 이해야 턱없이 부족하지만, 앞서 이야기한 마야의 분위기를 생각해 본다면 그나마 큰 그림과 그 속의 작은 알갱이들이 서서히 모습을 드러낼 것이다. 우리가 이곳에서 할 일은 분명하다. 마야 문명과 메소아메리카 문명의 전신 혹은 그 배경일 수 있는 올메까 문명에서 어떻게 모두를 위한 예술이 시작되었는지, 또 다양함과 자유분방함이 어떻게 표현되었는지를 관찰하는 일이다.

올메까의 얼큰이

올메까 문화 하면 떠오르는 것으로 대다수가 거대 두상^{Cabeza Colosal}을 든다. 이 두상은 라 벤따 공원 박물관 입구에도 떡하니 서 있다. 머리 이외의 다른 부분은 없다. 공원박

| 올메까의 거대 두상

물관에 여러 개가 있는데 높이는 2~4미터고 무게는 평균 25톤이다. 제일 작은 것이 6톤이고 제일 큰 녀석은 60톤에 이른다. 얼마나 거대할지 상상해 보시라. 시기적으로는 기원전 1500~500년 사이에 제작된 것이 대부분이고, 2021년 현재까지 17개가 올메까 중심 지역인 멕시코만 인근에서 발굴되었다. 그중 하나는 조금 떨어진 과테말라 지역에서 발견되었다.

이들의 생김새는 흥미를 불러일으킨다. 얼굴마다 공통점이 뚜렷하다. 동양인처럼 째진 눈, 흑인처럼 두툼한 입술, 머리에 두른 띠, 납작한 코, 도톰한 볼살. 그런데 우리가 아는 아메리카 대륙의 원주민 중 이렇게 생긴 사람은 없다. 즉, 모델이 없는 것이다. 그렇다면 작가가 순수한 창작으로 이런 얼굴을 만들었을까? 아니면 당시 아메리카 대륙에는 이렇게 생긴 사람이 살았을까? 그도 아니면 전혀 다른 곳에서 이렇게 생긴 사람이 왔다가 뭔가 의미 있는 일을 하고 돌아갔을까? 좌우간 이렇게 생긴 얼굴은 없었음에도 올메까 사람들은 이들 문화를 대표하는 거대 두상으로 만들었다. 일각에서는 신의 모습을 그렸다고도 하고, 머리에 투구를 쓴 전사라고도 하는 등 여전히 해석은 분분하다.

마야 루트

라 벤따

올메까에 흔한 제단과 비석

올메까 사람들은 돌로 만든 제단과 비석을 많이 남겼다. 종교 개념이나 제례 의식 등이 사회의 중요한 부분이었음을 보여 준다. 특히 제단에는 동굴 같은 곳에서 인간이 나오는 모습을 형상화하고 있다. 나중에는 동굴을 단순히 테두리로만 표현함으로써 도식적인 의미를 강조하는 방향으로 발전한다. 옆의 사진을 보면 이 말의 뜻을 알 수 있다. 뚱딴지같은 질문을 해 보자. 동굴에서 사람이 나오는 모습이라는 설명이 완전히 잘못된 것일 수 있다면? 이 설명은 많은 사람이 오랜 시간 관찰한 결과다. 하지만 고정관념은 진실을 제대로 볼 기회를 박탈할 수도 있다. 그러니 각자 마음껏 해석을 붙여 보자. 정답은 아직 밝혀지지 않았다. 올메까의 거대 두상도, 제단이나 비석도 마찬가지다. 각자의 생각으로 해석하고 의견을 나누어 보자. 본질적으로 공부도 학문도 다 즐거움이요 호기심이다. 더군다나 마야 역사 현장까지 왔으니 서로의 생각과 상상을 나누고 즐기면서 퍼즐 맞추기 게임을 해 보기를 권한다. 말하자면 이런 식이다. "음, 내가 보기에 저 올메까 제단의 조각은 119 구조대가 재난 현장에서 아이를 데리고 나오는 모습 같은데."

동굴에서 사람이 나오는 형상의 제단

상상은 여러분에게 맡기고, 나는 공식적인 해설을 이어 가겠다. 제단을 자세히 보면 중앙에 위치한 사람의 이마 장식이 거대 두상의 장식과 유사한 것을 발견할 수 있다. 따라서 거대 두상이 종교적 의미를 지닌다는 점을 유추할 수 있다. 아무튼 지하 세계와 지상 세계를 연결하는 통로인 동굴 속에서, 즉 지하 세계에서 인간 혹은 신이 밖으로 나오고 있다. 그의 손에는 난쟁이 혹은 아이가 들려 있다. 지하 세계에서 나온 인간이 우리에게 신성한 무언가를 건네주어, 허락해 주어, 만들어 주어, 마을이 잘살게 되었고 이를 기리려고 그를 형상화한 재단을 만들어 제사를 지냈다고 한다. 설명이야 그럴듯하지 않은가? 다시 말하지만 이것은 가장 그럴듯해 보이는 추측에 불과하다. 다른 말로 '가장 많이 받아들여지는 가설'이다. 때론 이것을 기정사실처럼 서술하기도 한다. 그러나 역시 결론은 '아직도 잘 모른다'이다.

마야 루트

라 벤따

쇠보다는 돌

라 벤따의 조각품들은 대부분 돌로 만들었다. 돌은 아메리카 대륙 원주민들에게 중요한 의미를 가졌다. 청동기와 철기를 잘 알고 있었으며 고도의 야금술을 발전시켰던 마야와 메시까, 오아하까, 차빈이나 잉까 같은 문명들이 하나같이 철기를 실생활에 활용하기를 거부하고 오로지 돌에 집착한 것은 우리로서는 쉽게 이해하기 힘들다. 그러나 그들은 각종 금속류를 창과 칼과 농기구가 아닌 아름다운 장신구를 만드는 데 활용했다. 실생활에 필요한 모든 것들에는 쇠가 아니라 돌을 고집했다. 면도칼 하나 들어가지 않을 정도로 돌을 정교하게 맞추는 띠아우아나꼬^{Tiahuanaco}와 잉까의 건축이 남미의 안데스 문명에서 발전했다고 하면, 북미의 마야와 메시까 등은 돌을 이용해 어떤 때는 역동성과 파격을 그리고 어떤 때는 정교함과 섬세함을 표현한다. 그 모습을 올메까 현장에서 두 눈으로 직접 목격하자. 멕시코시티의 국립인류학박물관에서도 돌에 대한 그들의 집요한 애정을 잘 느낄 수 있지만, 열대밀림 한가운데 우뚝 솟은 피라미드 꼭대기에서 무한 반복되는 돌조각 역시 많은 메시지를 전달한다.

베라끄루스
Veracruz

16일

이동	꼬악사꼬알꼬에서 300킬로미터 거리, 4시간 소요
주요 볼 곳	안띠구아 베라끄루스 산 후안 데 울루아
자고 먹을 곳	베라끄루스

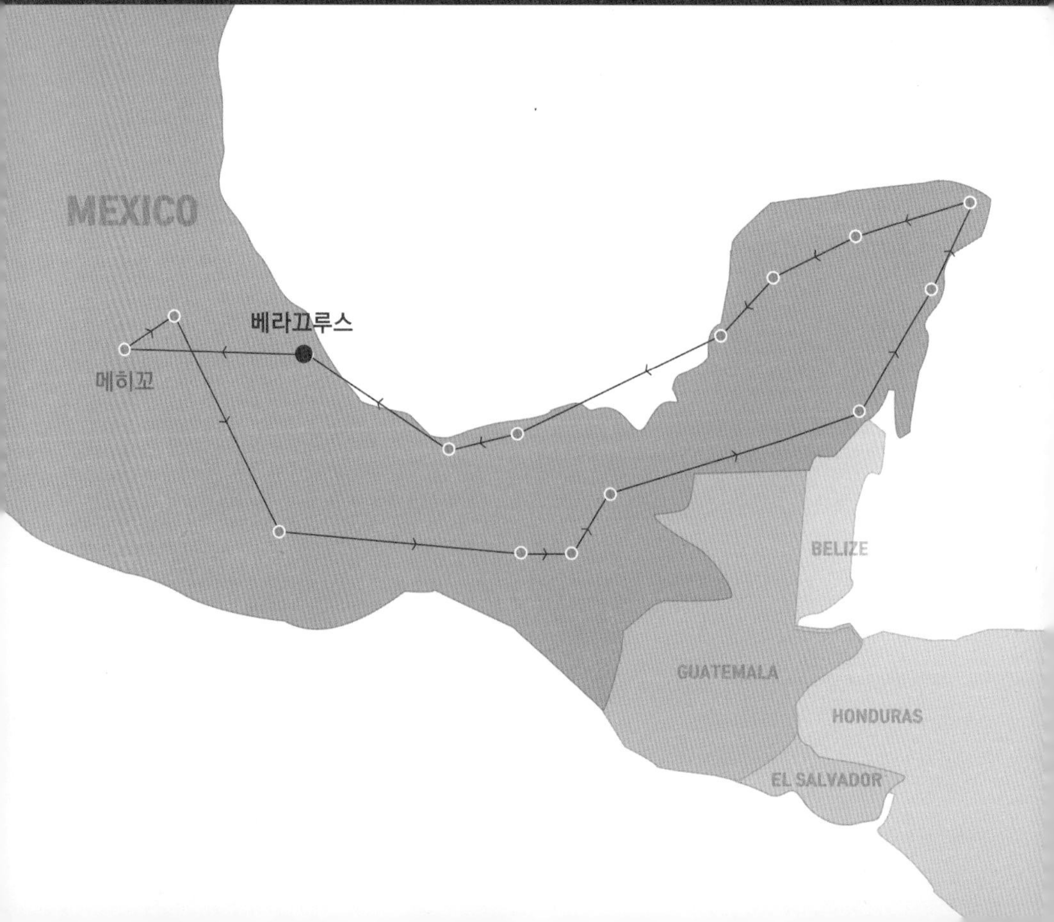

아메리카 대륙 최고의 항구

베라끄루스^{Veracruz}는 식민지 시대 아메리카 대륙에서 으뜸가는 도시다. 베라끄루스는 '진정한 십자가'란 뜻을 가진 단어로, 멕시코 32개 주 가운데 하나이자 도시 이름이기도 하다. 이 도시는 이름만큼이나 성스러운 의미와 이야기들로 가득하다. 베라끄루스를 요점 정리하면 다음과 같다.

- 유럽의 아메리카 대륙 정복이 최초로 시작된 곳
- 식민지 시대 아메리카 대륙의 최초이자 최고 항구
- 유럽과 아메리카 대륙을 연결하는 가장 중요한 관문
- 미국, 프랑스 등에 수시로 점령된 비운의 도시
- 멕시코 정치, 경제, 사회 문화의 중심지
- 격조 있고 부드러운 춤 단손^{Danzón}의 본고장
- 동성연애, 해물 요리, 맛있는 커피로 유명한 곳

먼저 아메리카 대륙 최고의 항구라는 점에서 많은 이야기가 시작된다. 식민지 시대 모든 공식적인 배들은 이곳을 거쳐 유럽으로 갔다. 들어올 때 역시 이곳을 거쳐야 했다. 베라끄루스가 얼마나 복잡하고 중요한 도시였을지 상상이 간다. 대항해 시대, 세계에서 가장 왕성한 무역 항로의 중심이었다. 물론 지금은 중요성이 훨씬 덜하지만, 정치, 경제, 사회, 문화적으로 유서 깊은 도시의 면모를 고스란히 지니고 있다.

신비의 도시 안띠구아

그럼 옛날이야기를 시작해 보자. 이 도시의 역사는 에스빠냐 정복자 에르난 꼬르떼스와 그의 부하들이 상륙하면서 시작된다. 그들이 처음 배를 대

고색창연한 안띠구아의 건물

마야 루트

베라끄루스

고 도시를 세운 곳은 안띠구아Antigua였다. 그러나 안띠구아는 큰 도시가 되기에는 입지 조건들이 좋지 않았고, 그들은 남쪽으로 30킬로미터 내려와 지금의 베라끄루스에 정착했다.

안띠구아는 지금도 남아 있다. 구도시가 되어 크게 발전하지 않은 덕에 당시 건물들을 그대로 유지하며 고풍스런 느낌을 준다. 도시 여기저기에는 '아메리카 대륙 최초의 ○○○'이라는 수식어가 붙어 있다. 유럽인들이 들어와 처음 만든 도시라, 뭐라도 다 최초가 되는 셈이다. 작고 아담한 옛 도시를 조용히 걸으면 감수성이 무딘 사람도 절로 감상적이 된다. 수백 년 된 나무가 건물 벽을 뚫고 자라고, 세월의 흔적을 품은 대저택이 엄청난 이끼에 뒤덮여 있다.

멕시코 사람들이 안띠구아에 오면 자주 하는 것이 있다. 서울도 미아리 쪽에 점술집이 모여 있는데, 이곳 안띠구아가 그렇다. 멕시코 전체로 보면 같은 베라끄루스 주의 까떼마꼬Catemaco가 점을 보는 곳으로 제일 유명하고, 베라끄루스에 사는 사람들은 이곳 안띠구아를 자주 찾는다. 도시 자체가 아주 작아 걸어갈 수 있는 거리에 다 모여 있는데, 특히 우이찔라빤Huitzilapan 강을 가로지르는 출렁다리 입구 주변에 점술가들이 자리를 깔고 앉아 새로 사귄 연인과 잘될지, 사업이 대박 날지 궁금한 사람들을 기다리고 있다. 그런데 점술가가 앉아 있는 바로 그곳이, 아메리카 대륙을 온통 엘도라도의 환영으로 들뜨게 했던 에르난 꼬르떼스 정복의 역사가 시작된 장소다. 그와 그의 부하들이 타고 온 배가 바로 거기에 정박한 것이다.

우이찔라빤 강가에 자리한 상점과 점술집들

아메리카 정복의 뒷담화

안띠구아에는 역사의 뒷이야기가 있다. 우리나라 삼천 궁녀가 낙화암에서 백마강으로 몸을 날린 것과 비슷하다.

1521년 에르난 꼬르떼스가 이곳에 도착하기 전, 에스빠냐 사람들은 아메리카 대륙의 존재를 어렴풋이나마 알고 있었다. 이 대륙에서 황금이나 돈벌이가 될 만한 것을 찾으려 혈안이 된 그들은 무리한 돈을 들여 수차례 대서양을 가로질러 항해했지만 수익은 고사하고 비용만 지불하는 상황이었다. 사실 개척 정신이니 하는 것은 슬로건에 불과했고, 그들의 최고 관심사는 대서양 무역을 통해 얻을 경제적 이익에 몰려 있었다. 그래서 지금의 쿠바에 본부를 두고 아메리카 대륙을 이리저리 탐험하며 돈 될 거리를 찾던 중이었다. 그러나 아메리카 대륙에 관한 정보도 적었을 뿐 아니라 두려움도 많았던 에스빠냐 사람들은 정찰을 망설였다. 그러던 중에 에르난 꼬르떼스가 탐험 기회를 잡았다. 그는 멕시코 고원 지방에 사는 메시까라는 족속이 황금을 많이 가지고 있다는 소문을 들었고 이곳을 정복할 야심을 품었다. 콜럼버스처럼 꼬르떼스의 계획도 무모했지만 우연히 성공에 이른다. 무모함이 역사를 만든 셈이다.

그런데 어렵사리 안띠구아에 도착한 뒤 부하 중 일부가 꼬르떼스에 반기를 들었다. 그들은 부왕의 명령을 어기고 개인적인 욕심으로 메시까를 정복하려는 꼬르떼스에게 쿠바로 돌아갈 것을 요구했다. 꼬르떼스는 배를 모두 불살라 버렸다. 메시까를 정복하지 못하면 돌아갈 수 없다는 강한 의지를 표현한 것이다. 자포자기한 부하들은 어쩔 수 없이 메시까 정복에 동참했다.

자, 이 이야기는 진실일까? 우리나라의 삼천 궁녀 이야기가 의자왕을 비하하고 백제의 멸망을 정당화할 목적으로 만든 이야기라면, 배를 모두 불태운 꼬르떼스의 일화는 그의 용맹과 지략을 보여 주기 위해 만든 것이다. 꼬르떼스가 배의 중요한 부분을 떼 내 부하들에게 결연한 의지를 확인시켜 주기는 했으나, 배를 모두 불태우는 배수진을 치지는 않았던 것 같다. 낙화암에서 몸을 던진 궁녀가 있었을지도 모른다. 그러나 삼천 명이나 되지는 않았을 것이다. 그런데도 우리나라 사람들이 삼천 궁녀 이야기를 진짜처럼 알고 있듯이, 멕시코 사람들도 꼬르떼스가 배를 불태운 이야기를 사실로 알고 있다. 동서고금을 막론하고 역사는 이긴 자가 기록하고, 거기에서 진실을 가리기란 쉽지 않다.

마야 루트
베라끄루스

세상의 폭탄을 다 받아 낸 도시

다시 베라끄루스로 돌아오자. 베라끄루스의 역사는 멕시코의 역사이자 라틴아메리카의 역사다. 흥미를 돋우려고 과장한 것이 아니다. 여러 가지 면에서 베라끄루스가 아메리카 대륙 역사에서 가장 중요한 변곡점의 한가운데에 있었음은 사실이다.

베라끄루스는 식민지 시대 아메리카 대륙에서 가장 왕래가 많은 항구로, 멕시코와 에스빠냐를 연결하는 역할에 충실했다. 이후 남미에 까르따헤나Cartagena, 부에노스 아이레스Buenos Aires, 리마Lima 등의 항구들이 들어섰지만 베라끄루스의 명성과 중요성은 약해지지 않았다. 그러나 화려한 명성 뒤에 숨겨진 베라끄루스의 기구한 운명은 탄식을 자아낸다.

베라끄루스는 아메리카 대륙에서 가장 다양한 나라의 가장 많은 폭탄을 받아 냈다. '네 번의 영웅적 저항Cuatro veces heroica'이라고 불리는, 네 차례에 걸친 침략이 있었다. 1823년에는 에스빠냐 군대가 멕시코의 독립을 저지할 목적으로 이 도시를 공격해 초토화시킨다. 1838년 12월 27일, 크리스마스 이틀 후, 이번에는 프랑스군이 베라끄루스를 함포 사격한다. 에스빠냐가 물러간 자리를 차지하기 위해서였다. 그리고 1847년에는 미국이 베라끄루스를 점령한다. 10여 년 간격으로 당시 내로라하는 나라들은 전부 멕시코를 찝쩍댔고, 그럴 때마다 베라끄루스는 제일 먼저 주먹을 맞는 곳이었다. 이후 베라끄루스는 미국 해병대의 상륙 작전 훈련장이 된다. 미국의 국력이 커질수록 멕시코는 약화되었고, 미국은 멕시코를 자기 집 뒷마당 정도로 생각했다. 미국은 1914년에 또 한 번 베라끄루스를 점령한다.

멕시코는 서구 침략자들 앞에 번번이 무릎을 꿇었다. 그럴 때마다 베라끄루스는 화염에 휩싸였고 사람들은 죽어 나갔다. 이 얼마나 아픈 역사인가. 식민지 내내 아메리카 대륙의 최고 항구라는 타이틀과 함께 약탈자들의 칼날에 번번이 제일 먼저 살을 내주어야만 했던 아픔 또한 지니고 있다. '네 번의 영웅적 저항' 외에도 프랑스와 영국 해적에게 매번 노략질 당한 것까지 포함하면 베라끄루스는 그야말로 동네북이 아니라 세계 북이 아닐 수 없다. 우리나라도 만만치 않게 당하고 살았지만 멕시코 앞에서는 좀 머쓱하다. 서양이 오늘날 잘사는 나라, 아름다운 나라가 되기까지 고통받아야 했던 사람들의 역사는 전 세계에 걸쳐 비슷하게 나타난다. 아프리카 노예 역사를 생각하면 그나마 멕시코는 양반이라는 생각이 들고, 우리나라는 멕시코보다 낫다는 생각이 들어 쓴웃음이 난다.

희대의 탈옥범, 추초 엘 로또

베라끄루스 앞바다에는 보통 '울루아'라고 부르는 산 후안 데 울루아 San Juan de Ulúa 가 있다. 베라끄루스 전경을 조망하며 이 도시의 애절한 역사를 체감하는 명소다. 울루아는 해적에 맞서 베라끄루스를 지킬 목적으로 1600년에 지은 요새다. 섬이라는 특수성 때문에 악명 높은 감옥으로 쓰인 시절도 있는데, 19세기 혼란기 때 멕시코의 걸출한 인물들이 여기로 끌려와 고초를 겪었다.

멕시코 사람들은 추초 엘 로또 Chucho el Roto 이야기 때문에 이곳을 더욱 사랑한다. 헤수스 아리아가 Jesús Arriaga 가 그의 본명이지만, 멕시코 사람은 모두 '추초 엘 로또'라고 힘주어 발음하며 손짓에 발짓까지 섞어 그의 무용담을 설파한다. 추초 엘 로또는 1858년에 태어나 1894년 37세의 젊은 나이로 생을 마감했다. 그가 한창 활약한 때는 멕시코 독재자 포르필리오 디아스 Porfirio Díaz 가 민생을 파탄 내던 암울한 시기였다. 탐관오리가 판을 치고 백성은 도탄에 빠진 그때, 우리의 추초가 나타나 부자들의 돈을 빼앗아 가난한 사람들을 돕는다. 그러다가 붙잡혀 이곳 울루아에 갇힌다. 그렇지만 추초는 두 번이나 탈옥하며 홍길동 같은 행적을 이어 간다. 어디까지가 진실이고 어디까지가 창작인지는 확실치 않다. 그러나 추초는 실존 인물이고 사건 역시 어느 정도 사실로 보인다. 외세 침공을 다 견디고 1800년대 후반 들어서 가까스로 국가 체제가 정비되는가 싶던 멕시코는 30여 년간 군사 독재 시기를 보낸다. 그런 암울한 시절에 추초 이야기가 세상에 나왔다. 굶어 죽거나 총 맞아 죽지 않기 위해서라도 울분을 억누를 수밖에 없던 민초들에게 추초 이야기는 한여름 산들바람 같은 활력이요 희망이었을지도 모른다. 결국 추초 이야기는 베라끄

산 후안 데 울루아 요새 |

루스를 방문하는 멕시코 사람들에게 최고의 이야깃거리가 되었다. 한편으로 그의 이야기가 지금까지 회자되는 이유가 추초가 살던 시대와 별반 달라지지 않은 오늘날의 멕시코 현실 때문은 아닌가 하는 생각도 든다.

바다에서 돈을 건지는 아이들

중앙 광장과 이어진 항구 한쪽에는 다이빙하는 아이들이 보인다. 자맥질하고 올라온 아이들은 몰려든 관광객들에게 동전을 던지라고 제안한다. 바다로 던진 동전을 다이빙해서 찾아내면 자기 것이 되기 때문이다. 기름때가 둥둥 떠다니는 시커먼 물속으로 뛰어 들어가 눈을 크게 뜨고 동전을 찾아 나오는 아이들이 신기하면서도 안쓰럽다.

2021년 기준 멕시코 최저 임금은 141페소(한화 7,800원가량)인데

| 바다에 들어가 돈을 주워 나온 아이들

이게 시간당이 아니라 하루 노동의 대가다. 한 달 내내 쉬는 날도 없이 일해 봐야 23만 원이다. 그런데 이조차 받지 못하는 노동자가 부지기수다. 세계은행^{World Bank} 통계에 따르면 멕시코에서 절대 빈곤 상태에 처한 인구 비중이 2020년 기준 40퍼센트가 넘는다. 수치가 개선될 여지도 보이지 않는다. 그것이 시커먼 바닷물로 뛰어들어 두 눈 부릅뜨고 동전을 주워 나오는 아이들이 있는 이유다. 추초가 여전히 서민의 영웅으로 회자 되는 이유기도 하고.

멕시코 커피의 종가

"빠로끼아에서 커피를 마시지 않은 사람은 베라끄루스에 가 본 것이 아니다^{Ir a Veracruz y no pasar al Café de la Parroquia es como no haber ido a Veracruz}"라고 말할 정도로 베라끄루스의 커피는 정평이 나 있다. 특히 빠로끼아 커피숍^{El Gran Café de la Parroquia}은 그야말로 전설이다. 공식적으로 이 점포가 생긴 때는 1808년이다. 지금은 지점도 여러 개지만 한자리에서 200년 이상 전통을 이어 오는 게 어디 쉬운 일인가?

라틴아메리카는 커피로 유명하다. 브라질, 콜롬비아, 니카라과, 코스타리카, 엘살바도르 등 중남미 나라 대부분이 적건 많건 커피를 생산하고 품질에 자부심도 대단하다. 여기에 멕시코가 빠지면 섭섭하다. 베라끄루스는 해안가 도시로 해발 고도가 낮다. 내륙으로 들어가면서 점차 커피가 자라기 좋은 고도의 땅들이 넓게 펼쳐진다. 멕시코시티로 가는 400여 킬로미터의 거리까지 해발 고도는 0에서 3,000미터까지 높아진다. 이런 고도 조건에 화산재 토양, 강렬한 태양 등 자연 여건이 갖춰지면서 베라끄루스는 커피를 생산하기 좋은 최적의 장소가 된다. 그렇게 만들어진 커피가 베라끄루스를 멕시코 커피의 종가로 만들었다. 이런 배경과 함께 탄생

빠로끼아 커피숍

마야 루트

베라끄루스

해 성장한 대표적인 곳이 빠로끼아 커피숍이다. 특정 가게를 홍보하는 것 같아 조심스럽지만, 빠로끼아는 이미 멕시코의 상징이자 베라끄루스의 랜드마크가 된 지 오래다. 커피숍은 이곳의 전통을 간직한 오래된 건물에 자리하고 있어, 분위기만으로도 향토색이 짙게 느껴진다. 대표 메뉴는 카페 꼰 레체 Café con leche(밀크커피)다. 우유 주전자를 1미터 높이까지 들어 올려 커피에 따른다. 이 광경이 이곳을 상징하는 이미지이기도 하다. 커피를 마시다 보면 기타를 가지고 다니며 노래를 불러 주고 팁을 받는 악사들도 만난다. 생음악을 들으며 밀크커피를 마시면 '아, 이게 멕시코의 풍류구나' 하는 느낌이 팍팍 든다.

아쉽지만 이제 몸을 일으킬 때다. 관광객이 붐비는 항구 거리를 지나

중앙 광장으로 걸으며 그간의 여정을 떠올려 본다. 멕시코의 고대와 현대가 동화처럼 마술처럼 어우러지면서 '사람 사는 곳은 다 같구나. 여기도 내 고향일 수 있겠다' 싶어 미소가 지어진다. 깔끔한 흰색 옷을 차려입은 하로초^{Jarocho}(베라끄루스 사람을 일컫는 말)들이 광장 스피커에서 나오는 음악에 맞춰 단손을 추고 있다. 그 풍경도 동화와 마술을 넘나드는 영화의 한 장면처럼 느껴진다.

나오며

끝나지 않은 마야 루트

베라끄루스에서 멕시코 시티로 돌아오는 길은 여정을 마무리하기에 그만이다. 새로운 세상으로 들어가는 느낌이다. 해발고도가 0인 바닷가를 출발해 3,600미터가 넘는 고개를 넘다 보면 기온이 여름에서 순식간에 겨울로 바뀌는 것을 경험한다. 80퍼센트가 넘는 평균 습도도 60퍼센트 정도로 낮아지니 체감만으로도 다른 세상이 된다.

전통적으로 많이 사용하는 길은 '꼬르도바Córdoba'와 '뿌에블라Puebla'라는 두 도시를 거치는 하루가 꼬박 걸리는 꼬불꼬불한 고갯길인데, 정복자 꼬르떼스가 첫 행군을 했던 길이기도 하다. 하늘만 맑다면 중간중간 만년설을 덮어쓴 산도 만난다. 꼬르도바는 이 나라에서 가장 온화하고 살기 좋다는 곳이자 멕시코 커피의 자존심을 이어 가고 있다. 뿌에블라는 식민지 시대부터 멕시코 전통 도자기를 만들어 유명한 곳으로, 마을이 온통 도자기와 타일로 덮여 있다. 인구가 150만 명인데 성당이 288개가 있는 재미난 도시라 그냥 지나치기 힘들다. 이번에 가면 뭔가 다른 것이 보일 것 같고 변화된 모습도 보고 싶어진다. 그래서 여행은 끝이 없다. 갔던 곳을 또 가 보고 싶어지니 말이다. 이번에는 뭐가 나를 설레게 만들까?

어렸을 때 기억이 떠오른다. 초등학교 저학년이었던 것 같다. 서울 정릉의 아리랑고개 위에 올라서서 그 너머를 보며 설렜다. 여기도 사람이 많고 집도 많은데 고개 하나를 올라서 보니 또 다른 세계가 펼쳐지는 것이 너무도 신기하고 궁금했다. 어린 마음에 다짐을 했다. '언젠가 저 너머에 꼭 가 보고 말 테다.'
아리랑 고개에서 구슬치기하던 꼬마 녀석이 그렇게 마야 루트를 따라 베라끄루스까지 왔다가 다시 메히꼬로 향하고 있다. 여전히 여행은 끝나지 않았다. 정릉 너머에 돈암동이 있고 돈암동 너머에는 또 다른 동네가 있을 테니 말이다.

마야 문명 기초 지식

마야는 메소아메리카 문화다

아메리카 대륙에는 1492년 유럽인들의 침략 이전부터 발달해 온 두 개의 문화군이 있다. 하나는 남아메리카 안데스산맥을 중심으로 발전한 안데스 문화 Cultura Andina고, 다른 하나는 북아메리카의 마야 문명이 속한 메소아메리카 문화 Cultura Mesomericana다.

안데스 문화군은 그 어원이 안데스산맥에서 나왔기 때문에 이 문화군이 발전한 지리적 위치를 파악하는 데 어려움이 적다. 반면 '메소아메리카'라는 용어는 미주나 유럽에서는 학계뿐 아니라 일반에도 널리 알려졌지만 우리나라 사람에게는 다소 생소하다. 따라서 마야를 공부하기 전에 마야 문명이 속한 메소아메리카 문명을 먼저 살펴볼 필요가 있다. 메소아메리카 문명은 북중미 지역에서 서양인들이 아메리카 대륙을 정복하기 이전까지 발전했던 고대 문화라 할 수 있다. '메소Meso'라는 접두사는 '중간' 혹은 '중앙'이라는 뜻을 가진 그리스어 메소스Mesos와 맥을 같이한다. 그러므로 중앙아메리카라는 문어적 해석이 가능하지만, 학술적 정의와 사용은 많이 다르다. 메소아메리카는 다음의 여러 문화로 나뉜다.

- 멕시코 북부 유목 문화
- 멕시코 중앙 고원 서부의 미초아깐Michoácan 주와 나야릿Nayarit 주를 중심으로 한 서부 문화
- 멕시코만을 따라 형성된 멕시코만 문화
- 멕시코 중앙 고원 문화
- 오아하까 문화
- 마야 문화

위의 지역들을 메소아메리카로 묶는 이유는 아메리카 대륙 중북부에 걸쳐 있는 지리적 공통점외에도, 문화적으로도 많은 공통점을 가지고 있기 때문이다. 현재까지 일반적으로 받아들여지는 메소아메리카 문화의 중요한 특징은 다음과 같다.

1. 농업
   - 옥수수, 콩, 호박, 카카오 재배
   - '꼬아Coa'라 불리는 유일한 농기구 사용
   - 선인장 일종인 마게이Maguey로 뿔께Pulque(술)와 종이 제작
   - 석회나 재를 이용한 옥수수 조리

2. 정치 ⟫ 신권神權정치
3. 건축 ⟫ 계단이 있는 피라미드
   ⟫ 신성한 공놀이를 행한 공놀이장
   ⟫ 마야 아치Arco Maya
4. 문자와 달력 ⟫ 문자Escritura jeroglífica 사용
   ⟫ 낱장을 묶어 표지로 싼 책Códice 제작
   ⟫ 260일과 365일 달력 사용
5. 기타 ⟫ 거울 재료로 황철광 사용
   ⟫ 곤봉의 일종인 마까나Macana와 방패 사용
   ⟫ 인신 공양Sacrificio humano과 피 공양Autosacrificio을 행함
   ⟫ 전문화된 시장 발달

마야 문명의 정의

마야 문명을 정의하는 가장 중요한 특징은 마야어 사용이다. 물론 지역적으로 상당히 다른 언어를 가지고 있기는 하지만 이미 사라져 버린 여러 종류를 포함해 30여 개나 되는 마야어가 '쁘로또 마야Proto Maya'라는 하나의 언어에 뿌리를 둔다. 따라서 각 지방 방언들의 문법적인 체계나 용어들이 서로 유사하다.

마야어라는 가장 큰 공통점 외에도 마야 문자와 마야 달력, 마야 아치의 사용은 마야 문화군을 구분하는 중요한 특징들이다. 이런 외형적인 특징들 외에도 정치, 경제, 사회, 문화적으로도 공통점을 가지고 있다.

한편 지리적으로 볼 때 마야 문명은 멕시코 남부(유까딴 주, 깜뻬체 주, 낀따나 루 주, 따바스꼬 주와 치아빠스 주의 일부), 과테말라, 벨리스 전역과 온두라스, 엘살바도르 서부 등을 포함한 약 400,000제곱킬로미터 면적에 걸쳐 있으며, 멕시코 베라끄루스 북부 지역에도 그 흔적이 일부 남아 있다. 자연적으로는 해안가부터 열대 밀림까지, 해발 고도 0에서 4,000미터 고원 지역까지를 아우르며, 지역마다 환경이 다르다.

마야는 우리가 생각하는 하나의 국가가 아니다. 중앙 집권 형태의 국가와는 완전히 다른 개념이며, 행정적인 단일체도 아니다.

문명의 기원

마야를 포함한 아메리카 대륙 원주민들의 조상은 베링 해협을 통해 아시아 대륙에서 아메리카 대륙으로 건너왔다. 수만 년 전 빙하기에는 지구의 온도가 지금보다 낮아 북극과 남극의 빙하가 훨씬 더 발달했다. 엄청난 빙하의 발달은 해수면을 낮추기에 이르렀고, 위스콘신 빙하기(빙하기3기)에 즈음해서는 지금은 바다인 베링 해협이 육지였다. 이 육로를 통해 바이칼호 근방에 살며 유목과 채집 생활을 하던 몽골리안 계통의 인종들이 동물을 쫓아 혹은 계절에 따라 이동하며 시베리아와 알래스카를 넘나드는 수천 년에 걸친 이주가 가능했던 것으로 보인다.

학자마다 의견이 분분하지만 지금으로부터 약 3만~5만 년 전 최초의 인류가 아메리카 대륙에 발을 디뎠으며, 1만 3,000년 전에도 많은 몽골리안 계통의 인류가 아메리카 대륙으로 건너갔다고 추정한다.

시대 구분

- 구석기 시대 Paleolítico — 인류 기원~기원전 7000년
- 신석기 시대 Neolítico — 기원전 7000년~기원전 2000년
- 전고전기 Preclásico — 기원전 2000년~기원후 300년
- 고전기 Clásico — 기원후 300년~기원후 900년
- 후고전기 Posclásico — 기원후 900년~기원후 1492년
- 식민지 시대 Época colonial — 1492년~1800년대 초

종교적 특징

1. 다신 多神 유일신이 존재하지 않고 여러 신들이 각자의 고유한 성격과 특징을 가진다.
2. 인간적이고 불완전한 신 神 신들은 전지전능하기보다 인간적이고 불완전하다. 즉, 신들은 즐거워하고, 화내고, 싸우고, 배고파하는 등 인간들이 가진 희노애락을 공유하는 지극히 세속적인 모습을 보인다.

3. **다면성** 〰 신이 하나의 고정된 모습을 가지고 있지 않다. 때에 따라 다른 신으로 바뀌기도 하고, 이름이 바뀌며 다른 외형을 갖기도 하는 등 변화가 무궁무진하다. '가'라는 신이 '나'라는 신이 되기도 하고 때에 따라 '다'와 '라'가 되는 일이 예사다. '라'에서 다시 '가'가 되기도 한다.

4. **모든 자연을 숭상** 〰 마야 사람들은 이 세상의 모든 것을 숭상했다고 할 만큼 온갖 사물에 그들의 종교관을 투영했다. 모든 사물은 신과 직간접적인 연관 관계를 가지고 있다. 당연히 동물들도 숭상했다. 그중에서도 재규어, 뱀, 퀘잘(새), 박쥐, 앵무새의 일종인 구아까마야Guacamaya, 개, 원숭이, 노루, 개구리, 거북이, 나비 등이 신성성을 가지고 있거나 신들의 분신이 되기도 한다.

5. **다층의 하늘과 땅** 〰 마야 사람들의 우주관을 통해 바라보는 세상은 동서남북 4방향이 존재하며, 위로는 9개의 층을 가진 하늘이 있고 지하 세계 역시 9개 층을 가지고 있다.

20진법

마야 사람들은 20진법을 생활화했기 때문에 일상의 수리數理와 언어 체계에도 20진법 개념을 사용했다. 우리가 대강의 숫자를 말할 때 '한 10개 정도', '한 100개 정도'라고 말한다면 마야 사람들은 20진법에 따라 '한 20개', '한 400개', '한 8,000개' 식으로 이야기한다. 이 전통은 지금까지도 마야 사람들의 언어 습관에 그대로 남아 있다.

긴달력과 짧은달력

● **긴달력**

긴달력은 무한 주기를 가진다고 말할 수 있는데, 계산 방법은 20진법으로 이루어졌다. 지금까지 발견된 모든 경우의 수를 볼 때 예외 없이 박뚠Baktún, 까뚠Katún, 뚠Tun, 우이날Uinal, 낀Kin의 다섯 자리로 구성된다. 이것이 수학에서와 같이 20진법의 규칙적인 값을 가진다면, 낀은 1, 우이날은 20, 뚠은 400, 까뚠은 8,000, 박뚠은 160,000이 되겠지만, 긴달력의 경우 태양력과 날짜를 맞추기 위해 두 번째 자리에서 세 번째 자리인 뚠으로 한자리 올라갈 때 18진법을 적용하는 것이 다르다. 각각의 자리는 다음 값을 가진다.

1낀	= 1낀	= 1 × 1	= 1일
1우이날	= 20낀	= 1 × 20	= 20일
1뚠	= 18우이날	= 20 × 18	= 360일
1까뚠	= 20뚠	= 360 × 20	= 7,200일
1박뚠	= 20까뚠	= 7,200 × 20	= 144,000일

이 계산법이 달력에 어떻게 적용되는지 이해해 보자. 예를 들어 보면 4.3.2.1.0이라는 날을 기준으로 이 날의 다음날은 4.3.2.1.1이 되고 그 다음날은 4.3.2.1.2, 11일 후는 4.3.2.1.11, 12일 후는 4.3.2.1.12 그리고 20일 후는 첫 번째 자리가 채워져서 다음으로 올라가면서 4.3.2.2.0이 된다.

역사적으로 볼 때 긴달력의 시작 시점은 0.0.0.0.0이 아니고 13.0.0.0.0을 기준으로 한다. 그들의 기록에 따르면 마야의 역사는 긴달력으로 13.0.0.0.0, 짧은달력으로 4아하우(260일 달력) 8꿈후(365일 달력)에 시작되었다고 전해진다. 이것을 우리의 달력으로 계산하면 기원전 3114년 8월 11일(혹은 3113년 8월 13일 또는 3115년 8월 11일 등 여러 의견이 있다)로, 이것이 일종의 마야 원년 이고 그때를 기준으로 긴달력이 0에서부터 시작된다. 따라서 13.0.0.0.0의 다음 날인 기원전 3114년 8월 12일은 0.0.0.0.1, 그 다음날인 8월 13일은 0.0.0.0.2가 되며 20일 후는 0.0.0.1.0이 된다. 이런 식으로 마야의 긴달력 계산이 이루어지는데, 이렇게 따지면 단군이 우리나라를 열었다고 하는 단기 원년인 기원전 2333년 1월 1일은 마야 긴달력으로는 1.19.11.13.10이 되고, 기원후 2000년 1월 1일은 마야 달력으로는 12.19.6.15.0이다.

● **짧은달력**

마야의 짧은달력은 '쏠낀'이라 불리는 260일 달력과 '하압'이라고 불리는 365일 달력으로 다시 나뉜다.

달력의 숫자들은 점과 선, 0 값을 가지는 조개 모양의 문자, 또는 이에 해당하는 마야 문자들 그리고 우리가 쓰고 있는 달력의 달 과 비슷한 역할을 하는 고유의 39개 기호들로 구성되어 있다. 365일 달력에 해당하는 19개 기호와 260일 달력에 해당하는 20개의 기호가 바로 그것이다.

260일 달력 쏠낀은 20개 기호와 13까지의 숫자를 조합해 20달×13일=260일이 된다. 쏠낀의 기호는 다음과 같다. 이믹스, 익, 악발, 깐, 칙찬, 씨미, 마닉, 라맡, 물룩, 오옥, 추엔, 엡, 벤, 익스, 멘, 씹, 까반, 에드스납, 까우악, 아하우. 이 기호들이 각각 1~13까지의 숫자와 조합을 이루면서 바뀌어 나간다. 즉, 1이믹스의 다음 날은 2이깝이고 그 다음 날은 3악발이 된다. 13벤의 다음날은 14가 없기 때문에 다시 1에서 시작되어 1익스가 된다. 이렇게 무한대로 계속해서 돌아간다.

365일 달력인 하압은 태양력으로, 18개 달에 해당하는 기호와 20일의 날짜로 구성이 되고 거기에 '우아옙'이라는 5일짜리 달이 더해져 만들어진다. 하압의 기호는 다음과 같다. 뽑, 우오, 찝, 쏘츠, 뜨쎅, 슐, 약스낀, 몰, 첸, 약스, 싹, 쎄, 막, 깐낀, 무안, 빡스, 까얍, 꿈후, (우아옙). 날짜는 0~19까지 20개의 숫자가 있다. 운용 면에서도 260일 달력과 다르다. 260일 달력은 숫자와 기호가 같이 하루하루 바뀌지만, 365일 달력은 숫자는 계속 변하고 기호는 숫자가 0~19까지 순환한 다음에야 바뀐다. 즉, 1뽑에서 시작하면 그 다음 날은 2뽑이고, 그 다음 날은 3뽑 그리고 4뽑, 5뽑, 6뽑 식으로 숫자만 바뀌다가 19뽑의 다음 날에 가서야 0우오가 된다. 그런데 365일 달력에는 앞에서 말한 '우아옙'이라는 불규칙이 존재한다. 20일의 숫자와 18개 기호를 규칙적으로 조합하면 20×18=360일이 된다. 그래서 맨 마지막에 있는 우아옙은 0~19까지 다 취하지 않고 0~4까지 다섯 개 숫자까지만 세고 이후는 뽑으로 돌아간다. 결국 18달×20일+5일(우아옙)=365일이 된다. 우아옙은 마야 사람들에게 종교적으로도 특별한 의미를 부여한다.

▎365일 달력의 기호들

피라미드

마야 사람들은 완성도 높은 대단위 건축물을 많이 만들었다. 종교적인 성격을 띤 이 건축물들을 통상 '피라미드'라 부른다. 한국에서는 피라미드 하면 제일 먼저 이집트 피라미드를 연상한다. 이집트의 피라미드나 이곳 아메리카 고대 문명의 피라미드 모두 돌로 만든, 제정일치 사회가 만든 기념비적인 건축물이라는 점에서는 같다. 그러나 그들의 근본적인 차이는 역할에 있다. 이집트의 것은 왕의 무덤으로, 주 기능이 무덤인 반면, 고대 아메리카 대륙의 피라미드는 신전 기능에 충실했다. 물론 무덤으로 사용된 것도 있지만 대부분은 신들에게 제사를 지내거나 종교 행사를 거행하는 신전이었다. 따라서 아메리카 피라미드에는 제사를 지내기 위해 인간이 올라가는 계단이 있으며, 향로를 놓는 곳, 비석이 위치하는 곳 등 기능별로 필요한 장소를 따로 만들었다. 고대 아메리카 피라미드는 형태적으로 볼 때 세 부분으로 구분한다.

- **기단**^{Base}

  피라미드의 기초가 되는 부분으로, 신전을 모시기 위해 조성한 공간이다. 이곳에는 신전까지 이르는 계단이 있으며, 여러 개 층으로 이루어지거나 한 덩어리로 된 단순한 형태 등 모양이 다양하다. 기단부만 수십 미터에 이르는 것도 많다.

- **신전**^{Templo}

  기단 위에 만들어진 구조물을 통칭한다. 전체 피라미드의 핵심 부분으로, 인간의 주 활동 공간이며 일반적으로 신전의 실내외 공간이 제사 의식의 중심이다. 여기에 장식이나 조각 등이 집중된 경우가 많다. 보통 주거하는 집의 형태를 띤다.

- **끄레스떼리아**^{Crestería}

  신전 상단부에 위치한 장식 부분으로, 웅장함과 화려함을 부각시키는 역할을 한다. 초기의 피라미드들은 이것이 없는 것들도 많다. 후기로 들어서면서 많은 지역에서 끄레스떼리아가 더욱 발달한다.

찾아보기

곤살로 게레로 163, 169
과우떼목 18, 33
까뇬 델 수미데로 87
까바 190, 199, 208
깐꾼 153, 158, 171, 184, 193
깔락물 138, 234
깜뻬체 210, 216
꼬말깔꼬 224
꼬바 155, 181, 205, 234
꼬수멜 169, 221
꼬훈리츠 137, 138
꾸꿀깐 174, 191
꾸이꾸일꼬 37, 238
꾸츠떼엘 153, 231
끄레스떼리아 117, 119, 214
떼띠뜰라 53
떼빤띠뜰라 53
떼오띠우아깐 34, 116, 151, 174
떼우안떼빽 83
뚝스뜰라 구띠에레스 82
뚤룸 142, 171
띠깔 139, 150, 234
라 벤따 236
롤뚠 208
리오 벡 124
마야빤 150, 167, 191
메리다 193, 211
몬떼 알반 63
바깔라르 140

베깐 133, 134, 151
베니또 후아레스 62, 81
베라끄루스 61, 250
보남빡 26, 107, 121
빌야엘모사 237
빨렝께 26, 102, 178, 189
뽀뽈 부 167, 182
사빠따 민족 해방군 92, 98
산 후안 데 울루아 256
산 끄리스또발 데 라스 까사스 90
스뿌힐 136, 137
신성한 공놀이장 73, 181
쎄노떼 아술 140
쏨빵뜰리 174, 180
씨우닫 델 까르멘 221
안띠구아 251
약실란 107, 122
에드스나 210
에르난 꼬르떼스 164, 220, 253
오아하까 23, 60
올메까 67, 237
욱스말 189, 192, 238
차뿔떼빽 27
참뽀뚱 219
체뚜말 124
치아빠 데 꼬르소 85
치첸 이차 170, 193, 194
퀘잘꼬아뜰 44, 174
펠리뻬 까릴요 뿌에르또 153

마야 루트

2022년 01월 31일 초판 1쇄 펴냄

지은이	송영복
책임편집	이경혜
디자인	화현

펴낸곳	북길드
펴낸이	배경완
등록번호	제652-2014-000008호
주 소	제주특별자치도 서귀포시 천제연로178번길 26, 236호(중문동)
전 화	064-762-2582
팩 스	064-762-2581
이메일	bookus@naver.com

ⓒ 송영복, 2022
이 책의 무단 전재와 무단 복제를 금합니다.

ISBN 978-89-969374-5-6   03940

책값은 뒤표지에 있습니다.
잘못된 책은 구입하신 곳에서 바꿔 드립니다.

이 도서는 한국출판문화산업진흥원의 '2021년 출판콘텐츠 창작 지원 사업'의 일환으로 국민체육진흥기금을 지원받아 제작되었습니다.